U0899283

建筑工程施工与验收系列手册

地面工程施工与验收手册

熊杰民　主编

中国建筑工业出版社

图书在版编目(CIP)数据

地面工程施工与验收手册/熊杰民主编. —北京：中国建筑工业出版社，2005
(建筑工程施工与验收系列手册)
ISBN 7-112-07768-0

Ⅰ. 地… Ⅱ. 熊… Ⅲ. ①地面工程—工程施工—手册②地面工程—工程验收—手册 Ⅳ. TU767-62

中国版本图书馆 CIP 数据核字(2005)第 109037 号

本书依据国家标准《建筑地面工程施工质量验收规范》(GB 50209—2002)，从适用范围、设计要求、材料把关、施工管理、技术规定、过程控制和质量保证等方面，按各类相关的子分部工程和各分项工程的施工质量检验和验收(包括各项验收用表)作了系统说明和运用。本书不仅是地面工程施工质量验收的应用手册，也可作为本专业工程施工工艺指南的辅助工具书。

* * *

责任编辑：周世明
责任设计：刘向阳
责任校对：刘 梅 王金珠

建筑工程施工与验收系列手册
地面工程施工与验收手册
熊杰民 主编

*

中国建筑工业出版社出版、发行(北京西郊百万庄)
新 华 书 店 经 销
北京天成排版公司制版
北京蓝海印刷有限公司印刷

*

开本：787×1092毫米 1/16 印张：$11^3/_4$ 字数：290千字
2005年11月第一版 2005年11月第一次印刷
印数：1-3500册 定价：**28.00**元
ISBN 7-112-07768-0
(13722)

本社网址：http：//www.cabp.com.cn
网上书店：http：//www.china-building.com.cn

出　版　说　明

中华人民共和国国家标准《建筑地面工程施工质量验收规范》(GB 50209—2002)已由中华人民共和国建设部和中华人民共和国国家质量监督检验检疫总局于2002年4月1日联合发布批准为国家标准，自2002年6月1日起实施。

《建筑地面工程施工质量验收规范》(GB 50209—2002)是国家新版“建筑工程施工类”14本系列验收规范中非结构性专业工程质量验收的施工技术规范。建设部为了适应建筑行业的发展和建筑工程质量管理的需要，为了逐步建立和理顺我国的建筑技术法规体系，特别为了配合国务院《建设工程质量管理条例》的出台而进行的对现行国家标准进行修订和改革，旨在建立和完善我国建筑工程施工质量标准体系。

《建筑地面工程施工质量验收规范》(GB 50209—2002)体现了建筑地面工程是房屋建筑物内部空间六面体的一个重要组成部分，他仍然是与顶棚(吊顶工程)和四面体(砌体工程)相辅相成协调和谐的构成整体的空间，在不同的部位发挥建筑地面工程应有的作用，以满足安全健康、使用功能和装饰效果，在建筑工程质量验收划分作为九大分部工程之一的建筑装饰装修分部工程中的子分部工程有其特殊性和重要性。建筑地面工程施工质量验收将是一本使用广泛、用量很大的工程建设质量控制的技术标准，它的贯彻实施，将对我国建筑工程中建筑地面工程质量的保证起着关键性作用。

《建筑地面工程施工质量验收规范》(GB 50209—2002)在原国家标准《建筑地面工程施工及验收规范》(GB 50209—95)和原国家标准《建筑工程质量检验评定标准》(GBJ 301—88)中第九章地面与楼面工程的基础上仍由江苏省建筑工程管理局主编，会同有关单位共同修订而成。为使广大工程技术人员尽快了解、掌握和应用建筑地面工程施工质量验收规范的内容，特编写本手册。

前　言

国家标准《建筑地面工程施工质量验收规范》(GB 50209—2002)已于 2002 年 4 月 1 日发布，自 2002 年 6 月 1 日实施。本规范是建设部组织编制新版“施工类”14 本验收系列规范中一本专业工程施工质量验收的标准，它与原国家标准《建筑地面工程施工及验收规范》(GB 50209—95)相比较，修改内容较多，对施工质量的管理和技术要求均有很大的改变，其中又突出了强制性条文。建设部于 2002 年 8 月 12 日印发了《建设部关于贯彻执行建筑工程勘察设计及施工质量验收规范若干问题的通知》，要求建筑工程的设计和施工质量验收规范于 2003 年 1 月 1 日起全面实施。为了配合宣传贯彻本专业工程验收规范，以能尽快地掌握运用验收规范的实施，达到建筑地面子分部工程的施工质量标准，从而保证建筑工程的单位(子单位)工程的施工质量，落实竣工验收备案制度，编写了这本验收规范应用手册。

本手册对验收规范的演变、修订原则和重点，以及按规范章节顺序的内容作了全面、系统地介绍，以使读者能正确理解和运用本验收规范。

本手册根据验收规范版本，从适用范围、设计要求、材料把关、施工管理、技术规定、过程控制和质量保证等方面，按各类相关的子分部工程和各分项工程的施工质量检验和验收(包括各项验收用表)作了系统的说明和运用，本手册不仅是本专业工程施工质量验收的应用手册，也可作为本专业工程施工工艺指南的辅助工具书。

由于编者水平有限，时间比较紧，错漏和不妥之处，敬请广大读者提出意见和指正。

目　录

1　概述 …………………………… 1

1-1　规范演变 …………………………… 1

1-2　规范修订 …………………………… 1

1-2-1　修订原则 …………………………… 1

1-2-2　修订重点 …………………………… 2

2　实施(应用规范) …………………………… 6

2-1　总则 …………………………… 6

2-1-1　规范版本 …………………………… 6

2-1-2　应用指南 …………………………… 6

2-2　术语 …………………………… 7

2-2-1　规范版本 …………………………… 7

2-2-2　应用指南 …………………………… 8

2-3　基本规定 …………………………… 9

2-3-1　规范版本 …………………………… 9

2-3-2　应用指南 …………………………… 12

2-4　基层铺设 …………………………… 31

2-4-1　规范版本 …………………………… 31

2-4-2　应用指南 …………………………… 37

2-5　整体面层铺设 …………………………… 65

2-5-1　规范版本 …………………………… 65

2-5-2　应用指南 …………………………… 70

2-6　板块面层铺设 …………………………… 90

2-6-1　规范版本 …………………………… 90

2-6-2　应用指南 …………………………… 97

2-7　木、竹面层铺设 …………………………… 147

2-7-1　规范版本 …………………………… 147

2-7-2　应用指南 …………………………… 150

2-8　分部(子分部)工程验收 …………………………… 175

2-8-1　规范版本 …………………………… 175

2-8-2　应用指南 …………………………… 176

参考文献 …………………………… 181

1 概　　述

1-1 规 范 演 变

建筑地面工程施工质量验收规范的建立和发展，建国后经历了六次演变，其过程如下：

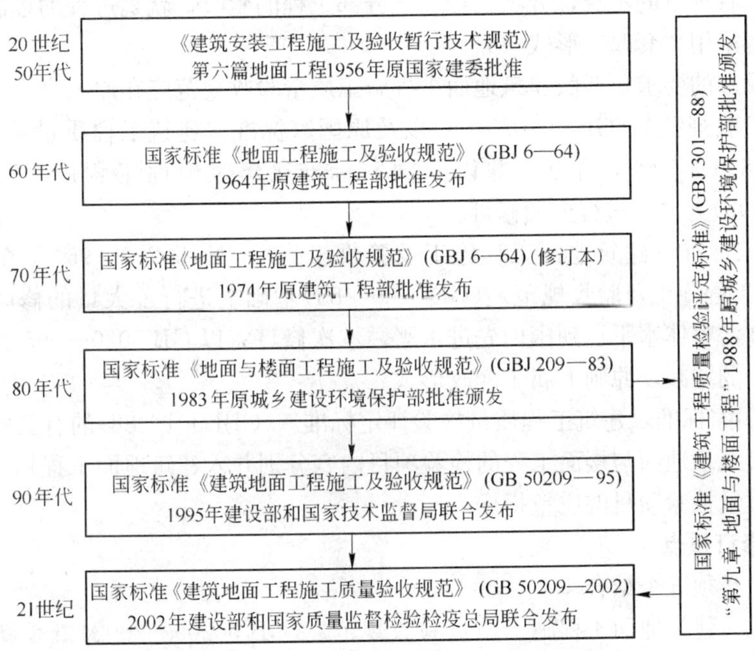

1-2 规 范 修 订

1-2-1　修订原则

1-2-1-1　十六字指导方针

新标准体系按照建设部标准定额司提出的“验评分离、强化验收、完善手段、过程控制”的十六字为指导原则进行修订。

1.“验评分离”是指对原标准体系做了较大的修改，即将原专业施工及验收规范中的“施工”与“验收”分离开，修订后只保留“验收”内容，作为建筑工程施工质量验收的依据，同时将原质检评定标准中的“质检”与“评定”也分离开，进而将“验收”和“质检”这两部分内容合并，形成新的国家建筑工程施工质量验收规范。

2.“强化验收”是指新的国家建筑工程施工质量验收规范作为强制性标准，必须加以强化。验收规范规定的质量标准，不仅是施工单位必须达到的施工质量合格标准；也是建设(监理)单位验收工程质量时所必须遵守的规定，规定的质量指标都必须达到。

3.“完善手段”是指完善工程验收的手段。主要包括三个方面的内容：一是完善建筑材料的检测手段；二是改进施工阶段的检验手段；三是开发竣工工程的抽测项目。

4.“过程控制”是指工程质量验收应是在施工全过程控制的基础上，不仅对验收作出规定外，也应对重要的施工过程进行必要的控制，即用各种层次的“中间验收”来对施工中的关键环节进行控制。主要体现在：一是建立过程控制的各项质量管理制度；二是在规范基本规定中，设置控制的要求，强调中间控制和合格控制，作为质量验收的要求及依据文件；三是验收规范的本身，分项工程、子分部工程的验收，就是过程的控制。

1-2-1-2　采用“套改”形式

根据建设部的要求，新版建筑地面工程施工质量验收规范应在原国家标准《建筑地面工程施工及验收规范》(GB 50209—95)以及原国家标准《建筑工程质量检验评定标准》(GBJ 301—88)的基础上合并，并以原国家标准《建筑地面工程施工及验收规范》(GB 50209—95)为主体进行全面修订。

1. 原国家标准《建筑地面工程施工及验收规范》(GB 50209—95)是在原国家标准《地面与楼面工程施工及验收规范》(GBJ 209—83)基础上进行了大量的修改，并有较大的发展和提高，整体水平达到国内先进水平。本次修订将以 GB 50209—95 为主体作适当的调整和必要的增减，原则上属于套改形式。

2. 与原国家标准《建筑工程质量检验评定标准》(GBJ 301—88)的有关内容合并，主要是将其中第九章地面与楼面工程的检验项目内容分别并入建筑地面工程划分的相关分项工程的施工质量检验项目的质量指标。

1-2-2　修订重点

1-2-2-1　必须五个结合

国家标准《建筑地面工程施工质量验收规范》(GB 50209—2002)既是新版国家“建筑工程施工质量验收系列规范”之一，又是原国家“建筑地面(地面、地面与楼面)工程施工及验收规范”的延伸，在修订时做到了“五个结合”。

1.“相配套”：中华人民共和国国家标准《建筑工程施工质量验收统一标准》(GB 50300—2001)是组成新的工程质量验收体系，以统一建筑工程质量的验收方法、程序和质量指标。因此，该标准将在新建筑工程施工质量标准体系中起主导作用，该标准“总则”第 1.0.3 条规定了建筑工程各专业工程施工质量验收规范必须与本标准配合使用。“建筑地面工程施工质量验收规范”总则第 1.0.4 条也明确规定了本规范应与现行国家标准《建筑工程施工质量验收统一标准》(GB 50300—2001)配套使用，这样才能体现系列标准的新体系，也只有在该标准的指导下完成单位工程、分部(子分部)工程、分项工程的验收，这是一个完整的、全面的建筑工程施工质量验收体系。

2.“相衔接”：国家标准《建筑地面工程施工质量验收规范》(GB 50209—2002)已明确以原国家标准《建筑地面工程施工及验收规范》(GB 50209—95)为主体进行修订，实际上是本专业工程施工质量验收规范修订的又一继续，因此在规范目次、章节安排以及技术内容上尽可能做到相衔接，也体现本专业工程施工质量验收规范的系列化。

3. “相合并”：与原国家标准《建筑工程质量检验评定标准》(GBJ 301—88)中第九章地面与楼面工程有机结合，将有关质量检验项目和指标，按只设合格一个质量等级分别并入相关的分项工程的检验项目，并综合已执行情况，研究修改制定。

4. “相对应”：20 世纪 80 年代后期和 90 年代初原国家标准《工业建筑地面设计规范》(TJ 37—79)和原国家标准《地面与楼面工程施工及验收规范》(GBJ 209—83)相继进行修订。在修订过程中设计和施工两本规范广泛连系、相互参编、讨论协商，使其在技术内容上协调一致，力求统一，避免矛盾，并将规范的标准对象用词由原规范的“地面与楼面工程”和“工业建筑地面”名称均定为“建筑地面”，使设计和施工规范一致起来。先后经建设部和国家技术监督局联合发布批准为强制性国家标准。国家标准《建筑地面工程施工及验收规范》(GB 50209—95)于 1996 年 7 月 1 日实施，现行国家标准《建筑地面设计规范》(GB 50037—96)于 1997 年 1 月 1 日实施。而这次国标《建筑地面工程施工质量验收规范》是以原国标《建筑地面工程施工及验收规范》为主体，因此在规范的技术规定和内容上仍与设计规范相对应，不会出现不协调现象，以免规范在贯彻执行中发生矛盾。

5. “相符合”：原国家标准“建筑工程施工及验收系列规范”也是比较统一的，完整的、全面的标准体系。该系列规范在修订过程中和 1983 年批准颁发，其共性相关的技术规定和内容上是相互套用的以避免内容重复，造成管理不便，应按符合或执行各相关专业施工及验收规范的规定，不致出现不应有的矛盾。而这次 13 本建筑工程专业施工质量验收规范，也做到了相关技术规定的“相符合”。

1-2-2-2 制定规范目次

建筑地面工程施工质量验收规范目次的制定，除按建设部提出统一格式规定外，主要内容是从建筑地面工程的特点，即建筑地面构造组成与各层次作用进行全面考虑。

1. 建筑地面系房屋建筑物底层地面(地面)和楼层地面(楼面)的总称，包括地面与楼面，他是构成房屋建筑物各层的水平结构层。楼层地面按使用要求把建筑物水平方向分割成若干楼层数，各自承受本楼层的荷载；底层地面则直接承受底层的荷载。因此，地面与楼面工程均应有足够的强度和刚度，确保建筑地面工程的结构安全，不致出现质量事故或质量缺陷。建筑地面工程在建筑工程中虽属非结构性专业技术规范，划分为分部(子分部)工程，但仍占有主要部位，这是由其特殊性和重要性决定的。

2. 建筑地面工程主要由基层和面层两大基本构造层组成。

(1) 基层部分包括结构层和垫层。底层地面的结构层是基土；楼层地面的结构层则是楼板；而结构层和垫层往往结合在一起，又统称为垫层。它起着承受和传递来自面层的荷载作用，因此基层应具有一定的强度和刚度。

(2) 面层部分即地面与楼面的表面层。将根据生产、工作、生活的特点和不同的使用功能要求以及技术经济条件综合考虑选择面层类型，做成按面层名称而定的各类整体(整浇、现浇)面层、板块面层和木、竹面层等三大类面层，它直接承受表面层的各种荷载。因此，面层不仅应具有一定的强度，还应满足其他如耐磨、耐酸、耐碱、防潮、防水、防滑、防爆、防霉、防腐蚀、防油渗、耐高温以及抗冲击、洁净、导(防)静电、隔热、保温等功能性要求。为此应保证建筑地面面层是一个整体性，与此同时并应达到一定的平整度

(或坡向度)。

(3) 基层和面层两大基本构造层尚不能满足使用功能要求和构造上需要时，应在两大基本构造层之间增设相应的结合层、找平层、填充层和隔离(防水)层等附加的构造层。

3. 建筑地面工程施工质量验收规范中基层和面层等各分项工程列入的质量检验项目与指标，均按以上的特点即强度、功能、整体(坡度)和平整度而制定的。

4. 正确理解整个建筑地面工程组成构造和构成各层次作用，以利能按不同的层次、不同的使用和功能要求，进行施工监督和指导施工、严格工艺操作，才能保证建筑地面工程的整体质量。

1-2-2-3　确定章节设置

建筑地面施工质量验收规范目次的章节设置，不仅考虑了建筑地面各构造层次的合理组合以利于分部、分项工程的划分，便于操作，并尽可能符合建筑工程施工质量验收统一标准的规定，同时还结合当前建筑地面面层名称进行重新排列。在原《建筑地面工程施工及验收规范》(GB 50209—95)的基础上，在章节编排上作了较大的调整：

1. 按建设部统一布置，增列"术语"一章。

2. 根据建筑地面工程是由两大基本构造层组成，结合子分部工程、分项工程的划分进行设置：

(1) 设立"基层铺设"一章，将原规范中基土、垫层以及找平层、隔离层和填充层各章本应属于基层部分的全部划入该章。

(2) 为便于子分部工程的划分和验收，将原规范中面层一章修改后设立"整体面层铺设"、"板块面层铺设"和"木、竹面层铺设"三章，各类面层按施工方法、面层材料性质分别组合。

(3) 结合实际情况，取消了原规范中"沥青砂浆和沥青混凝土面层"、"硬质纤维板面层"和"面层涂饰"三节，新规范增加了"地毯面层"和"竹地板面层"两种类型。

3. 考虑到施工质量验收的划分，将原规范中"变形缝和镶边的设置"一章取消，其内容并入新规范的"基本规定"一章中，作为设置控制的要求。

4. 作为专业工程施工质量验收，原规范中"工程验收"一章修改为"分部(子分部)工程验收"名称较为正确。

1-2-2-4　规范修订内容

《建筑地面工程施工质量验收规范》根据建设部提出的十六字方针指导原则，主要修订内容：

1. 在原建筑地面工程施工及验收规范的基础上，将有关"施工工艺(包括图表、附录)部分"分离开并删去；取消属于施工操作规程方面的内容，但突出了主要过程控制性条文。

2. 增加管理方面的内容条文，体现了贯彻有关管理规定的精神。在基本规定和分部(子分部)工程验收等章节中都有管理方面内容。

3. 按只有一个"合格"质量等级，确定质量检验指标和水平，按主控项目和一般项目进行验收。

1-2-2-5　选定强制性条文

《中华人民共和国标准化法》第六条“强制性标准是保障人体健康、人身、财产安全以及法律、法规规定必须强制执行的标准”，是在任何情况下都必须无条件执行的标准。建设部2000年提出的有关强制性条文的概念，是为了贯彻国务院《建设工程质量管理条例》所采取的重要措施，在实施工作中，将强制性条文列为国务院《建设工程质量管理条例》的配套文件，规定强制性条文是“参与建设活动各方执行工程建设强制性标准的依据”，“也是政府对执行工程建设强制性标准情况实施监督的依据”。根据建设部提出的《强制性条文》是国家对于涉及工程安全、环境保护、人体健康和社会公众利益等方面的最基本、最重要的要求，是建筑施工中每个人都必须遵守和至少都要做到的要求等的规定，在《建筑地面工程施工质量验收规范》中选定了7条为强制性条文。建设部2002年4月1日建标［2002］78号关于发布国家标准《建筑地面工程施工质量验收规范》的通知中“现批准为国家标准，编号为GB 50209—2002，自2002年6月1日起施行。其中，3.0.3、3.0.6、3.0.15、4.9.3、4.10.8、4.10.10、5.7.4为强制性条文，必须严格执行”。

在国家标准中选定的强制性条文，都用黑体字排印，凡是不执行《强制性条文》的，要按照国务院《建设工程质量管理条例》严厉处罚。

2 实施(应用规范)

《建筑地面工程施工质量验收规范》的编制工作自2000年8月开始，征求了各方面意见，开展了专题研究，进行了调查座谈，总结了多年来建筑地面工程材料、施工经验，在原有规范基础上做了全面修订，先后参加建设部规范研讨会和协调会，几易其稿，并经全国审查会议定稿，于2001年12月完成报批工作，历时1年5个月。

《建筑地面工程施工质量验收规范》(GB 50209—2002)的目次的设置是：总则、术语、基本规定、基层铺设、整体面层铺设、板块面层铺设、木竹面层铺设和分部(子分部)工程验收等八章和相应章内共三十一节以及一个附录。规范主要规定的内容有：分部(子分部)工程和分项工程的划分，列出过程控制条文，突出主控项目和一般项目的施工质量标准的检验子目，强化了分部(子分部)工程验收，完善了整个施工手段。因此本规范不仅是专业工程施工质量验收，也是分项工程的工序过程的检查和检验，其中强制性条文，必须严格执行。

2-1 总　　则

2-1-1 规范版本

1.0.1 为了加强建筑工程质量管理，统一建筑地面工程施工质量的验收，保证工程质量，制定本规范。

1.0.2 本规范适用于建筑工程中建筑地面工程(含室外散水、明沟、踏步、台阶和坡道等附属工程)施工质量的验收。不适用于保温、隔热、超净、屏蔽、绝缘、防止放射线以及防腐蚀等特殊要求的建筑地面工程施工质量验收。

1.0.3 建筑地面工程施工中采用的承包合同文件、设计文件及其他工程技术文件对施工质量验收的要求不得低于本规范的规定。

1.0.4 本规范应与现行国家标准《建筑工程施工质量验收统一标准》GB 50300配套使用。

1.0.5 建筑地面工程施工质量验收除应执行本规范外，尚应符合国家现行有关标准规范的规定。

2-1-2 应用指南

1. 编制本专业工程质量验收的宗旨，是在新版建筑工程施工质量系列验收规范体系中，按建设部的要求，为了加强建筑工程质量管理，统一建筑地面工程施工质量验收，提出了修订本规范的原则，仅限于施工质量的验收，而设计和使用中的质量问题不属于本规范的范畴。

2.“建筑地面工程施工质量验收”的适用范围，主要是指对新建、改建、扩建的房屋建筑物(含构筑物)中底层地面和楼层地面所进行的施工技术工作和完成的工程实体，在建筑工程中划分属于建筑地面分部(子分部)工程、分项工程的质量验收。

(1) 房屋建筑物(含构筑物)周围的附属工程，即室外散水、明沟、踏步、台阶和坡道等也属于建筑地面工程的范畴；

(2) 对于保温、隔热、超静、屏蔽、绝缘和防止放射线等特殊使用功能要求的建筑地面，因其工程个体设计是按整个房屋建筑物的外围结构(即房屋空间的四面砌体、顶棚和建筑地面的六面体)和建筑地面面层下的构造层共同考虑的，此类建筑已不属于建筑地面工程范畴，其施工质量验收应按设计要求进行；

(3) 有关防腐蚀特殊要求的建筑地面工程，因有专业规范，应按现行国家标准《建筑防腐蚀工程施工及验收规范》(GB 50212—2002)和《建筑防腐蚀工程质量检验评定标准》(GB 50224—95)执行；

(4) 对于本验收规范在基层和各类面层铺设中未能列出的其他类型、名称的分项工程项目，当设计要求时，其施工质量验收均应按设计要求进行；设计无要求时，亦可按相关的基层铺设和各类面层铺设各节内分项工程进行套用，但应征得设计单位和监理(建设)单位认可。

3. 为了维护国家标准的严正性，本专业工程施工质量验收中规定的检验、验收的质量标准和原则是必须执行的。鉴于当前是市场经济，往往在签订工程承包合同时，可能附加有关质量标准的条款。或在施工中采用工程技术文件，如设计文件、施工图纸审查文件、经审查的施工组织设计和施工方案文件、施工工艺企业标准等有关建筑地面工程施工质量验收，其质量指标均不得低于验收规范的规定。

4. 由于建筑地面工程验收涉及面广，与建筑工程施工质量验收系列规范中许多专业工程有关，而标准之间有明确分工，为避免内容重复，可能造成管理不便，在相关内容上应予协调，以利贯彻执行。建筑地面工程验收中，将套用验收系列规范的其他现行国家标准，如《建筑地基基础工程施工质量验收规范》(GB 50202—2002)、《砌体工程施工质量验收规范》(GB 50203—2002)、《混凝土结构工程施工质量验收规范》(GB 50204—2002)、《木结构工程施工质量验收规范》(GB 50206—2002)、《屋面工程质量验收规范》(GB 50207—2002)等；另外还将引用现行国家、行业中有关建筑材料方面的标准。因此，提出了建筑地面工程施工质量验收除应执行本规范外，尚应符合国家现行有关标准规范的规定。在各章节的条文中均有标明。

2-2 术　语

2-2-1 规范版本

2.0.1 建筑地面 building ground

建筑物底层地面(地面)和楼层地面(楼面)的总称。

2.0.2 面层 surface course

直接承受各种物理和化学作用的建筑地面表面层。

2.0.3 结合层 combined course

面层与下一构造层相联结的中间层。

2.0.4　基层　base course

面层下的构造层，包括填充层、隔离层、找平层、垫层和基土等。

2.0.5　填充层　filler course

在建筑地面上起隔声、保温、找坡和暗敷管线等作用的构造层。

2.0.6　隔离层　isolating course

防止建筑地面上各种液体或地下水、潮气渗透地面等作用的构造层；仅防止地下潮气透过地面时，可称作防潮层。

2.0.7　找平层　troweling course

在垫层、楼板上或填充层(轻质、松散材料)上起整平、找坡或加强作用的构造层。

2.0.8　垫层　under layer

承受并传递地面荷载于基土上的构造层。

2.0.9　基土　foundation earth layer

底层地面的地基土层。

2.0.10　缩缝　shrinkage crack

防止水泥混凝土垫层在气温降低时产生不规则裂缝而设置的收缩缝。

2.0.11　伸缝　stretching crack

防止水泥混凝土垫层在气温升高时在缩缝边缘产生挤碎或拱起而设置的伸胀缝。

2.0.12　纵向缩缝　lengthwise shrinkage crack

平行于混凝土施工流水作业方向的缩缝。

2.0.13　横向缩缝　crosswise shrinkage crack

垂直于混凝土施工流水作业方向的缩缝。

2-2-2　应用指南

本章内容在原《建筑地面工程施工及验收规范》中作为名词解释列入“基本规定”一章。根据建设部统一布置，结合本专业工程施工质量验收的实际，连同新增列内容集中列出，独立编制为“术语”一章。

1. 本章共13条，主要列出13个术语，均系本规范有关章、节内所引用的。

2. 所列术语是从本专业工程质量验收的角度赋予其涵义的，并与现行国家标准《建筑地面设计规范》(GB 50037—96)第二章第一节术语是基本上符合的。虽涵义不一定是术语的定义，但已说明了术语所含的重要意义，同时还分别给出了相应的推荐性英文术语，该英文术语不一定是国际上的标准术语，仅供参考。

3. 面层：面层是直接承受各种物理和化学作用的建筑地面的表面层。面层类型和品种的选择，由设计单位根据生产特点、使用要求就地取材和技术经济条件等综合考虑确定，建筑地面的名称按其相应的面层名称而定，如各类面层铺设章节中列出的水泥混凝土面层、大理石面层和花岗石面层以及竹面层等。

4. 基层：基层是建筑地面工程两大基本构造层之一，主要是指面层下的垫层和基土；还包括面层下的找平层、填充层和隔离层等构造层。

（1）基土：基土是底层地面的结构层，它是垫层下的地基土层，包括软弱土质的利用和处理，以及按设计要求进行的基土表面加强层。

（2）垫层：垫层是承受并传递地面荷载于基土上的构造层，分为刚性和柔性两类垫层。底层地面的垫层常用水泥混凝土或配筋混凝土构成弹性地基上的刚性板体，亦有采用碎石、炉渣、灰土等直接在素土夯实地基（基土层）上铺设而成。

（3）找平层：找平层铺设是在垫层上、填充层（轻质或松散材料）上以及楼层地面的结构层（钢筋混凝土现浇板、预制板、空心板）上起整平、找坡或配筋加强作用的构造层。

（4）填充层：填充层是当面层、垫层和基土（或结构层）尚不能满足使用要求或因构造上需要，而增设的构造层。主要在建筑地面上起隔声、保温、找坡或敷设管线等作用的构造层。

（5）隔离层：隔离层是防止建筑地面面层上各种液体（主要指水、油、非腐蚀性或腐蚀性液体）侵蚀作用以及地下水、潮气透过底层地面而增设的构造层。如仅防止地下潮气渗透底层地面时，可称作为防潮层。

（6）结合层：结合层是面层与下一层相联结的中间层，有时亦作为面层的弹性基层。主要指整体面层和板块面层铺设在垫层、找平层上时，用胶凝材料予以连接牢固，以保证建筑地面工程整体性面层质量，防止造成整体面层和板块面层局部出现空鼓、起壳等施工质量的缺陷，达不到质量验收规定的检验项目的指标。

5. 伸缩缝：伸缩缝属于房屋建筑物变形设置中伸缩缝、沉降缝和抗震缝三种的一种。在“建筑地面工程”中的变形缝主要讲的是伸缩缝，而底层地面的面层下的水泥混凝土垫层的伸缩缝是个总称，实际上应有伸缝和缩缝之分。伸缩缝又称温度缝，由于温度的变化引起水泥混凝土热胀冷缩而产生伸与缩的变形。考虑了这一情况，水泥混凝土垫层分块浇筑时，其接缝的构造形式和做法将有所不同，以防止水泥混凝土在气温降低或升高时设置的缩缝（收缩缝）或伸缝（伸胀缝）。水泥混凝土分块浇筑时，应与设置的纵向、横向缩缝的间距取得一致，即所谓纵向缩缝系指长条形施工中平行于施工方向的平头缝或企口缝，横向缩缝系指垂直于施工方向的假缝。底层地面的水泥混凝土垫层施工除认真处理如基土层等，并顺应季节的特点，把握水泥混凝土内在质量外，做好水泥混凝土的伸缩缝也是保证建筑地面工程质量的主要环节。

2-3 基 本 规 定

2-3-1 规范版本

3.0.1 建筑地面工程、子分部工程、分项工程的划分，按表 3.0.1 执行。

建筑地面子分部工程、分项工程划分表 **表 3.0.1**

分部工程	子分部工程		分 项 工 程
建筑装饰装修工程	地面	整体面层	基层：基土、灰土垫层、砂垫层和砂石垫层、碎石垫层和碎砖垫层、三合土垫层、炉渣垫层、水泥混凝土垫层、找平层、隔离层、填充层
			面层：水泥混凝土面层、水泥砂浆面层、水磨石面层、水泥钢（铁）屑面层、防油渗面层、不发火（防爆的）面层

续表

<table>
<tr><th>分部工程</th><th colspan="2">子分部工程</th><th>分 项 工 程</th></tr>
<tr><td rowspan="4">建筑装饰装修工程</td><td rowspan="4">地面</td><td rowspan="2">板块面层</td><td>基层：基土、灰土垫层、砂垫层和砂石垫层、碎石垫层和碎砖垫层、三合土垫层、炉渣垫层、水泥混凝土垫层、找平层、隔离层、填充层</td></tr>
<tr><td>面层：砖面层(陶瓷锦砖、缸砖、陶瓷地砖和水泥花砖面层)、大理石面层和花岗石面层、预制板块面层(水泥混凝土板块、水磨石板块面层)、料石面层(条石、块石面层)、塑料板面层、活动地板面层、地毯面层</td></tr>
<tr><td rowspan="2">木、竹面层</td><td>基层：基土、灰土垫层、砂垫层和砂石垫层、碎石垫层和碎砖垫层、三合土垫层、炉渣垫层、水泥混凝土垫层、找平层、隔离层、填充层</td></tr>
<tr><td>面层：实木地板面层(条材、块材面层)、实木复合地板面层(条材、块材面层)、中密度(强化)复合地板面层(条材面层)、竹地板面层</td></tr>
</table>

3.0.2　建筑施工企业在建筑地面工程施工时，应有质量管理体系和相应的施工工艺技术标准。

3.0.3　建筑地面工程采用的材料应按设计要求和本规范的规定选用，并应符合国家标准的规定；进场材料应有中文质量合格证明文件、规格、型号及性能检测报告，对重要材料应有复验报告。

3.0.4　建筑地面采用的大理石、花岗石等天然石材必须符合国家现行行业标准《天然石材产品放射防护分类控制标准》JC 518 中有关材料有害物质的限量规定。进场应具有检测报告。

3.0.5　胶粘剂、沥青胶结料和涂料等材料应按设计要求选用，并应符合现行国家标准《民用建筑工程室内环境污染控制规范》GB 50325 的规定。

3.0.6　厕浴间和有防滑要求的建筑地面的板块材料应符合设计要求。

3.0.7　建筑地面下的沟槽、暗管等工程完工后，经检验合格并做隐蔽记录，方可进行建筑地面工程的施工。

3.0.8　建筑地面工程基层(各构造层)和面层的铺设，均应待其下一层检验合格后方可施工上一层。建筑地面工程各层铺设前与相关专业的分部(子分部)工程、分项工程以及设备管道安装工程之间，应进行交接检验。

3.0.9　建筑地面工程施工时，各层环境温度的控制应符合下列规定：

1　采用掺有水泥、石灰的拌和料铺设以及用石油沥青胶结料铺贴时，不应低于5℃；

2　采用有机胶粘剂粘贴时，不应低于10℃；

3　采用砂、石材料铺设时，不应低于0℃。

3.0.10　铺设有坡度的地面应采用基土高差达到设计要求的坡度；铺设有坡度的楼面(或架空地面)应采用在钢筋混凝土板上变更填充层(或找平层)铺设的厚度或以结构起坡达到设计要求的坡度。

3.0.11　室外散水、明沟、踏步、台阶和坡道等附属工程，其面层和基层(各构造层)均应符合设计要求。施工时应按本规范基层铺设中基土和相应垫层以及面层的规定执行。

3.0.12　水泥混凝土散水、明沟，应设置伸缩缝，其延米间距不得大于10m；房屋转角处应做45°缝。水泥混凝土散水、明沟和台阶等与建筑物连接处应设缝处理。

上述缝宽度为 15～20mm，缝内填嵌柔性密封材料。

3.0.13 建筑地面的变形缝应按设计要求设置，并应符合下列规定：

1 建筑地面的沉降缝、伸缩缝和防震缝，应与结构相应缝的位置一致，且应贯通建筑地面的各构造层；

2 沉降缝和防震缝的宽度应符合设计要求，缝内清理干净，以柔性密封材料填嵌后用板封盖，并应与面层齐平。

3.0.14 建筑地面镶边，当设计无要求时，应符合下列规定：

1 有强烈机械作用下的水泥类整体面层与其他类型的面层邻接处，应设置金属镶边构件；

2 采用水磨石整体面层时，应用同类材料以分格条设置镶边；

3 条石面层和砖面层与其他面层邻接处，应用顶铺的同类材料镶边；

4 采用木、竹面层和塑料板面层时，应用同类材料镶边；

5 地面面层与管沟、孔洞、检查井等邻接处，均应设置镶边；

6 管沟、变形缝等处的建筑地面面层的镶边构件，应在面层铺设前装设。

3.0.15 厕浴间、厨房和有排水(或其他液体)要求的建筑地面面层与相连接各类面层的标高差应符合设计要求。

3.0.16 检验水泥混凝土和水泥砂浆强度试块的组数，按每一层(或检验批)建筑地面工程不应小于1组。当每一层(或检验批)建筑地面工程面积大于1000m² 时，每增加1000m² 应增做1组试块；小于1000m² 按1000m² 计算。当改变配合比时，亦应相应地制作试块组数。

3.0.17 各类面层的铺设宜在室内装饰工程基本完工后进行。木、竹面层以及活动地板、塑料板、地毯面层的铺设，应待抹灰工程或管道试压等施工完工后进行。

3.0.18 建筑地面工程施工质量的检验，应符合下列规定：

1 基层(各构造层)和各类面层的分项工程的施工质量验收应按每一层次或每层施工段(或变形缝)作为检验批，高层建筑的标准层可按每三层(不足三层按三层计)作为检验批；

2 每检验批应以各子分部工程的基层(各构造层)和各类面层所划分的分项工程按自然间(或标准间)检验，抽查数量应随机检验不应少于3间；不足3间，应全数检查；其中走廊(过道)应以10延长米为1间，工业厂房(按单跨计)、礼堂、门厅应以两个轴线为1间计算；

3 有防水要求的建筑地面子分部工程的分项工程施工质量每检验批抽查数量应按其房间总数随机检验不应少于4间，不足4间，应全数检查。

3.0.19 建筑地面工程的分项工程施工质量检验的主控项目，必须达到本规范规定的质量标准，认定为合格；一般项目80%以上的检查点(处)符合本规范规定的质量要求，其他检查点(处)不得有明显影响使用，并不得大于允许偏差值的50%为合格。凡达不到质量标准时，应按现行国家标准《建筑工程施工质量验收统一标准》GB 50300 的规定处理。

3.0.20 建筑地面工程完工后，施工质量验收应在建筑施工企业自检合格的基础上，由监理单位组织有关单位对分项工程、子分部工程进行检验。

3.0.21 检验方法应符合下列规定：

1 检查允许偏差应采用钢尺、2m靠尺、楔形塞尺、坡度尺和水准仪；

2 检查空鼓应采用敲击的方法；

3 检查有防水要求建筑地面的基层(各构造层)和面层，应采用泼水或蓄水方法，蓄水时间不得少于24h；

4 检查各类面层(含不需铺设部分或局部面层)表面的裂纹、脱皮、麻面和起砂等缺陷，应采用观感的方法。

3.0.22 建筑地面工程完工后，应对面层采取保护措施。

2-3-2 应用指南

国家标准《建筑地面工程施工质量验收规范》(GB 50209—2002)第三章基本规定一章内容主要列出了建筑地面工程分部(子分部)工程、分项工程的划分，有关技术规定以及在整个施工的“过程控制”中对材料把关、施工程序、质量管理、质量检验等方面的规定，在本专业工程施工质量验收中属于共同遵守的一些基本要求，实质上是具有共性的规范规定的条文。所有条文对组织施工、指导施工、政府监督、建设监理以及保证工程质量、满足使用功能、做好环境保护、达到安全舒适，并应符合现行国家、行业有关标准、规范(如设计、施工和材料)和国家标准施工类质量验收系列规范等均具有极其重要的意义。

2-3-2-1 工程划分

1.“建筑地面(原即地面与楼面)工程”原系建筑工程质量验收划分的分部工程，在原国家标准《建筑工程质量检验评定标准》(GBJ 301—88)中作为六大分部工程之一。这次修订中，2001年12月建设部在广州全国规范最后一次协调会上决定不作为一个分部工程修改，为子分部工程。根据国家标准《建筑工程施工质量验收统一标准》(GB 50300—2001)第四章建筑工程质量验收的划分中有关分部工程和分项工程划分的原则确定的要求并可按标准附录B采用。即建筑工程质量验收划分为九大分部工程之一的“建筑装饰装修分部工程”中建筑地面为子分部工程。而建筑地面工程构造层较复杂，其面层和基层类型和品种又较多，如作为一个子分部工程检验和验收则很难满足本专业工程施工质量验收的要求。

2. 针对“建筑地面工程”的特点，其构成建筑地面各层的组成，结合本专业工程的适用范围，在子分部工程按已列入规范面层名称的归类及其相应的各分项工程的基层和面层名称划分，其“建筑地面子分部工程”应划为“整体面层、板块面层和木竹面层”三个相应的子分部工程，即规范第3.0.1条表3.0.1建筑地面子分部工程、分项工程划分表所示。本专业工程施工质量验收规范的目次排列已考虑了这一情况，将原国家标准《建筑地面工程施工及验收规范》(GB 50209—95)第7章面层进行调整，在现行国家标准《建筑地面工程施工质量验收规范》(GB 50209—2002)中单独分别列为第5、6、7章，以利施工质量的检验和验收，更体现规范的可操作性。

3. 基于上述情况，各分项工程的确定，基本上是按建筑地面构成的两大基本构造层组成和附加在基层的各构造层，采用按主要工程、材料名称等来进行划分。在基层铺设和各类面层铺设四个章的各节中，均以各构造层的一个工程和材料品种名称为一个对象作为该层的一个分项工程来检验。

4. 各类子分部工程的面层检验和验收总的讲应以基层和其相应的面层两大部分的分项工程组成。但基层部分又是复杂的，而基层所包括各(构造)层并不是统一的，按底层地面和楼层地面的结构构造而定，还应符合设计要求，因此基层部分的分项工程应包括有各(构造)层划分的分项工程。如：

(1) 整体面层子分部工程中

1) 水泥混凝土面层：(应包括面层和基层两个部分组成)

① 基层部分应有基土、垫层、找平层、隔离层、填充层等几个构造层中按设计要求组成的各分项工程，均作为面层下的基层；

② 面层部分只能有水泥混凝土面层一个分项工程。

2) 其他属于整体面层铺设的面层名称，应按以上模式套用。

(2) 板块面层子分部工程中

1) 大理石面层和花岗石面层：(应包括面层和基层两个部分)

① 基层部分应有基土、垫层、找平层、隔离层、填充层等几个构造层中按设计要求组成的各分项工程，均作为面层下的基层；

② 面层部分只有大理石面层和花岗石面层一个分项工程；

③ 具体操作时，可只列出大理石面层或花岗石面层。

2) 其他属于板块面层铺设的面层名称，应按以上模式套用。

(3) 木竹面层子分部工程中

1) 实木地板面层：(应包括面层和基层两个部分组成)

① 基层部分一般应有基土、垫层、找平层、隔离层、填充层等几个构造层中按设计要求组成的各分项工程，均作为面层下的基层。同时还应包括楼层(或底层)地面实木地板面层下木搁栅、垫木、毛地板的铺设以及底层地面实木地板搁栅下的砖、石地垅墙、墩砌筑的结构层；以上本规范均不作为各分项工程；

② 面层部分只有实木地板面层一个分项工程；

③ 具体操作时，可只列出实木地板面层或拼花实木地板面层。

2) 其他属于木竹面层铺设的面层名称，应按以上模式套用。

(4) 所有基层部分的各(构造)层组成的各分项工程，可以与各类面层子分部工程的相关面层名称组合应用。

5. 国家标准《建筑地面工程施工质量验收规范》(GB 50209—2002)中，第 3.0.1 条表 3.0.1 即按上述情况进行编制的。

2-3-2-2 技术规定

本章基本规定内容中已列有属于技术规定(包括质量管理)的主要条文共有 3.0.2、3.0.9、3.0.10、3.0.11、3.0.12、3.0.13、3.0.14、3.0.15、3.0.17、3.0.22 等 10 条，其中 3.0.15 是强制性条文。

1. 为了贯彻有关管理规定的精神，根据建设部要求在标准、规范中应填加和充实这方面的内容，以进一步明确和加强质量管理，本章增列建筑施工企业在建筑地面工程施工时，应有质量管理体系和相应的施工工艺技术标准，以保证建筑地面工程质量验收的施工质量。在现行国家标准《建筑地面工程施工质量验收规范》(GB 50209—2002)中，原有的施工部分内容，包括施工技术、施工工艺等要求已分离开，将改为鼓励施工单位(企业)自行制定企业标准，或由有关部门制定"推荐性标准"或"施工指南"供企业参考使用。而施工企业必须有一整套质量体系和相应的施工技术、施工工艺标准，才能保证房屋建筑物及其各专业工程的施工质量。现行国家标准《建筑工程施工质量验收统一标准》第3章基本规定中第3.0.1条规定了"施工现场质量管理可按本标准附录A的要求进行检查记录"。而表A.0.1中序号8、施工技术标准项目的内容应由施工单位填写，总监理工程师(建设单位项目负责人)进行检查，并做出检查结论，这也是体现统一标准与专业规范应相互配套使用。

2. 为了使各构造层(主要是指铺设垫层、找平层、结合层和面层)铺设材料和拌合料、胶结材料具有正常的凝结和硬化条件，建筑地面工程施工时，铺设各(构造)层环境温度及其所铺材料温度的控制应符合下列规定：

(1) 采用掺有水泥的拌合料铺设面层、结合层、找平层和垫层时，其环境温度不应低于5℃，并应保持拌合料强度等级达到不小于设计要求的50%；

(2) 采用石油沥青胶结料作为结合层和填缝料铺设板块面层、实木地板面层时，其环境温度不应低于5℃；

(3) 采用胶粘剂(无特别注明时，均为有机胶粘剂，以下同)粘贴塑料板面层、拼花实木地板面层时，其环境温度不应低10℃；

(4) 采用掺有石灰的拌合料铺设垫层时，其环境温度不应低于5℃；

(5) 在砂石垫层和砂结合层上铺设板块料、料石面层时，其环境温度不应低于0℃；

(6) 铺设碎石、碎砖垫层时，其环境温度不应低于0℃；

(7) 如各(构造)层环境温度低于上述规定，施工时应采取相应的技术措施，以保证各(构造)层的施工质量。

3. 为了保证建筑地面工程起坡的正确性，以利面层能正常按设计要求的坡向度排除表面层的各种液体。在建筑地面工程中铺设有坡度的面层，应按基层部分的不同情况，采取：

(1) 在地面(底层地面)工程上铺设有坡度要求的面层时，应在夯实的基土层上用修整基土高度差来达到设计要求的坡向度；

(2) 在楼面(楼底地面)工程上铺设有坡度要求的面层(或在有地下室的底层地面和架空板地面)时，应在结构层(现浇钢筋混凝土或预制板)上按结构起坡的高度差或在钢筋混凝土板上利用变更填充层(或找平层)的厚度差来达到设计要求的坡向度。

4. 对于建筑地面工程适用范畴，总则一章作了阐述，还包括室外散水、明沟、踏步、台阶和坡道等附属工程。考虑这一部分个体设计的各(构造)层的组成基本上与底层地面的整体面层相似，只是处于室外工程有一定的特殊性。故将这一部分内容也列入本章基本规定中，并作如下规定：

(1) 室外散水、明沟、踏步、台阶和坡道等附属工程，其面层和基层(各构造层)均应符合设计要求，施工质量检验和验收应按规范基层铺设中基土和相应垫层以及面层名称铺设的规定执行。

(2) 水泥混凝土散水、明沟等附属工程应按规定设置伸缩缝，其间距宜按各地区气候条件和传统做法确定，但延长间距不得大于10m（散水不宜大于6m）；房屋建筑物封角处亦应设置45°伸缩缝。水泥混凝土散水、明沟和台阶等与房屋建筑物连接处应设缝处理，以防止房屋建筑物沉降而影响连接处开裂的施工质量缺陷，甚至造成质量事故而返工。上列缝的宽度均为15～20mm，缝内填嵌柔性密封材料。

（3）室外附属工程有关设计及其构造

1）散水坡度一般为5%，明沟纵向坡为0.5%；

2）坡道（大门坡道）应按进出车辆类型和下表2-3-1选用相应的水泥混凝土垫层厚度（D）；

坡道（大门）厚度选择表 **表 2-3-1**

车 辆 类 型	水泥混凝土垫层厚度 D(mm)
2t电瓶车、1t叉式装卸车、2.5t载重汽车	100
2t叉式装卸车、4t载重汽车	120
3t叉式装卸车	140
5t叉式装卸车、8t载重汽车、12t三轴载重汽车	180

3）有防冻胀要求时，应加设基土（地基）防冻胀层。防冻胀层的设计厚度应根据当地经验确定，亦可按下表2-3-2选用；

防冻胀层厚度选择表 **表 2-3-2**

土壤标准冻深(mm)	防冻胀土厚度(mm)	
	土壤为冻胀土	土壤为强冻胀土
600～800	100	150
1200	200	300
1800	350	450
2200	500	600

4）如在基土上加设灰土等加强层时，可在个体设计中注明；

5）散水、明沟、坡道、踏步（台阶）构造如下图2-3-1、图2-3-2、图2-3-3、图2-3-4，供参考。

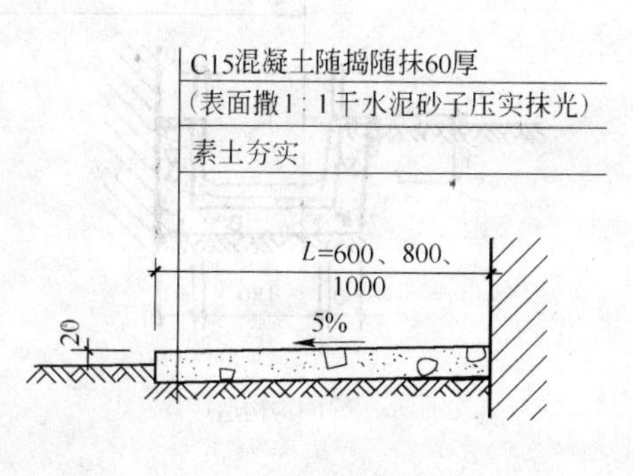

散水构造（一）

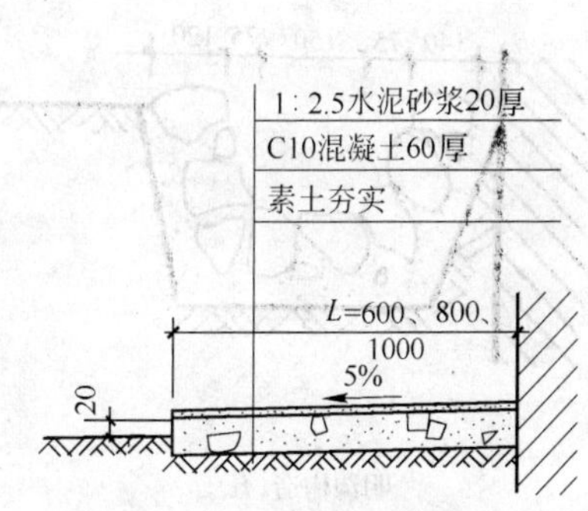

散水构造（二）

图 2-3-1 散水构造

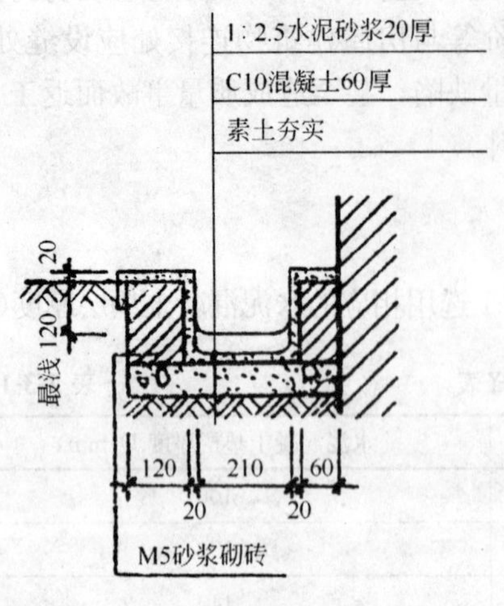

明沟构造(一)

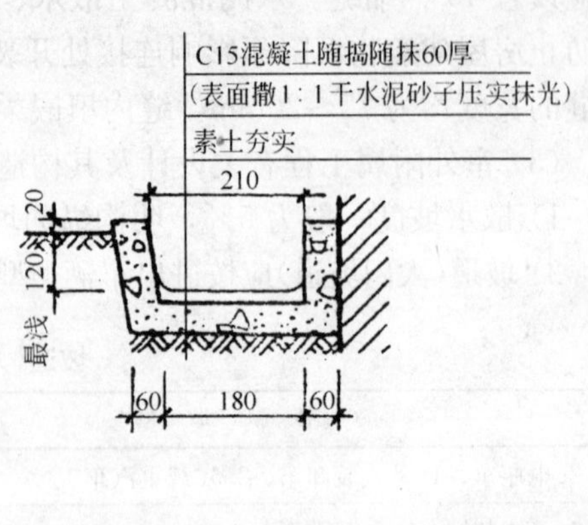

明沟构造(二)

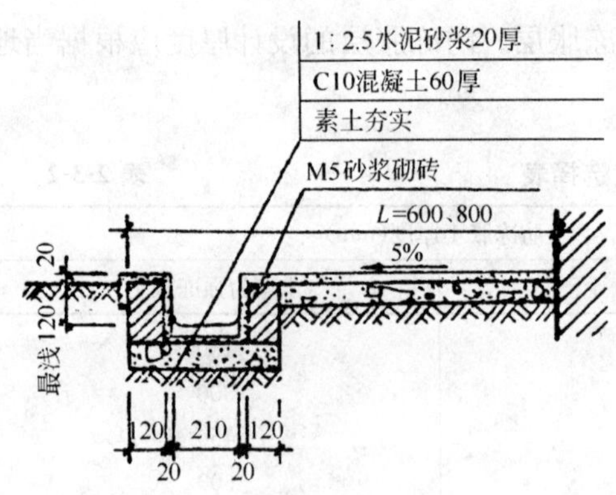

明沟构造(三)

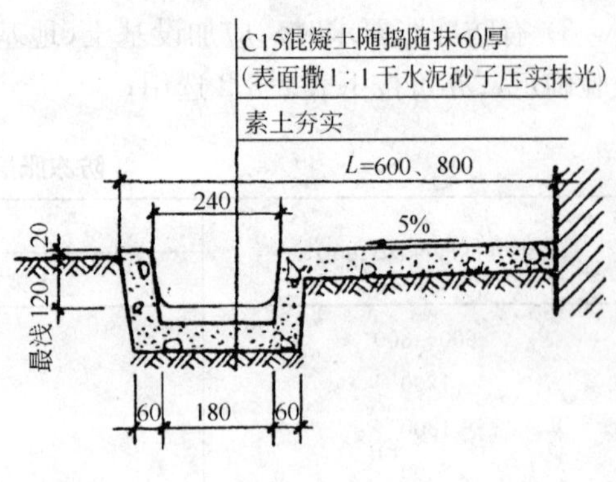

明沟构造(四)

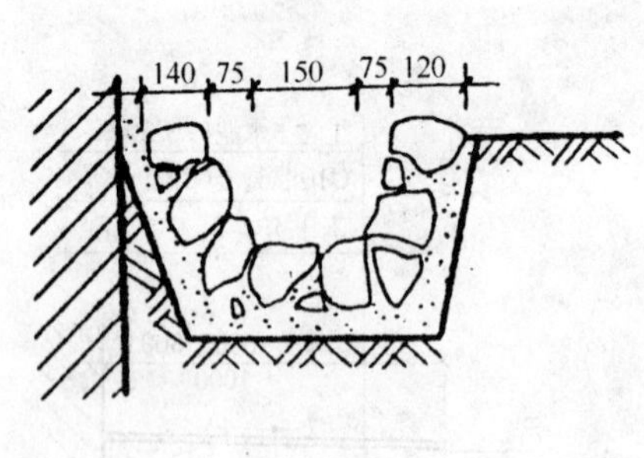

明沟构造(五)

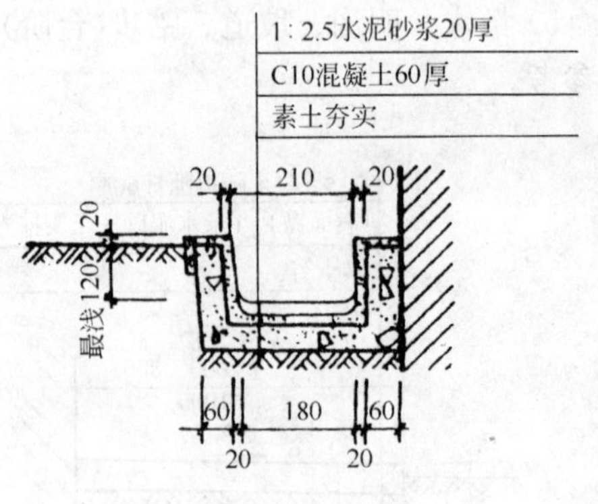

明沟构造(六)

图 2-3-2　明沟构造

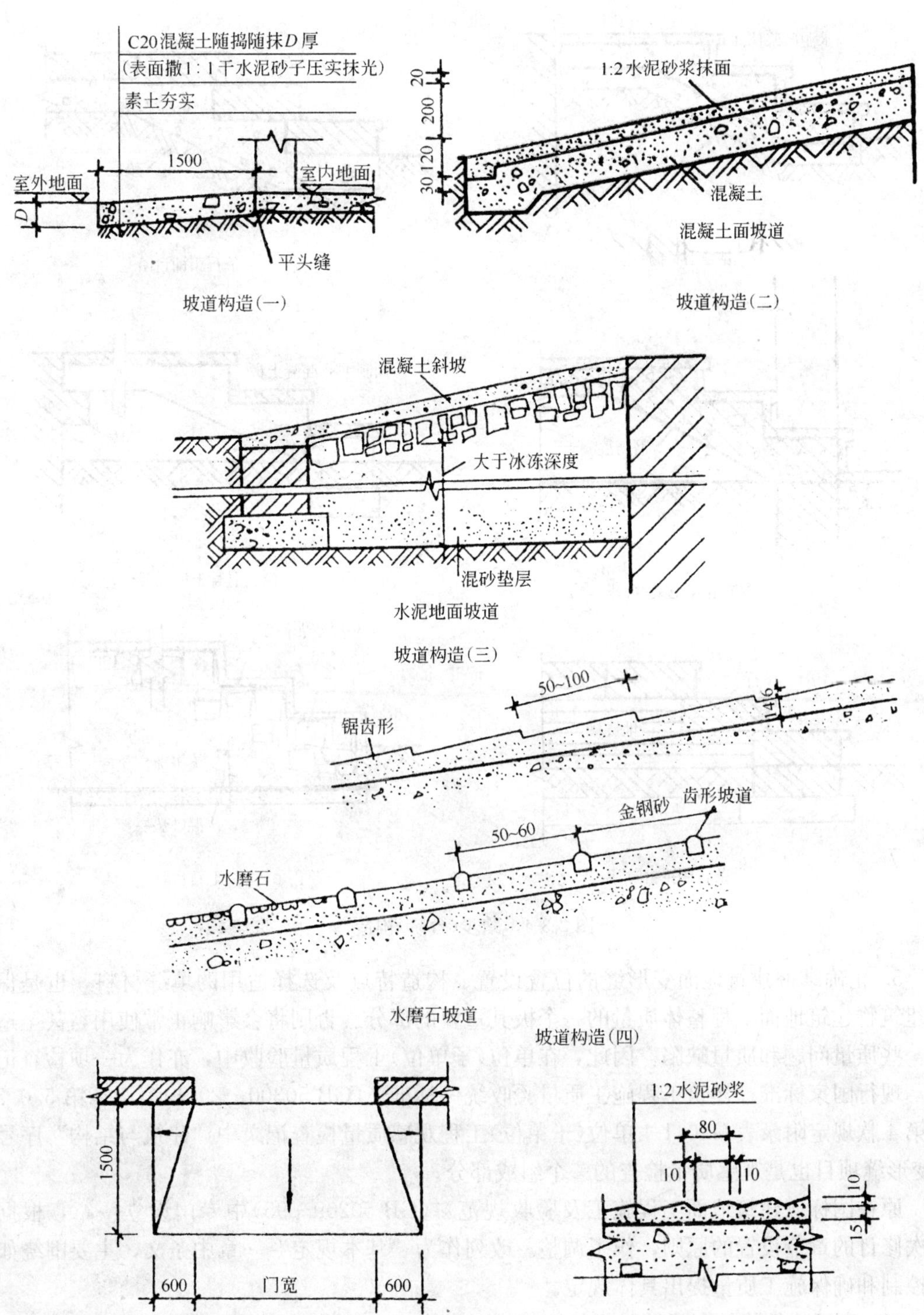

C20混凝土随捣随抹D厚
(表面撒1∶1干水泥砂子压实抹光)
素土夯实
1500
室外地面
室内地面
D
平头缝
坡道构造(一)
1:2水泥砂浆抹面
20
200
30 120
混凝土
混凝土面坡道
坡道构造(二)
混凝土斜坡
大于冰冻深度
混砂垫层
水泥地面坡道
坡道构造(三)
50~100
锯齿形
146
金钢砂
齿形坡道
50~60
水磨石
水磨石坡道
坡道构造(四)
1500
600
门宽
600
坡道平面示意(五)
1:2水泥砂浆
80
10
10
10
15
坡道齿槽大样(六)

图 2-3-3　坡道构造

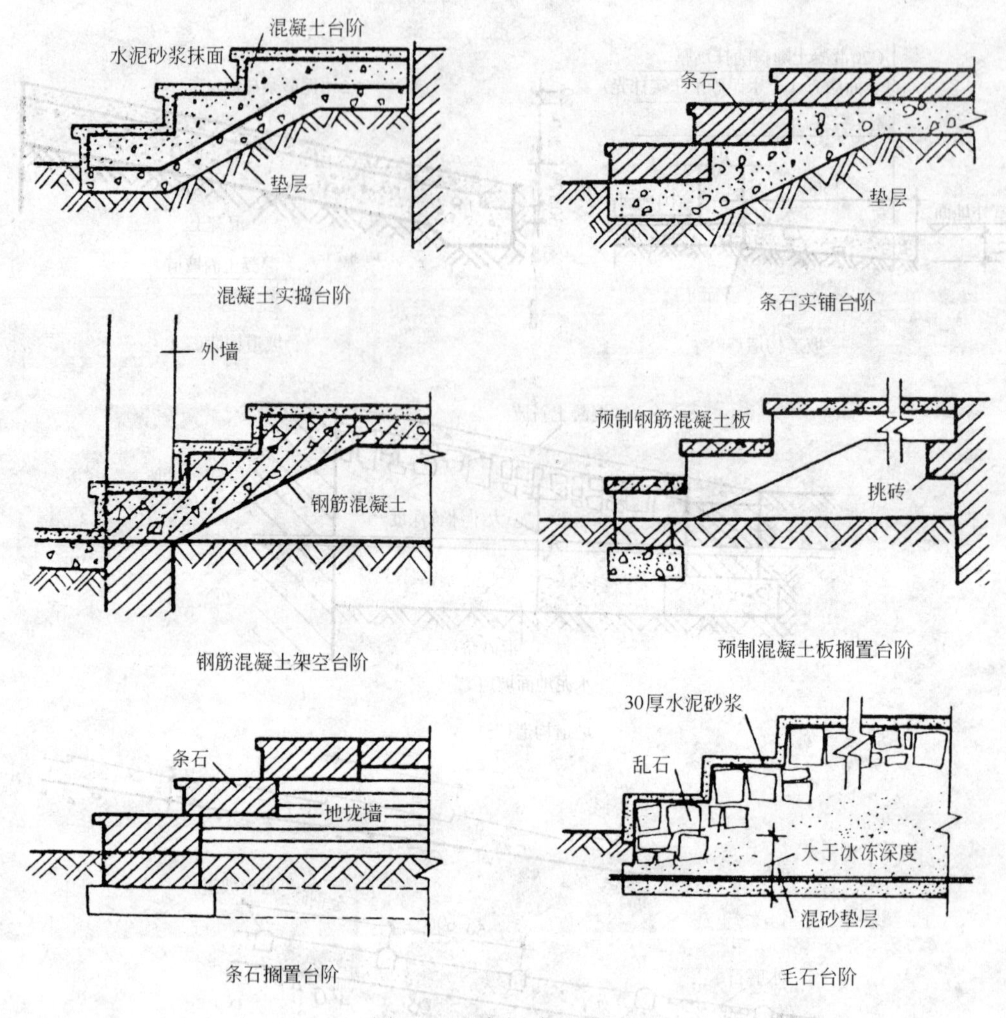

图 2-3-4　踏步(台阶)构造

5. 正确掌握建筑地面变形缝的位置设置、构造特点及选择适用的填缝材料，也是保证建筑物建筑地面工程整体质量的一个极其重要的部分。否则将会影响正常使用，甚至造成一些质量问题和质量缺陷。因此，在单位(子单位)工程质量验收中，亦作为一项检查记录。现行国家标准《建筑工程施工质量验收统一标准》(GB 50300—2001)第 5 章第 5.0.5 条第 4 款规定附录表 G.0.1-4 单位(子单位)工程观感质量检查记录中“建筑与结构”序号 2 变形缝项目也是观感质量检查的一个组成部分。

原在国标《建筑地面工程施工及验收规范》(GB 50209—95)中专门设立一章，根据这次修订的章节设置的原则，作了调整。改列作为“基本规定”一章中条文，主要围绕如何控制和确保施工质量提出具体规定。

(1) 房屋建筑物的变形缝包括伸缩缝、沉降缝和抗震缝(防震缝)。建筑地面的变形缝应按设计要求设置；

(2) 底层地面的沉降缝和楼层地面的沉降缝、伸缩缝及抗震缝(防震缝)的设置，均应与结构相应的缝位置一致，且应贯通建筑地面的各构造层；

(3) 变形缝应在排水坡的分水线上，不得通过有液体流经或积聚的部位；

(4) 变形缝的构造应考虑在其产生位移或变形时，不受阻、不被破坏，并不应破坏建筑地面。材料选择应分别按不同要求采取防火、防水、保温、防虫害、防油渗等措施；

(5) 沉降缝和抗震缝(防震缝)缝的宽度应符合设计要求，其宽度不宜小于 20mm。缝内清理干净后，一般采用以柔性密封材料。可先用沥青麻丝填实，再以沥青胶结料填嵌，或用钢板、硬聚氯乙烯塑料板、铝合金板等封盖并应与面层齐平。其构造做法见图 2-3-5。

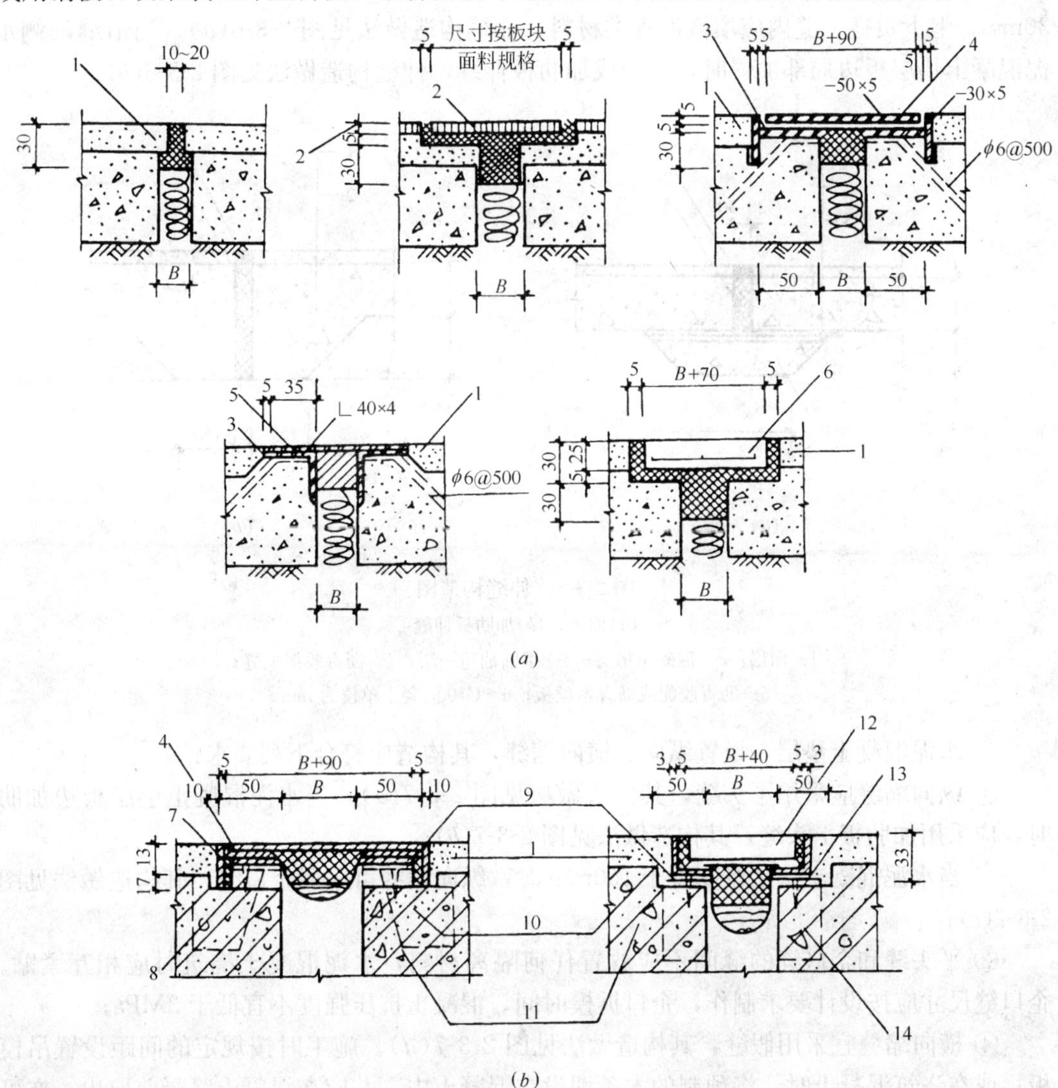

图 2-3-5 建筑地面变形缝构造

(a)地面变形缝各种构造做法；(b)楼面变形缝各种构造做法

B 示缝宽按设计要求；[图例]示填沥青胶泥；[图例]示填实沥青麻丝

1—面层按设计；2—板块面层按设计；3—电焊牢固；4—5mm 厚钢板或铝合金型材硬板；5—5mm 厚钢板；6—C20 混凝土预制板；7—5mm 厚钢板，电焊焊牢；8—木螺丝固定，中距 500；9—24 号镀锌铁皮；10—40×60×60 木楔，500 中距；11—楼层结构层；12—3mm 厚钢板，板块料，2mm 厚铝板，橡胶板；13—∟30×3 木螺丝固定，500 中距；14—40×40×60 木楔，中距 500

(6) 底层地面的变形缝，应按伸缝、缩缝与沉降缝分别设置：

1) 室外水泥混凝土地面工程应设置伸缩(伸缝、缩缝)缝；室内水泥混凝土地面工程应设置纵向、横向缩缝，不宜设置伸缝。

2) 水泥混凝土垫层铺设在基土(层)上，当气温长期处于0℃以下，且设计无要求时，其房间地面工程应设置伸缩缝。

3) 室外地面工程采用水泥混凝土垫层时，其伸缝间距宜为20～30m，缝宽为20～30mm，上下贯通。缝内应填嵌沥青类材料，伸缝构造做法见图2-3-6(*a*)。当沿缝两侧水泥混凝土垫层板边局部加强时，应做成加肋板伸缝，伸缝构造做法见图2-3-6(*b*)。

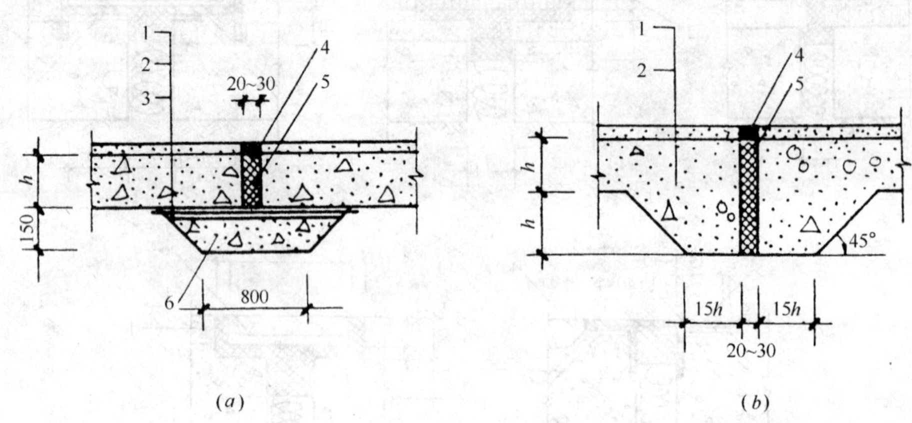

图2-3-6　伸缝构造图

(*a*)伸缝；(*b*)加肋板伸缝

1—面层；2—混凝土垫层；3—干铺油毡一层；4—沥青胶泥填缝；

5—沥青胶泥或沥青木丝板；6—C10混凝土单位为mm

4) 水泥混凝土垫层，设置纵向、横向缩缝，其构造应符合下列要求：

① 纵向缩缝应采用平头缝，其构造做法见图2-3-7(*a*)；当水泥混凝土垫层板边加肋时，应采用加肋板平头缝，其构造做法见图2-3-7(*b*)；

② 当水泥混凝土垫层厚度大于150mm时，纵向缩缝可采用企口缝，其构造做法见图2-3-7(*c*)；

③ 平头缝和企口缝的缝间不应放置任何隔离材料，水泥混凝土浇筑时应相互紧贴。企口缝尺寸应按设计要求制作，企口拆模时间，混凝土抗压强度不宜低于3MPa；

④ 横向缩缝宜采用假缝，其构造做法见图2-3-7(*d*)。施工时按规定的间距设置吊模板；或在浇筑混凝土时，将预制的木条埋设在混凝土中，并应在混凝土终凝前取出；亦可采用在混凝土强度达到一定要求后，用切割机割缝。假缝的宽度宜为5～20mm，缝的深度宜为水泥混凝土垫层厚度的1/3，缝内清理后填以水泥砂浆材料。

5) 室内水泥混凝土垫层缩缝的布置是按混凝土施工方向而定，见图2-3-8。因此，地面工程分区、假浇筑混凝土时，应与缩缝平面布置的纵向、横向缩缝间距相一致。

6) 缩缝的构造形式和间距与水泥混凝土垫层的使用条件和施工环境温度有关，水泥混凝土垫层缩缝的技术要求，见表2-3-3。

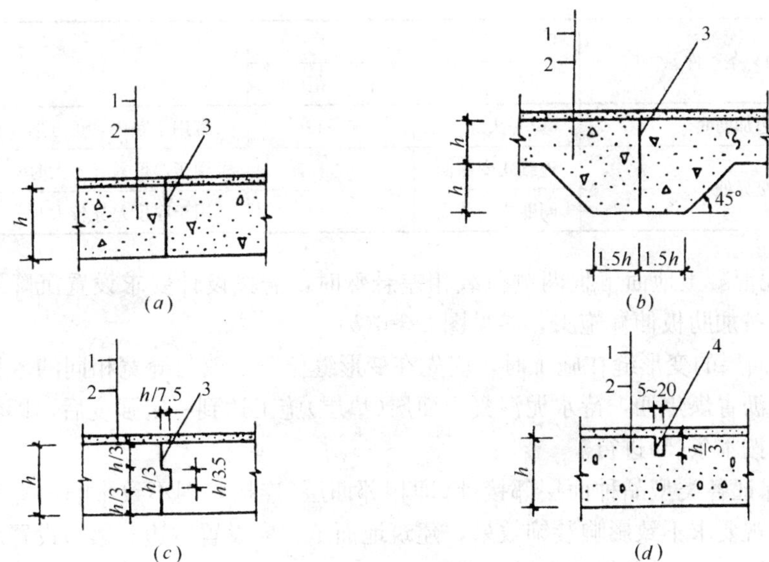

图 2-3-7 纵横向缩缝构造

(a)平头缝；(b)加肋板平头缝；(c)企口缝；(d)假缝

1—面层；2—混凝土垫层；3—互相紧贴，不放隔离材料；4—1∶3 水泥砂浆填缝

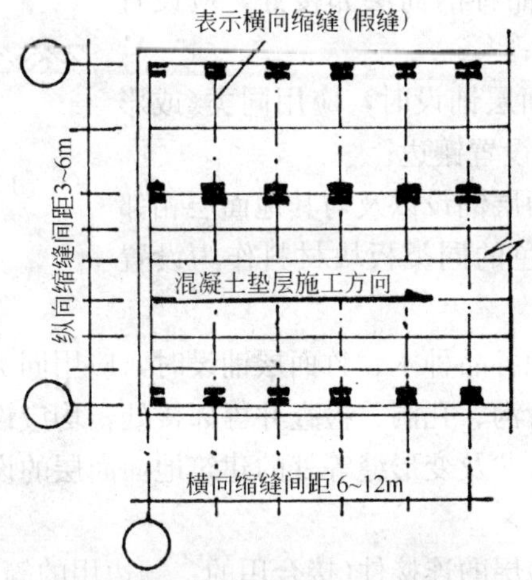

图 2-3-8 施工方向与缩缝平面布置

混凝土垫层缩缝的技术要求 **表 2-3-3**

使用条件		技术要求 型式	技术要求 间距(m)	备注
一般要求	纵向缩缝	平头缝	3～6	企口缝的板厚宜大于 150mm。其拆模强度不低于 3MPa
		企口缝	3～6	
	横向缩缝	假 缝	6～12	室外或高温季节施工宜取 6m
大面积密集堆料		平头缝	6	周边均为平头缝
湿陷性黄土、膨胀土地区和防冻胀层上		平头缝	3	周边均为平头缝

续表

使用条件	技术要求		备注
	型式	间距(m)	
混凝土垫层周边加肋时	平头缝	6～12	宜用于室内，正方形分仓为佳
不同垫层厚度交界处	连续式变截面		用于厚度差异不大时
	间断式变截面		用于厚度差异较大时

7）当水泥混凝土地面工程两侧荷载相差悬殊时，需按设计要求设置沉降缝。沉降缝的构造做法应按加肋板伸缝施工，参见图 2-3-6(*b*)。

(7) 整体面层的变形缝在施工时，应先在变形缝位置安放与缝宽相同的木板条，木板条应刨光后涂沥青煤焦油，待水泥混凝土面层(垫层)施工达到一定强度后，即将木板条取出。缝内处理按本条(5)进行。

6. 为了保证各类型品种面层邻接处(即相邻面层)连接牢固不致影响正常使用和各类面层铺设的美观要求不致影响装饰效果，建筑地面工程应设置镶边。镶边设置应符合施工质量验收规范第 3.0.14 条规定和设计要求：

(1) 在有强烈机械作用下的水泥类整体面层，如水泥混凝土面层、水泥砂浆面层、水磨石面层和水泥钢(铁)屑面层等与其他类型品种的面层邻接处，应设置金属镶边构件，见图 2-3-9；

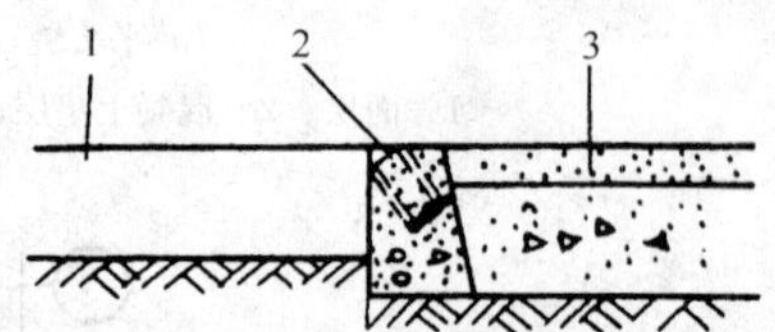

图 2-3-9　镶边角钢
1—其他面层；2—镶边角钢；3—水泥类面层

(2) 采用水磨石整体面层铺设时，应用同类(或彩色)材料铺设以分格条作为设置镶边；

(3) 采用各品种板块面层铺设以及与其他面层相邻接处，应用顶铺或不同颜色的同类板块材料作为设置镶边；

(4) 采用塑料板面层和各品种木、竹面层铺设时，应用同类材料作为设置镶边；

(5) 底层地面面层与管沟、孔洞、检查井等邻接处，均应设置镶边；

(6) 管沟、孔洞、检查井及变形缝等处的建筑地面面层的设置镶边的构件，均应在面层铺设前装设；

(7) 建筑地面各(构造)层的连接件(接合用的、镶边用的等)的构造，应符合设计要求和施工验收规范的规定，不得遗漏，以免造成不必要的返工。

7. 对厕浴间、厨房和有排水(或其他液体)要求的建筑地面工程，强调其面层铺设与相连接的各类型品种的面层的标高差应符合设计要求，以防止有排水的建筑地面面层水(或其他液体)可能浸入(倒泄入)相邻的其他房间的建筑地面，造成相连接的各类面层的损坏，影响正常使用。施工验收规范制定的第 3.0.15 条的规定是有其重要性和必要性，并作为强制性条文，必须严格执行。该条文实施：

(1) 释义

一般情况下，厕浴间、厨房和有排水(或其他液体)要求的建筑地面面层与相连接各类面层应有一定的标高差，通常为 15～20mm，见图 2-3-10。这主要是防止厕浴间、厨房和有排水(或其他液体)要求的建筑地面面层的水可能浸入到其他面层上，造成其他面层(特别是木竹类面层）因浸水而损坏。有时由于停水，厕浴间、厨房的水龙头忘关了，通水后，由于没有标高差和坡度，也会造成积水外溢，将直接影响到其他面层。

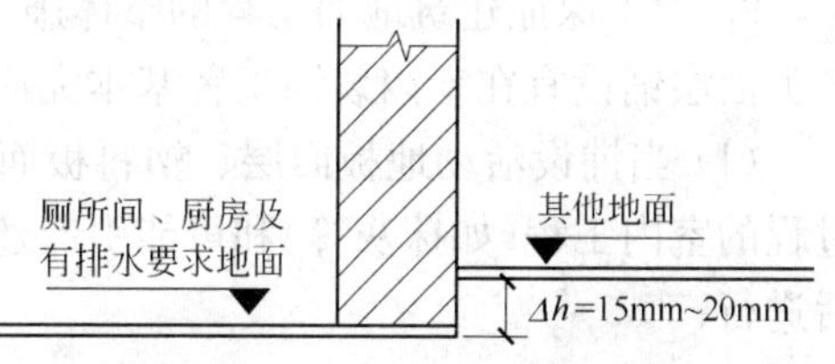

图 2-3-10 相邻面层标高差

（2）措施

1）施工图设计中应考虑到厕浴间、厨房和有排水（或其他液体）要求的建筑地面面层与其相连接各类面层之间有一定的标高差，这应在楼板结构层现浇时设置，或在其面层（包括各构造层）施工时设置；

2）施工图设计的审查机构应对此进行审查；

3）建设单位、监理单位和施工单位在图纸会审时，应对此项提出要求；

4）如果设计和施工均没有考虑到厕浴间、厨房和有排水（或其他液体）要求的建筑地面面层与相连接各类面层之间的标高差，建设单位应该在使用中采取挡水的措施。

（3）检查

1）施工图设计中有无对厕浴间、厨房和有排水（或其他液体）要求的建筑地面面层与相连接各类面层之间的标高差提出要求；

2）施工单位是否按照设计要求进行施工；

3）实地检查。

检查方法：观感检查，或用尺量。

检查数量：可全数检查或抽检。

（4）判定

当出现下述情况之一时，视为违反强制性条文。

1）设计单位未对厕浴间、厨房和有排水（或其他液体）要求的建筑地面面层与相连接各类面层之间的标高差提出要求的；

2）施工单位未按设计规定的要求进行施工的。

8. 为了做好水泥混凝土和水泥砂浆强度评定的检验工作，施工验收规范制定了试块制作数量等有关规定。

（1）建筑地面各构造层采用拌合料的配合比或强度等级，应按设计要求和施工质量验收规范规定通过试验确定后，填写配合比通知单记录，并按规定做好试块的制作、养护和强度检验；

（2）水泥混凝土试块的制作、养护和强度检验，应按现行国家标准《混凝土结构工程施工质量验收规范》（GB 50204—2002）的有关规定执行；

（3）水泥砂浆试块的制作、养护和强度检验，应按现行国家标准《砌体工程施工质量验收规范》（GB 50203—2002）的有关规定执行；

（4）水泥混凝土和水泥砂浆试块数量（组数），应按房屋建筑物每一层（或按每一层变形缝、施工段划分成为检验批）建筑地面工程不应小于一组试块；当每一层（或检验批）建筑地面工程面积大于 1000m^2 时，每增加 1000m^2 应增做一组试块，不足 1000m^2 按 1000m^2 计算；

（5）当配合比改变时，亦应相应地制作试块组数。

9. 为了保证建筑地面工程的整体施工质量，施工质量验收规范中第 3.0.17 条提出了各类面层铺设宜在室内装饰工程基本完成时进行的规定。

(1) 当铺设活动地板面层、塑料板面层、地毯面层以及木竹类型面层时，应待有潮湿过程的室内工程(如抹灰等)和可能引起建筑地面潮湿的室内工程(如管道试压等)施工完工后进行；

(2) 在铺设上述各品种面层之前，应使房间干燥，同时避免在气候潮湿(如梅雨季节等)的环境下施工；

(3) 应做好建筑地面工程各(构造)层下的基层处理工作，防止上下层结合不好造成空鼓等施工质量缺陷。

10. 建筑地面工程完工后，施工质量验收规范中第 3.0.22 条提出了应对面层采取保护措施的规定，特别是大面积整体面层、板块面层、木竹面层以及楼梯间踏步等，以防止面层表面碰撞而损坏。因这些分项工程和部位虽进行修补后仍会影响工程质量，造成永久性的施工缺陷，装饰效果差。

2-3-2-3　材料控制

1. 建筑地面工程各(构造)层采用的建筑材料包括原材料、半成品等，建材产品的品种、规格、性能、配合比、标号或强度等级等均应按设计要求选用，除应符合施工质量验收规范外，并应符合现行国家、行业和有关产品材料标准的规定，这是极其重要的一个环节。如何保证施工质量，这不仅提出了“设计是依据”，也充分说明了“材料是关键”。同时，对进入施工现场应有中文质量合格证书，产品性能检测报告，对重要材料应有复验报告，并经监理部门检查确认合格后方可使用，以控制材料质量关。以上可见图 2-3-11 建筑地面工程材料控制示意图。施工质量验收规范制定的第 3.0.3 条的规定是有一定的重要性和必要性，并作为强制性条文，必须严格执行。该条文实施：

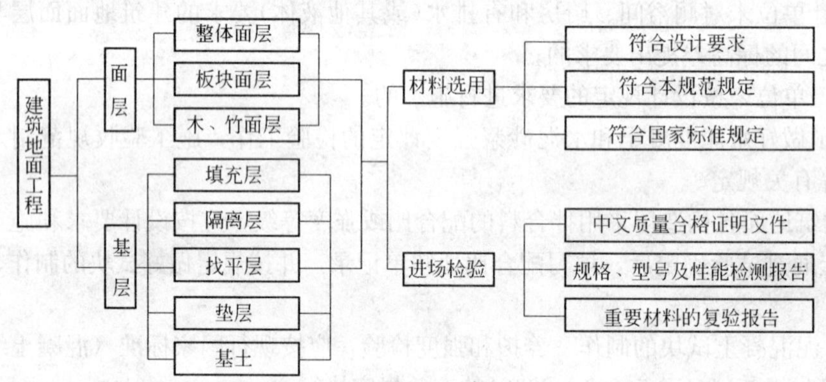

图 2-3-11　建筑地面工程材料控制示意图

(1) 释义

影响工程质量的因素很多，根据全面质量管理的观点，主要是五大因素：人、机、料、法、环，而材料对工程质量的影响是非常大的；对建筑地面而言，由于其类型品种繁多，加上面层牵涉到的材料也是各式各样，因此严格控制材料质量，对确保建筑地面整体质量极为重要。如大理石、花岗石等天然石材的放射性比活度、涂料、胶粘剂中游离甲醛和有机挥发物(TVOC)含量、木地板的含水率等是否超标(限量)，以及其规格、尺寸是否符合设计要求，有否色差、翘曲、变形，又如水泥、砂、石子等原材料是否符合规定，水泥的强度、出厂日期是否符合要求，砂、石含泥量是否超标等等。以上的材料各项指标没有控制好，会造成建筑地面出现质量缺陷和问题，严重的会对人体健康和安全、使用构成危害，因此，材料对建筑地面工程质量的影响是直接的。

通常情况下，建筑地面所采用的材料应由设计确定，并应符合《建筑地面设计规范》(GB 50037—1996)和本规范的规定；同时，其产品还应符合国家有关标准的要求。

所有进入施工现场的建筑地面材料应该有相应的出厂合格证明及性能检测报告；对一些重要材料，如水泥、大理石、花岗石、涂料、胶粘剂、木材等还应该进行复验。

所谓重要材料，应视工程而定。在以往的一些工程中，由于施工单位轻视了建筑地面的施工，出现了诸如过期水泥、安定性不合格的水泥用于工程中，造成质量事故，因此，在建筑地面工程中，水泥就是重要材料；而对不发火(防爆的)要求的水泥类面层施工，其水泥、石子、砂的选用就比较高，除了水泥外，石子就成为重要材料；对木地板面层来说，木工板、复合地板中的甲醛、苯的含量就应该进行复验，以防止这些有害物质超标。

必须严格控制建筑材料的有害物质含量是极其重要的，目前与建筑材料有害物质限量有关的国家标准有 11 项，具体标准名称见《建筑装饰装修工程质量验收规范》(GB 50210—2001)第 3.2.3 条。

(2) 措施

1) 首先应确定建筑地面材料有无设计要求，无设计要求的，应提请设计单位进行设计；设计没有要求的，应按设计规范和本规范的要求；其次建筑地面材料所涉及的产品应符合国家标准；对于没有国家标准的新材料、新产品，应当由拟采用单位提请建设单位组织专题技术论证，报批准标准的建设行政主管部门审定；

2) 施工单位应对进场材料(包括建设单位提供的)的合格证明文件及检测报告进行检查，对没有产品出厂合格证明文件的，应由厂家提供完善；

3) 对一些重要材料，应根据其工程的特性、部位、使用量多少加以确定，如水泥、防水材料、大理石、花岗石等材料应按照其产品标准进行复测；对不合格的材料不得使用；

4) 建筑地面工程的材料，须经建设单位、监理单位认可签证后方能使用。

(3) 检查

1) 建筑地面工程所选用的材料有无设计要求；

2) 查阅相关建筑地面材料有无合格证明文件和性能检测报告，其真实性如何；

3) 重要材料的复验报告是否符合本规范的规定及国家材料的要求；检查数量：可按该产品标准规定的数量进行检查或抽检。如对其他材料有疑问的，应进行复检。

(4) 判定

当出现下述情况之一时，视为违反强制性条文。

1) 产品质量达不到国家标准规定的；

2) 采用的材料不按设计要求和规范规定的；

3) 检查、抽查、复查中为不合格的材料在工程中使用的；

4) 重要材料应做复验而未做的。

2. 建筑地面工程采用的大理石、花岗石等天然石材必须符合国家现行行业标准《天然石材产品放射防护分类控制标准》(JC 518—93)中有关材料有害物质的限量规定，施工质量验收规范中第 3.0.4 条作了规定。进入施工现场应具有检测报告，检测指标合格方能使用，以对石材中含有对人体直接有害物质的严格把关。

(1) 原国家建材行业标准《天然石材产品放射防护分类控制标准》(JC 518—93)，规定了天然石材产品中放射性镭-226、钍-232、钾-40 比活度的分类控制值，并适用于天然石材产品的分类。

1) 天然石材产品是由采掘地表(下)的大理岩、花岗岩、石灰岩和板岩等岩石经锯切、磨光等物理方法加工而成的石质建筑材料，包括块料、板材和磨光的饰面板材；

2) C_{Ra}、C_{Th}、C_{K} 分别为天然石材产品中镭-226、钍-232、钾-40 的放射性比活度，单位为 $Bq \cdot kg^{-1}$；

3) C^{e}_{Ra} 为镭当量浓度。天然石材产品的放射性比活度主要来自镭-226、钍-232 及钾-40，可按其放射性核素含量与室内 γ 照射量率的表达式归一化，用镭当量浓度表示之，单位为 $Bq \cdot kg^{-1}$。镭当量浓度 $C^{e}_{Ra}=C_{Ra}+1.35C_{Th}+0.088C_{K}$。

4) 分类

① A类产品

石质建筑材料中放射性比活度同时满足式(2-3-1)和式(2-3-2)的为 A 类产品，其使用范围不受限制。

$$C^{e}_{Ra} \leqslant 350Bq \cdot kg^{-1} \tag{2-3-1}$$

$$C_{Ra} \leqslant 200Bq \cdot kg^{-1} \tag{2-3-2}$$

② B类产品

不符合 A 类的石质建筑材料而其放射性比活度同时满足式(2-3-3)和式(2-3-4)的为 B 类产品，不可用于居室内饰面，可用于其他一切建筑物的内、外饰面。

$$C^{e}_{Ra} \leqslant 700Bq \cdot kg^{-1} \tag{2-3-3}$$

$$C_{Ra} \leqslant 250Bq \cdot kg^{-1} \tag{2-3-4}$$

③ C类产品

不符合 A、B类的石质建筑材料而其放射性比活度满足式(2-3-5)的为 C 类产品，可用于一切建筑物的外饰面。

$$C^{e}_{Ra} \leqslant 1000Bq \cdot kg^{-1} \tag{2-3-5}$$

④ 放射性比活度大于C类控制值的天然石材，可用于海堤、桥墩及碑石等其他用途。

(2) 原国家标准《建筑材料放射卫生防护标准》(GB 6566—2000)，规定了建筑材料中天然放射性核素镭-226、钍-232、钾-40 的比活度的分类限制标准，并适用于各种建筑物和构筑物所使用的建筑材料，特别是掺工业废渣的建筑材料中天然放射性核素的控制。

1) 内照射指数

建筑材料中镭-226 比活度与其仅考虑内照射时的比活度限值之比，可用以表示建筑材料所致公众内照射剂量的相对程度，其符号为 M_{Ra}，如式(2-3-6)所示：

$$M_{Ra}=\frac{S_{Ra}}{200} \tag{2-3-6}$$

式中　S_{Ra}——建筑材料中镭-226 比活度，Bq/kg；

200——仅考虑内照射情况下，标准规定的镭-226 比活度的限值，Bq/kg。

2）外照射指数

建筑材料中镭-226、钍-232、钾-40的比活度与其各自的仅考虑外照射时的比活度限值之比的总和，是建筑材料中天然放射性总活度的相对大小，可用以表示建筑材料所致公众外照射剂量的相对程度，其符号为 M_γ，如式(2-3-7)所示。

$$M_\gamma=\frac{S_{Ra}}{370}+\frac{S_{Tb}}{260}+\frac{S_K}{4000} \tag{2-3-7}$$

式中 S_{Ra}、S_{Tb}、S_K——建筑材料中226Ra、232Tb、40K的比活度，Bq/kg；

370、260、4000——仅考虑外照射情况下、若226Ra、232Tb、40K单独存在时，标准规定的各自的比活度限值，Bq/kg。

3）分类限制要求

① 建筑材料中天然放射性核素镭-226、钍-232和钾-40的比活度同时满足 $M_{Ra}\leqslant1.0$ 和 $M_\gamma\leqslant1.0$ 要求的为A类产品，其产销和使用范围不受限制；

② 未达到上述限值要求的建筑材料，只要其放射性核素比活度满足 $M_\gamma\leqslant2.0$ 要求的，为B类产品，须限制销售和使用，不可用于建筑物，但可用于构筑物；

③ $M_\gamma>2.0$，但不属于放射性废物的建筑材料为C类产品，须限制销售和使用，只可用于居民点以外的路基、涵洞、桥墩、水堤、海堤和埋入地下的管道工程等构筑物；

④ 天然石材的放射性卫生防护分类方法及其限制标准和要求按《天然石材产品放射防护分类控制标准》（JC 518—93)执行。

(3) 现行国家标准《建筑材料放射性核素限量》（GB 6566—2001)已代替原国家标准《建筑材料放射卫生防护标准》（GB 6566—2000)及原国家行业标准《天然石材产品放射防护分类控制标准》（JC 518—1993)。但其天然石材产品放射性控制指标和分类限制等未变，仍是原来的规定。

3. 胶粘剂、沥青胶结料和涂料等材料应按设计要求选用，并应符合现行国家标准《民用建筑工程室内环境污染控制规范》（GB 50325—2001)的规定，施工质量验收规范中第3.0.5条作了规定，以控制铺设板块面层、木竹面层所采用的胶粘剂，沥青胶结料和涂料等对人体直接的危害。

(1) 涂料

1) 民用建筑工程室内用水性涂料，应测定总挥发性有机化合物(TVOC)和游离甲醛的含量，其限量应符合表2-3-4的规定。

室内用水性涂料中总挥发性有机化合物(TVOC)和游离甲醛限量　表2-3-4

测定项目	限　量	测定项目	限　量
TVOC(g/L)	≤200	游离甲醛(g/kg)	≤0.1

注：本表摘自《民用建筑工程室内环境污染控制规范》（GB 50325—2001)。

2) 民用建筑工程室内用溶剂涂料，应按其规定的最大稀释比例混合后，测定总挥发性有机化学物(TVOC)和苯的含量，其限量应符合表2-3-5的规定。

室内用溶剂型涂料中总挥发有机化合物(TVOC)和苯限量　表2-3-5

涂料名称	TVOC(g/L)	苯(g/kg)	涂料名称	TVOC(g/L)	苯(g/kg)
醇酸漆	≤550	≤5	硝基清漆	≤750	≤5

续表

涂料名称	TVOC(g/L)	苯(g/kg)	涂料名称	TVOC(g/L)	苯(g/kg)
聚氨酯漆	≤700	≤5	酚醛防锈漆	≤270	≤5
酚醛清漆	≤500	≤5	其他溶剂型涂料	≤600	≤5
酚醛磁漆	≤380	≤5			

注：本表摘自《民用建筑工程室内环境污染控制规范》(GB 50325—2001)。

3）聚氨酯漆测定固化剂中游离甲苯二异氰酸酯(TDI)的含量后，应按其规定的最小稀释比例计算出的聚氨酯漆中游离甲苯二异氰酸酯(TDI)含量，且不应大于7g/kg。

(2) 胶粘剂

1）民用建筑工程室内用水性胶粘剂，应测定其总挥发性有机化合物(TVOC)和游离甲醛的含量，其限量应符合表2-3-6的规定。

室内用水性胶粘剂中总挥发有机化合物(TVOC)和游离甲醛限量　　表2-3-6

测定项目	限　量	测定项目	限　量
TVOC(g/L)	≤50	游离甲醛(g/kg)	≤1

注：本表摘自《民用建筑工程室内环境污染控制规范》(GB 50325—2001)。

2）民用建筑工程室内用溶剂型胶粘剂，应测定其总挥发性有机化合物(TVOC)和苯的含量，其限量应符合表2-3-7的规定。

室内用溶剂型胶粘剂中总挥发有机化合物(TVOC)和苯限量　　表2-3-7

测定项目	限　量	测定项目	限　量
TVOC(g/L)	≤750	游离甲醛(g/kg)	≤5

注：本表摘自《民用建筑工程室内环境污染控制规范》(GB 50325—2001)。

3）聚氨酯胶粘剂应测定游离甲苯二异氰酸酯(TDI)的含量，并不应大于10g/kg。

4. 对厕浴间和有防滑要求的建筑地面工程，采用各品种板块面层的板块材料，应按设计要求选用防滑板块材料，以满足使用功能，防止在使用过程中，因面层沾水或行走时滑倒而造成对人体的伤害，施工质量验收规范制定的第3.0.6条的规定，并作为强制性条文，必须严格执行。该条文实施：

(1) 释义

厕浴间和有防滑要求的建筑地面，首先在设计上必须确定采用防滑材料；其次，只要是经常有水的地面就应该考虑选用防滑的材料。有防滑要求的建筑地面除了浴室以外，还有诸如开水房、门厅、外走廊等，如果这些建筑地面未采用防滑材料，用户或使用者有可能在卫生间或桑拿浴室不慎滑倒，还有的行人在门厅的踏步上或坡道上(因雨水、冰雪)滑跌倒，引起人身伤害，而诉讼法律，造成民事纠纷。

(2) 措施

1）设计单位在施工图设计中必须对厕浴间和有防滑要求的建筑地面的板块材料提出要求；

2）施工图设计的审查机构应对此进行审查；

3）建设单位、监理单位和施工企业在图纸会审时，应确定厕浴间和有防滑要求的建筑地面的板块材料的性能、型号、品种、规格，必要时对进场的防滑材料进行检验，确认无误后方可施工；

4）施工企业在施工前可在样板间进行试铺，采取泼水后着光底鞋行走的办法进行检验。

5）如果厕浴间和有防滑要求的建筑地面的板块材料在设计和施工时均没有考虑，建设单位应对涉及到的防滑地段的面层，在使用中必须采取防滑措施。

（3）检查

1）检查施工图设计中对厕浴间和有防滑要求的建筑地面的板块材料有无要求；

2）施工前应对重点部位、地段加以确认，对板块材料的防滑性能进行确认；

3）实地检查。

检查方法：泼水后着光底鞋行走检查，以不滑倒为标准。

检查数量：可全数检查或抽检。

当出现下述情况之一时，视为违反强制性条文。

1）设计单位在设计中未对厕浴间和有防滑要求的建筑地面的板块材料提出要求的；

2）施工单位未按设计要求选用材料进行施工的。

2-3-2-4　施工程序

建筑地面工程因其构成各（构造）层的组成和各类型面层的各分项工程的铺设以及有可能涉及与其他专业工程交叉进行作业等情况，因此在施工过程中有必要强调先施工地面下工程后再施工地面上工程以及先铺设基层（各构造层）部分后再铺设面层（包括各构造层）部分的施工程序的原则。这也符合按建设部要求做好过程（施工质量）控制的一个极其重要的环节。为此，施工质量验收规范中制定的第 3.0.7 条、第 3.0.8 条的规定，是以确保建筑地面工程的整体施工质量而提出的。

1. 建筑地面工程下部遇有沟槽、管道（暗管）、电缆等工程项目时，必须贯彻先地下后地上的施工原则，应待该项工程完成并经质量检验合格做好隐蔽工程记录（或验收）后，方可进行上部的建筑地面工程施工，以免因下部工程出现质量问题而造成上部工程不必要的返工，并有可能影响建筑地面工程各（构造）层铺设质量。

2. 建筑地面工程基层（各构造层）和面层的铺设，均应按构成各层次的顺序进行合理安排，其下一层的施工质量经检验合格，并在其可能损坏这一层的下层的其他工程完成后，方可进行其上一层的施工，应做好记录。各道工序应按施工工艺、技术标准（工法）进行质量控制，每一道工序完成后，均应进行检查。

3. 建筑地面工程各（构造）层铺设前，如与相关专业施工的分部（子分部）工程、分项工程以及设备管道、电气安装工程之间有交叉作业部位，为保证相关土建和安装之间的施工质量，避免完工后发生质量问题的纠纷，各专业工种之间应按施工质量验收规范规定的质量标准进行中间交接质量检验，并做好记录，这也是极其必要的。同时，未经现场监理部门检查认可，不得进行下道工序施工。

2-3-2-5　质量检验

为贯彻建设部标准定额司提出的“验评分离、强化验收、完善手段、过程控制”的编制思想，本章在原国家标准《建筑地面工程施工及验收规范》(GB 50209—95)的基础上，增加了建筑地面工程的施工质量检验方面的内容，以强化验收。在施工质量验收规范中制定的第3.0.18条、第3.0.19条、第3.0.20条和第3.0.21条等条文均作了规定，以利施工质量检验的科学性、实用性和可操作性。

1. 基层(各构造层)和各类型面层的各分项工程的施工质量检验应按房屋建筑物每一层次或每层施工段(或变形缝)作为检验批。对高层建筑中，考虑建筑地面工程量较大、较繁，又规定了除裙楼外按塔楼高层(标准间)以每三层作为检验批，也较为合宜，不足三层按三层计。

2. 每检验批应以各相应的子分部工程的基层(各构造层)和各类型面层所划分的分项工程按自然间(或标准间)检验。抽查数量应采用随机检验不少于3间；不足3间，按全数检查。

3. 对于非自然间(或标准间)而是其他用房，规定了：走廊(过道)应以10延米划作为1间计算，不足10延米按1间；工业厂房(按单跨计)、礼堂、门厅等大开间应以两个轴线划作为1间计算，不足两轴线按1间计。

4. 有防水(主要是厕浴间、厨房和有排水等房间)要求的建筑地面子分部工程的分项工程(即基层的构造层和其各类面层)的施工质量检验，每检验批抽查数量应按其有防水要求的房间总数随机检验不应少于4间，不足4间应全数检查。

5. 建筑地面工程完工后，施工质量检验应在建筑施工企业自检合格的基础上，由监理单位组织有关单位对分项工程和子分部工程进行抽查检验。

6. 检验批的施工质量，按基层和面层铺设的各分项工程的主控项目和一般项目的质量标准逐项进行检验。

7. 建筑地面工程各子分部工程的各分项工程施工质量检验的主控项目，必须达到施工质量验收规范规定的质量标准，方可认定为合格。

8. 建筑地面工程各子分部工程的各分项工程施工质量检验的一般项目，80%(含80%)以上的检查点(处)应符合施工质量验收规范规定的质量标准，而其余检查点(处)不应有明显影响使用效果，并不得大于规定允许偏差值的50%，方认为合格。

9. 凡达不到施工质量验收规范规定的质量标准时，应按现行国家标准《建筑工程施工质量验收统一标准》(GB 50300—2001)的规定进行处理。当建筑工程质量不符合要求时的处理方法，该标准第5章第5.0.6条已作了规定，采取返工、返修或重做后重新检验；或采用经有资质的检测单位检测鉴定能够达到设计要求，或虽达不到设计要求但经认定能满足安全、使用功能的亦可予以认为合格。

10. 各分项工程施工质量检验方法应采用下列规定进行：

(1) 检验允许偏差应采用钢尺、2m靠尺、楔形塞尺、坡度尺和水准仪。

(2) 检查空鼓应采用小锤敲击的方法。

(3) 检查有防水要求建筑地面的基层(各构造层)和面层，应采用泼水或蓄水方法，蓄水时间不得少于24h。

(4) 检查各类面层(含不需铺设部分或局部面层)表面的裂纹、脱皮、麻面和起砂等缺陷，应采用观感的方法。

(5) 以上是常规的检查方法，但不排除采用新的工具和检验办法。

2-4 基 层 铺 设

2-4-1 规范版本

4.1 一 般 规 定

4.1.1 本章适用于基土、垫层、找平层、隔离层和填充层等基层分项工程的施工质量检验。

4.1.2 基层铺设的材料质量、密实度和强度等级（或配合比）等应符合设计要求和本规范的规定。

4.1.3 基层铺设前，其下一层表面应干净、无积水。

4.1.4 当垫层、找平层内埋设暗管时，管道应按设计要求予以稳固。

4.1.5 基层的标高、坡度、厚度等应符合设计要求。基层表面应平整，其允许偏差应符合表 4.1.5 的规定。

基层表面的允许偏差和检验方法（mm） **表 4.1.5**

项次	项目	允许偏差												检验方法
		基土	垫层					找平层			填充层		隔离层	
						毛地板								
		土	砂、砂石、碎石、碎砖	灰土、三合土、炉渣、水泥、混凝土	木搁栅	拼花实木地板、拼花实木复合地板面层	其他种类面层	用沥青玛琋脂做结合层铺设拼花木板、板块面层	用水泥砂浆做结合层铺设板块面层	用胶粘剂做结合层铺设拼花木板、塑料板、强化复合地板、竹地板面层	松散材料	板、块材料	防水、防潮、防油渗	
1	表面平整度	15	15	10	3	3	5	3	5	2	7	5	3	用 2m 靠尺和楔形塞尺检查
2	标高	0 −50	±20	±10	±5	±5	±8	±5	±8	±4	±4		±4	用水准仪检查
3	坡度	不大于房间相应尺寸的 2/1000，且不大于 30												用坡度尺检查
4	厚度	在个别地方不大于设计厚度的 1/10												用钢尺检查

4.2　基　　土

4.2.1　对软弱土层应按设计要求进行处理。

4.2.2　填土应分层压(夯)实，填土质量应符合现行国家标准《地基与基础工程施工质量验收规范》GB 50202 的有关规定。

4.2.3　填土时应为最优含水量。重要工程或大面积的地面填土前，应取土样，按击实试验确定最优含水量与相应的最大干密度。

Ⅰ　主　控　项　目

4.2.4　基土严禁用淤泥、腐植土、冻土、耕植土、膨胀土和含有有机物质大于 8% 的土作为填土。

检验方法：观察检查和检查土质记录。

4.2.5　基土应均匀密实，压实系数应符合设计要求，设计无要求时，不应小于 0.90。

检验方法：观察检查和检查试验记录。

Ⅱ　一　般　项　目

4.2.6　基土表面的允许偏差应符合本规范表 4.1.5 的规定。

检验方法：应按本规范表 4.1.5 中的检验方法检验。

4.3　灰 土 垫 层

4.3.1　灰土垫层应采用熟化石灰与粘土(或粉质黏土、粉土)的拌和料铺设，其厚度不应小于 100mm。

4.3.2　熟化石灰可采用磨细生石灰，亦可用粉煤灰或电石渣代替。

4.3.3　灰土垫层应铺设在不受地下水浸泡的基土上。施工后应有防止水浸泡的措施。

4.3.4　灰土垫层应分层夯实，经湿润养护、晾干后方可进行下一道工序施工。

Ⅰ　主　控　项　目

4.3.5　灰土体积比应符合设计要求。

检验方法：观察检查和检查配合比通知单记录。

Ⅱ　一　般　项　目

4.3.6　熟化石灰颗粒粒径不得大于 5mm；黏土(或粉质黏土、粉土)内不得含有有机物质，颗粒粒径不得大于 15mm。

检验方法：观察检查和检查材质合格记录。

4.3.7　灰土垫层表面的允许偏差应符合本规范表 4.1.5 的规定。

检验方法：应按本规范表 4.1.5 中的检验方法检验。

4.4　砂垫层和砂石垫层

4.4.1　砂垫层厚度不应小于 60mm；砂石垫层厚度不应小于 100mm。

4.4.2 砂石应选用天然级配材料。铺设时不应有粗细颗粒分离现象，压(夯)至不松动为止。

Ⅰ 主 控 项 目

4.4.3 砂和砂石不得含有草根等有机杂质；砂应采用中砂；石子最大粒径不得大于垫层厚度的 2/3。

检验方法：观察检查和检查材质合格证明文件及检测报告。

4.4.4 砂垫层和砂石垫层的干密度(或贯入度)应符合设计要求。

检验方法：观察检查和检查试验记录。

Ⅱ 一 般 项 目

4.4.5 表面不应有砂窝、石堆等质量缺陷。

检验方法：观察检查。

4.4.6 砂垫层和砂石垫层表面的允许偏差应符合本规范表 4.1.5 的规定。

检验方法：应按本规范表 4.1.5 中的检验方法检验。

4.5 碎石垫层和碎砖垫层

4.5.1 碎石垫层和碎砖垫层厚度不应小于 100mm。

4.5.2 垫层应分层压(夯)实，达到表面坚实、平整。

Ⅰ 主 控 项 目

4.5.3 碎石的强度应均匀，最大粒径不应大于垫层厚度的 2/3；碎砖不应采用风化、酥松、夹有有机杂质的砖料，颗粒粒径不应大于 60mm。

检验方法：观察检查和检查材质合格证明文件及检测报告。

4.5.4 碎石、碎砖垫层的密实度应符合设计要求。

检验方法：观察检查和检查试验记录。

Ⅱ 一 般 项 目

4.5.5 碎石、碎砖垫层的表面允许偏差应符合本规范表 4.1.5 的规定。

检验方法：应按本规范表 4.1.5 中的检验方法检验。

4.6 三 合 土 垫 层

4.6.1 三合土垫层采用石灰、砂(可掺入少量粘土)与碎砖的拌和料铺设，其厚度不应小于 100mm。

4.6.2 三合土垫层应分层夯实。

Ⅰ 主 控 项 目

4.6.3 熟化石灰颗粒粒径不得大于 5mm；砂应用中砂，并不得含有草根等有机物质；碎砖不应采用风化、酥松和有机杂质的砖料，颗粒粒径不应大于 60mm。

检验方法：观察检查和检查材质合格证明文件及检测报告。

4.6.4 三合土的体积比应符合设计要求。

检验方法：观察检查和检查配合比通知单记录。

Ⅱ　一　般　项　目

4.6.5　三合土垫层表面的允许偏差应符合本规范表 4.1.5 的规定。

检验方法：应按本规范表 4.1.5 中的检验方法检验。

4.7　炉　渣　垫　层

4.7.1　炉渣垫层采用炉渣或水泥与炉渣或水泥、石灰与炉渣的拌和料铺设，其厚度不应小于 80mm。

4.7.2　炉渣或水泥炉渣垫层的炉渣，使用前应浇水闷透；水泥石灰炉渣垫层的炉渣，使用前应用石灰浆或用熟化石灰浇水拌和闷透；闷透时间均不得少于 5d。

4.7.3　在垫层铺设前，其下一层应湿润；铺设时应分层压实，铺设后应养护，待其凝结后方可进行下一道工序施工。

Ⅰ　主　控　项　目

4.7.4　炉渣内不应含有有机杂质和未燃尽的煤块，颗粒粒径不应大于 40mm，且颗粒粒径在 5mm 及其以下的颗粒，不得超过总体积的 40%；熟化石灰颗粒粒径不得大于 5mm。

检验方法：观察检查和检查材质合格证明文件及检测报告。

4.7.5　炉渣垫层的体积比应符合设计要求。

检验方法：观察检查和检查配合比通知单。

Ⅱ　一　般　项　目

4.7.6　炉渣垫层与其下一层结合牢固，不得有空鼓和松散炉渣颗粒。

检验方法：观察检查和用小锤轻击检查。

4.7.7　炉渣垫层表面的允许偏差应符合本规范表 4.1.5 的规定。

检验方法：应按本规范表 4.1.5 中的检验方法检验。

4.8　水泥混凝土垫层

4.8.1　水泥混凝土垫层铺设在基土上，当气温长期处于 0℃ 以下，设计无要求时，垫层应设置伸缩缝。

4.8.2　水泥混凝土垫层的厚度不应小于 60mm。

4.8.3　垫层铺设前，其下一层表面应湿润。

4.8.4　室内地面的水泥混凝土垫层，应设置纵向缩缝和横向缩缝；纵向缩缝间距不得大于 6m，横向缩缝不得大于 12m。

4.8.5　垫层的纵向缩缝应做平头缝或加肋板平头缝。当垫层厚度大于 150mm 时，可做企口缝。横向缩缝应做假缝。

平头缝和企口缝的缝间不得放置隔离材料，浇筑时应互相紧贴。企口缝的尺寸应符合设计要求，假缝宽度为 5～20mm，深度为垫层厚度的 1/3，缝内填水泥砂浆。

4.8.6 工业厂房、礼堂、门厅等大面积水泥混凝土垫层应分区段浇筑。分区段应结合变形缝位置、不同类型的建筑地面连接处和设备基础的位置进行划分，并应与设置的纵向、横向缩缝的间距相一致。

4.8.7 水泥混凝土施工质量检验尚应符合现行国家标准《混凝土结构工程施工质量验收规范》GB 50204 的有关规定。

Ⅰ 主 控 项 目

4.8.8 水泥混凝土垫层采用的粗骨料，其最大粒径不应大于垫层厚度的2/3；含泥量不应大于2%；砂为中粗砂，其含泥量不应大于3%。

检验方法：观察检查和检查材质合格证明文件及检测报告。

4.8.9 混凝土的强度等级应符合设计要求，且不应小于C10。

检验方法：观察检查和检查配合比通知单及检测报告。

Ⅱ 一 般 项 目

4.8.10 水泥混凝土垫层表面的允许偏差应符合本规范表4.1.5的规定。

检验方法：应按本规范表4.1.5中的检验方法检验。

4.9 找 平 层

4.9.1 找平层应采用水泥砂浆或水泥混凝土铺设，并应符合本规范第5章有关面层的规定。

4.9.2 铺设找平层前，当其下一层有松散填充料时，应予铺平振实。

4.9.3 有防水要求的建筑地面工程，铺设前必须对立管、套管和地漏与楼板节点之间进行密封处理；排水坡度应符合设计要求。

4.9.4 在预制钢筋混凝土板上铺设找平层前，板缝填嵌的施工应符合下列要求：

1 预制钢筋混凝土板相邻缝底宽不应小于20mm；

2 填嵌时，板缝内应清理干净，保持湿润；

3 填缝采用细石混凝土，其强度等级不得小于C20。填缝高度应低于板面10～20mm，且振捣密实，表面不应压光；填缝后应养护；

4 当板缝底宽大于40mm时，应按设计要求配置钢筋。

4.9.5 在预制钢筋混凝土板上铺设找平层时，其板端应按设计要求做防裂的构造措施。

Ⅰ 主 控 项 目

4.9.6 找平层采用碎石或卵石的粒径不应大于其厚度的2/3，含泥量不应大于2%；砂为中粗砂，其含泥量不应大于3%。

检验方法：观察检查和检查材质合格证明文件及检测报告。

4.9.7 水泥砂浆体积比或水泥混凝土强度等级应符合设计要求，且水泥砂浆体积比不应小于1∶3(或相应的强度等级)；水泥混凝土强度等级不应小于C15。

检验方法：观察检查和检查配合比通知单及检测报告。

4.9.8 有防水要求的建筑地面工程的立管、套管、地漏处严禁渗漏，坡向应正确、无积水。

检验方法：观察检查和蓄水、泼水检验及坡度尺检查。

Ⅱ 一 般 项 目

4.9.9 找平层与其下一层结合牢固，不得有空鼓。

检验方法：用小锤轻击检查。

4.9.10 找平层表面应密实，不得有起砂、蜂窝和裂缝等缺陷。

检验方法：观察检查。

4.9.11 找平层的表面允许偏差应符合本规范表 4.1.5 的规定。

检验方法：应按本规范表 4.1.5 中的检验方法检验。

4.10 隔 离 层

4.10.1 隔离层的材料，其材质应经有资质的检测单位认定。

4.10.2 在水泥类找平层上铺设沥青类防水卷材、防水涂料或以水泥类材料作为防水隔离层时，其表面应坚固、洁净、干燥。铺设前，应涂刷基层处理剂。基层处理剂应采用与卷材性能配套的材料或采用同类涂料的底子油。

4.10.3 当采用掺有防水剂的水泥类找平层作为防水隔离层时，其掺量和强度等级(或配合比)应符合设计要求。

4.10.4 铺设防水隔离层时，在管道穿过楼板面四周，防水材料应向上铺涂，并超过套管的上口；在靠近墙面处，应高出面层 200～300mm 或按设计要求的高度铺涂。阴阳角和管道穿过楼板面的根部应增加铺涂附加防水隔离层。

4.10.5 防水材料铺设后，必须蓄水检验。蓄水深度应为 20～30mm，24h 内无渗漏为合格，并做记录。

4.10.6 隔离层施工质量检验应符合现行国家标准《屋面工程质量验收规范》GB 50207的有关规定。

Ⅰ 主 控 项 目

4.10.7 隔离层材质必须符合设计要求和国家产品标准的规定。

检验方法：观察检查和检查材质合格证明文件、检测报告。

4.10.8 厕浴间和有防水要求的建筑地面必须设置防水隔离层。楼层结构必须采用现浇混凝土或整块预制混凝土板，混凝土强度等级不应小于 C20；楼板四周除门洞外，应做混凝土翻边，其高度不应小于 120mm。施工时结构层标高和预留孔洞位置应准确，严禁乱凿洞。

检验方法：观察和钢尺检查。

4.10.9 水泥类防水隔离层的防水性能和强度等级必须符合设计要求。

检验方法：观察检查和检查检测报告。

4.10.10 防水隔离层严禁渗漏，坡向应正确、排水通畅。

检验方法：观察检查和蓄水、泼水检验或坡度尺检查及检查检验记录。

Ⅱ 一 般 项 目

4.10.11 隔离层厚度应符合设计要求。

检验方法：观察检查和用钢尺检查。

4.10.12 隔离层与其下一层粘结牢固，不得有空鼓；防水涂层应平整、均匀，无脱皮、起壳、裂缝、鼓泡等缺陷。

检验方法：用小锤轻击检查和观察检查。

4.10.13 隔离层表面的允许偏差应符合本规范表 4.1.5 的规定。

检验方法：应按本规范表 4.1.5 中的检验方法检验。

4.11 填 充 层

4.11.1 填充层应按设计要求选用材料，其密度和导热系数应符合国家有关产品标准的规定。

4.11.2 填充层的下一层表面应平整。当为水泥类时，尚应洁净、干燥，并不得有空鼓、裂缝和起砂等缺陷。

4.11.3 采用松散材料铺设填充层时，应分层铺平拍实；采用板、块状材料铺设填充层时，应分层错缝铺贴。

4.11.4 填充层施工质量检验尚应符合现行国家标准《屋面工程质量验收规范》GB 50207的有关规定。

Ⅰ 主 控 项 目

4.11.5 填充层的材料质量必须符合设计要求和国家产品标准的规定。

检验方法：观察检查和检查材质合格证明文件、检测报告。

4.11.6 填充层的配合比必须符合设计要求。

检验方法：观察检查和检查配合比通知单。

Ⅱ 一 般 项 目

4.11.7 松散材料填充层铺设应密实；板块状材料填充层应压实、无翘曲。

检验方法：观察检查。

4.11.8 填充层表面的允许偏差应符合本规范表 4.1.5 的规定。

检验方法：应按本规范表 4.1.5 中的检验方法检验。

2-4-2 应用指南

国家标准《建筑地面工程施工质量验收规范》(GB 50209—2002)第四章基层铺设是建筑地面工程验收中四个重要部位之一。这一章内容主要列出了属于建筑地面工程构成两大基本构造层之一的面层下基层(包括各构层)的施工质量检验标准的有关规定及其过程控制的条文，也是本专业工程一个极其重要的组成部分。本章设置按一般规定以及基土、各类垫层和找平层、隔离层、填充层等 11 节。

2-4-2-1 一般规定

本节一般规定中列出了适用基层的各分项工程进行施工质量检验的范围和质量标准、允许偏差以及基层共性方面的规定，以保证基层铺设的施工质量的验收。

1. 基层铺设适用于面层下基层的所有各构造层即基土、垫层、找平层、隔离层和填充层等部位，并作为基层部分的各分项工程名称的施工质量检验。

2. 基层铺设中规定的材料质量以及各层的密实度和强度等级(或体积配合比)等均应按设计要求和施工质量验收规范选用、配制。

3. 基层(各构造层)铺设前，应检查其下一层表面是否干净，有无局部积水现象，做好清理工作。

4. 当垫层、找平层内埋设暗管时，铺设前管道四周应按设计要求宜用水泥砂浆或细石混凝土予以稳固，防止在铺设过程中管道位移甚至造成损坏。

5. 基层(各构造层)铺设的标高、坡度和厚度等均应符合设计要求。基层各层的表面应平整，其允许偏差应符合施工质量验收规范中表 4.1.5 的规定。

当各构造层不严格控制标高和厚度时，将会影响整个基层的铺设，甚至还会影响基层上面层的铺设的标高和厚度，这就有可能涉及建筑地面工程的标高和总厚度。与此同时，更不得以满足(或达到)建筑地面工程的标高和总厚度在各构造层之间作相互内部来调整，这又将直接影响各构造层的作用和功能要求。因此，基层各构造层铺设的标高、厚度和坡度，应严格按设计要求并应符合施工质量验收规范中规定的允许偏差值范围内是极其重要的。

6. 基层铺设应在施工工艺过程中进行施工质量控制。其过程控制可参见基层分项工程施工工艺流程示意图(图 2-4-1)。

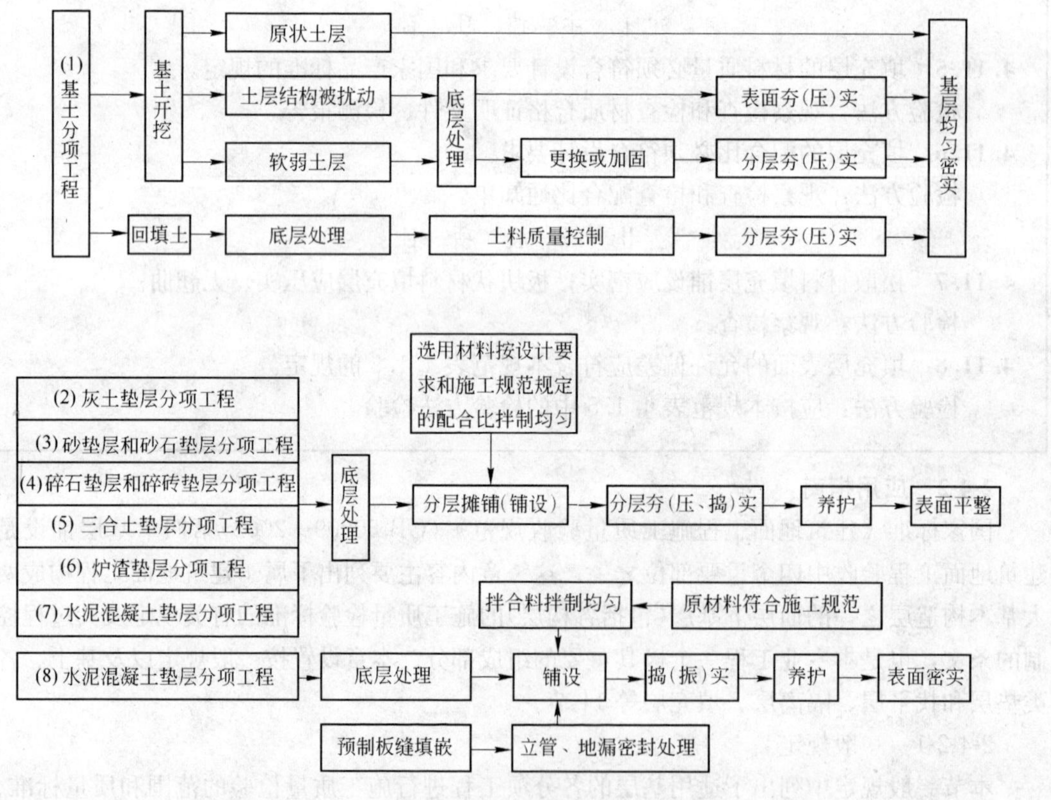

图 2-4-1　基层分项工程施工工艺流程示意图(1)～(10)(一)

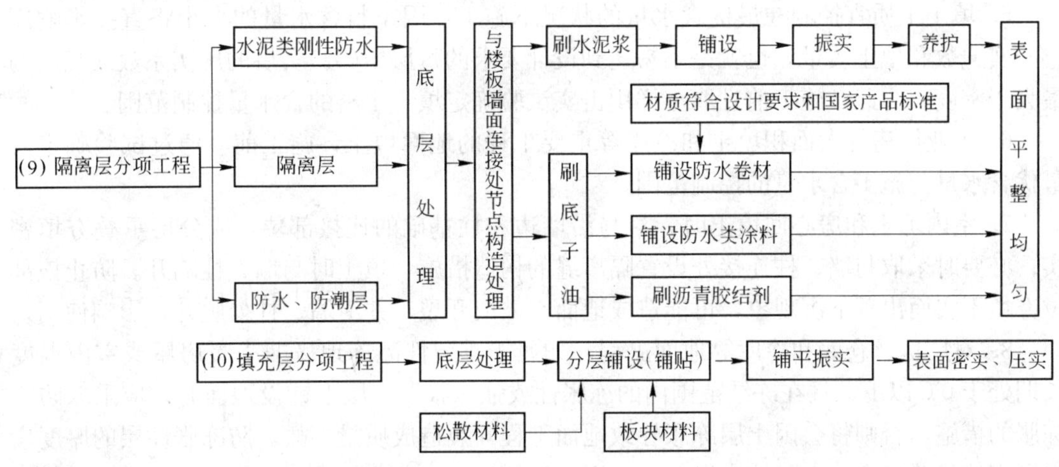

图 2-4-1 基层分项工程施工工艺流程示意图(1)～(10)(二)

2-4-2-2 基土

基土系室内底层地面工程以及室外散水、明沟、踏步、台阶和坡道等附属工程中垫层下的土层，是承受由整个地面传来荷载的地基结构层，虽不同于房屋建筑物的地基基础，但仍然关系到地面工程的质量。由于基土层不均匀密实，或因回填土质量达不到要求，将直接影响地面工程和室外附属工程的使用和安全，甚至会因不均匀或局部沉陷而引起地面面层断裂破坏，严重的影响正常使用，同样造成工程质量事故。

1. 基土层范围应包括建筑地面工程的底层地面开挖后的原状土层和土层结构被扰动以及软弱土层需更换加固处理和室内回填土等。

2. 基土层必须是均匀密实的土层：

(1) 按设计标高开挖后的原状土层，如为碎石类土、砂土或黏性土中的老黏土和一般黏性土等，均可作为基土层；

(2) 当基土开挖后，土层结构被扰动时，应做表面清理压实至规定为止；

(3) 如为淤泥、淤泥质土和杂填土、冲填土以及其他高压缩性土层均属软弱土层。由于其抗剪强度低、压缩性高、均匀性差和渗透性小的特点，如在其上面直接铺设垫层、面层时，其变形特征是沉降大、不均匀沉降大、沉降速度快和沉降延续时间长，设计和施工必须考虑其可能造成的后果。该软弱土层应按设计要求进行利用和处理，采取换土、机械夯实或加固等技术措施，认真做好基土层处理工作，并做到分层夯实，以保证地面工程的质量；

(4) 回填土时，应做到分层填土、分层夯(压)实，分层检验其密实度。每层夯(压)实后的填土为压实填土，其压实系数应符合设计要求，设计无要求时，不应小于 0.90。压实系数即为土的控制干密度与最大干密度的比值。

3. 填土厚度在 2m 以内，其每层虚铺厚度可根据压实机具、压实遍数和土质确定，不宜大于 300mm。

4. 填土的质量应符合现行国家标准《建筑地基基础工程施工质量验收规范》(GB 50202—2002)的有关规定。基土严禁用淤泥、腐植土、冻土、耕植土、膨胀土和含有有机物质大于 8%的土料作为地面下的填土。应选用砂土、粉土、黏性土及其他有效填料作为填土。土料中的土块粒径不应大于 50mm，并应清除土中的草皮杂物等。

5. 填土土质宜控制在最优含水量的状况下施工，因土料含水量的大小将直接影响压(夯)实遍数和填土质量，也就是不易达到设计要求的每层压(夯)实后的压实系数或相应的最大干密度。为此，施工前宜取土样用击实试验确定填土土料的含水量控制范围。

6. 工业厂房等大面积填土和冷库等重要工程的地面填土，施工前应通过试验确定其最优含水量与施工含水量的控制范围。

7. 室内填土和房心回填土时，对与沿墙边和柱基础的连接部位，应分层重叠夯填密实；必要时采取与墙、柱连接处设置隔离缝的构造措施，填土时与墙、柱隔开。防止该部位夯填不实而出现下沉现象，可能造成地面空鼓或开裂，并沿墙、柱处脱开，影响使用。

8. 对厂房、仓库和冷库等地面工程，如属于季节性冰冻地区非采暖房屋或室内温度长期处于0℃以下，且在冻结范围内的冻胀性或强冻胀性土层上铺设地面时，应采取防止冻胀的措施，否则将会因土层冻胀导致地面工程开裂造成质量事故。防冻胀性层的厚度应根据当地经验确定，也可按表 2-4-1 选用。

防冻胀层厚度选择表　　　　**表 2-4-1**

土壤标准冻深(mm)	防冻胀层厚度(mm)	
	土为冻胀土	土为强冻胀土
600～800	100	150
1200	200	300
1800	350	450
2200	500	600

施工时，应将这一部分冻胀性土层更换为水稳定性或冻稳定性好的建筑材料，如砂、炉渣、碎石、矿渣及灰土等均可采用。但需更换的冻胀层厚度和选用的建筑材料均应符合设计要求。

对上述情况的地面工程，如设计虽为采暖房屋，但应事先考虑在已完成地面工程而尚未验收交工前，又需越冬而无条件采暖时，也应做好防冻胀处理或采取有效措施；以免因可能发生冻胀造成不应有的质量事故。

9. 不得在冻土上进行填土施工。

10. 凡住宅、医院、老年建筑、幼儿园、学校教室等Ⅰ类民用建筑工程地面下采用异地土作为回填土时，该回填土应按现行国家标准《民用建筑工程室内环境污染控制规范》(GB 50325—2001)的规定进行镭-226、钍-232、钾-40 的比活度测定。当内照射指数(I_{Ra})不大于 1.0 和外照射指数(I_{γ})不大于 1.3 时，方可使用。

11. 基层铺设的基土层分项工程的质量检验应按下列规定进行：

(1) 基土层检验批的划分和抽查数量应按本手册 2-3-2-5 质量检验中第 1、2、3 条规定执行；

(2) 检验批的验收应按本手册 2-3-2-5 质量检验中第 5 条规定进行组织。基土层铺设完工后，施工(或总承包)单位应组织自检，在自检合格的基础上，检验批的质量验收记录由施工项目专业质量检查员填写，专业监理工程师(建设单位项目专业技术负责人)组织项目专业质量检查员等进行验收；

(3) 检验批的施工质量应按基土层分项工程规定的主控项目和一般项目的质量标准和检验方法逐条进行验收；

(4)“基土层检验批质量验收记录表”的制定应符合国标《建筑地面工程施工质量验收规范》(GB 50209—2002)的规定。

基土层检验批质量验收记录表(GB 50209—2002)

(Ⅰ) 030101□□

单位(子单位)工程名称																
分部(子分部)工程名称															验收部位	
施工单位															项目经理	
分包单位															分包项目经理	
施工执行标准名称及编号																
施工质量验收规范的规定					施工单位检查评定记录											监理(建设)单位验收记录
主控项目	1	基土土料		第4.2.4条												
	2	基土压实系数		设计要求≮0.9												
一般项目	1	表面允许偏差	表面平整度	15mm												
	2		标高	0，－50mm												
	3		坡度	2/1000，且≯30mm												
	4		厚度	个别地方<1/10												
施工单位检查评定结果			专业工长(施工员)										施工班组长			
			项目专业质量检查员：													年 月 日
监理(建设)单位验收结论			专业监理工程师： (建设单位项目专业技术负责人)：													年 月 日

注：1. 检验批质量验收记录表的编码030101□□；前面两位数字03是建筑装饰装修分部工程的代码；第3、4位数字01是建筑地面子分部工程的代码；第5、6位数字01是建筑地面各相应(整体面层、板块面层、木竹面层)子分部工程基层和面层各分项工程总的代码；第7、8位□□是各分项工程检验批的顺序号，有几批检验批验收数量就顺序填写几个数字。

2. 检验批质量验收记录表头下(Ⅰ)～(Ⅹ)是基层铺设各个分项工程区号。(Ⅰ)为基层铺设的基土层分项工程区号，其余按基层铺设的各构造层名称的分项工程类推。

说　明

（Ⅰ）

030101

主控项目：

1. 基土严禁用淤泥、腐植土、冻土、耕植土、膨胀土和含有有机物质大于8%的土作为填土。

观察检查和检查土质记录。

2. 基土均匀密实，压实系数符合设计要求，设计无要求时，不应小于0.90。

观察检查和检查试验记录。

一般项目：

土表面的允许偏差。按本规范表4.1.5中的检验方法检验。

2-4-2-3　灰土垫层

灰土垫层是柔性垫层的一类，直接在基土层上铺设而成。灰土垫层应根据地面工程的面层类型和其结合层材料的技术条件以及基土结构层而选用，但不得铺设在受地下水浸湿的基土上。

1. 灰土垫层是用熟化石灰与黏性土(即黏土或粉质黏土、粉土)按一定的比例或按设计要求的体积比经拌合后铺设而成。灰土拌合料的体积比一般为3∶7或2∶8，亦有采用1∶9(熟化石灰∶黏土)。

2. 灰土垫层的厚度不应小于100mm。

3. 熟化石灰一般采用生石灰，在使用前3～4d应用清水予以熟化，充分消解后成粉末状，并加以过筛，其最大颗粒粒径不得大于5mm，并不得夹有未熟化的石灰小块。如采用石灰类工业废料时，有效氧化钙含量不宜低于40%。

熟化石灰可采用磨细生石灰，但在使用前应按体积比与黏土拌合洒水堆放8h后方可铺设。

熟化石灰也可采用粉煤灰、电石渣等材料代用，其颗粒粒径均不得大于5mm。采用代替材料与黏土拌合料的体积比，应通过试验确定或按设计要求。

4. 黏土应尽量采用就地开挖的黏性土料，但不得含有有机杂物，地表面耕植土不宜采用。土料使用前应过筛，其颗粒粒径不得大于15mm。

冬期施工不得采用冻土或夹有冻土块的土料。

5. 灰土拌合料应分层铺平夯实，不得隔日夯实。每层虚铺厚度根据夯实后厚度确定，一般虚铺厚度控制在200～250mm。

6. 夯实后的灰土垫层表面，洒水湿润养护后，经适当晾干方可进行下道工序施工。

7. 基层铺设的灰土垫层分项工程的质量检验应按下列规定进行：

(1) 灰土垫层检验批的划分和抽查数量应按本手册2-3-2-5质量检验中第1、2、3条规定执行；

(2) 检验批的验收组织和质量检验基本上按本手册2-4-2-2基土第11条(2)、(3)进行验收；

(3)“灰土垫层检验批质量验收记录表”的制定应符合国标《建筑地面工程施工质量验收规范》(GB 50209—2002)的规定。

灰土垫层检验批质量验收记录表(GB 50209—2002)

(Ⅱ)

030101□□

<table>
<tr><td colspan="4">单位(子单位)工程名称</td><td colspan="3"></td></tr>
<tr><td colspan="4">分部(子分部)工程名称</td><td colspan="2"></td><td>验收部位</td></tr>
<tr><td colspan="4">施工单位</td><td colspan="2"></td><td>项目经理</td></tr>
<tr><td colspan="4">分包单位</td><td colspan="2"></td><td>分包项目经理</td></tr>
<tr><td colspan="4">施工执行标准名称及编号</td><td colspan="3"></td></tr>
<tr><td colspan="4">施工质量验收规范的规定</td><td colspan="2">施工单位检查评定记录</td><td>监理(建设)单位验收记录</td></tr>
<tr><td>主控项目</td><td>1</td><td colspan="2">灰土体积比</td><td>设计要求</td><td></td><td></td></tr>
<tr><td rowspan="5">一般项目</td><td>1</td><td colspan="2">灰土材料质量</td><td>第 4.3.6 条</td><td></td><td></td></tr>
<tr><td>2</td><td rowspan="4">表面允许偏差</td><td>表面平整度</td><td>10mm</td><td></td><td></td></tr>
<tr><td>3</td><td>标高</td><td>±10mm</td><td></td><td></td></tr>
<tr><td>4</td><td>坡度</td><td>2/1000，且≯30mm</td><td></td><td></td></tr>
<tr><td>5</td><td>厚度</td><td>个别地方<1/10</td><td></td><td></td></tr>
<tr><td colspan="2" rowspan="2">施工单位检查评定结果</td><td colspan="3">专业工长(施工员)</td><td>施工班组长</td><td></td></tr>
<tr><td colspan="5">项目专业质量检查员： 年 月 日</td></tr>
<tr><td colspan="2">监理(建设)单位验收结论</td><td colspan="5">专业监理工程师：
(建设单位项目专业技术负责人)： 年 月 日</td></tr>
</table>

注：同基土层检验批质量验收记录表注 1。

说 明

(Ⅱ)

030101

主控项目：

灰土体积比符合设计要求。观察检查和检查配合比单及施工记录。

一般项目：

1. 熟化石灰颗粒粒径不大于5mm；黏土(或粉质黏土、粉土)内不含有有机物质，颗粒粒径不大于15mm。观察检查和检查试验记录。

2. 灰土垫层表面的允许偏差，按本规范表4.1.5中的检验方法检验。其中厚度偏差不大于100mm。

2-4-2-4 砂垫层和砂石垫层

砂垫层和砂石垫层是柔性垫层的一类，直接在基土层上铺设而成。砂垫层和砂石垫层应根据地面工程的面层类型和其结合层材料的技术条件以及基土结构层而选用，但不宜用于湿陷性黄土地基和不透水的黏性土基土上。

1. 砂垫层是用砂铺设而成，其厚度不应小于60mm。

2. 砂石垫层是用天然级配的砂石材料铺设而成，其厚度不应小于100mm。

3. 砂和天然砂石材料中均不得含有草根、垃圾等有机杂质，含泥量不应超过5%，冬期施工时，材料中不得夹有冰冻块。

4. 砂垫层的砂宜采用颗粒级配良好、质地坚硬的中砂、中粗砂和砾砂，在缺少中粗砂和砾砂地区，亦可采用细砂，但宜掺入一定数量碎石或卵石，其掺量不应大于5%，或按设计要求。

5. 砂石宜采用级配良好的天然砂石材料，其石子最大粒径不得大于垫层厚度的2/3。

6. 砂石垫层的砂石，亦可采用砂与碎(卵)石、石屑或其他工业废料按设计要求的比例拌制。

7. 垫层铺设应分层摊铺，其摊铺厚度应控制为压实厚度的1.15～1.25的系数。

(1) 砂垫层铺平后，应适当洒水湿润，并应采用机具振实；

(2) 砂石垫层应摊铺均匀，不允许有粗细颗粒分离现象。如出现砂窝或石子成堆之处，应将这一部分挖出后分别掺入适量的石子或砂重行摊铺。碾压前，应根据干湿程度和气候情况，适当洒水使砂石表面保持湿润。

8. 砂垫层和砂石垫层的干密度(或贯入度)的质量检验，可选用：

(1) 环刀取样测定干密度。在捣实后的砂垫层中用容积不小于200cm^{3}的环刀取样测定其干密度，以不小于通过试验所确定的该砂料在中密状态时的干密度数值为合格。中砂在中密状态的干密度，一般为1.55～1.60g/cm^3。砂石垫层可在垫层中设置纯砂检查点，在同样施工条件下，按上述方法检验。

(2) 贯入法测定。在捣实后的垫层中，用贯入仪、钢筋或钢叉等以贯入度大小来检查砂和砂石垫层的密实度。测定时，应先将表面的砂刮去30mm左右，以不大于通过试验所确定的贯入度数值为合格。

1) 钢筋贯入度测定法，采用直径为20mm、长1250mm的平头钢筋，在离砂面700mm高处自由下落，其插入深度不大于根据该砂的控制干密度测定的深度为合格。

2) 钢叉贯入度测定法，采用水撼法振实垫层时，使用的钢叉(钢叉分四齿，齿间距为30mm，长300mm，木柄长900mm，重量约为4kg)在离砂面500mm高处自由下落，其插入深度不大于根据该砂的控制干密度测定的深度为合格。

9. 基层铺设的砂垫层和砂石垫层分项工程的质量检验应按下列规定进行：

(1) 砂垫层和砂石垫层检验批的划分和抽查数量以及验收组织和质量检验基本上按本手册2-4-2-2基土的第11条要求执行。

（2）“砂垫层和砂石垫层检验批质量验收记录表”的制定应符合国标《建筑地面工程施工质量验收规范》（GB 50209—2002）的规定。

（3）砂垫层和砂石垫层分别是采用砂、砂石铺设垫层时，应在“砂垫层和砂石垫层检验批质量验收记录表”表头分别加注（或划去砂垫层或砂石垫层）以资识别，并应按品种的垫层分别填写。

砂垫层和砂石垫层检验批质量验收记录表（GB 50209—2002）

（Ⅲ）

030101□□

<table>
<tr><td colspan="5">单位（子单位）工程名称</td><td colspan="11"></td></tr>
<tr><td colspan="5">分部（子分部）工程名称</td><td colspan="8"></td><td colspan="2">验收部位</td><td></td></tr>
<tr><td colspan="3">施工单位</td><td colspan="10"></td><td colspan="2">项目经理</td><td></td></tr>
<tr><td colspan="3">分包单位</td><td colspan="10"></td><td colspan="2">分包项目经理</td><td></td></tr>
<tr><td colspan="5">施工执行标准名称及编号</td><td colspan="11"></td></tr>
<tr><td colspan="5">施工质量验收规范的规定</td><td colspan="10">施工单位检查评定记录</td><td>监理（建设）
单位验收记录</td></tr>
<tr><td rowspan="2">主控
项目</td><td>1</td><td colspan="2">砂和砂石材质</td><td>第 4.4.3 条</td><td colspan="10"></td><td rowspan="7"></td></tr>
<tr><td>2</td><td colspan="2">垫层干密度
（或贯入度）</td><td>设计要求</td><td colspan="10"></td></tr>
<tr><td rowspan="5">一
般
项
目</td><td>1</td><td colspan="2">垫层表面质量</td><td>第 4.4.5 条</td><td colspan="10"></td></tr>
<tr><td>2</td><td rowspan="4">表面
允许
偏差</td><td>表面平整度</td><td>15mm</td><td></td><td></td><td></td><td></td><td></td><td></td><td></td><td></td><td></td><td></td></tr>
<tr><td>3</td><td>标高</td><td>±20mm</td><td></td><td></td><td></td><td></td><td></td><td></td><td></td><td></td><td></td><td></td></tr>
<tr><td>4</td><td>坡度</td><td>2/1000，且≯30mm</td><td></td><td></td><td></td><td></td><td></td><td></td><td></td><td></td><td></td><td></td></tr>
<tr><td>5</td><td>厚度</td><td>个别地方<1/10</td><td></td><td></td><td></td><td></td><td></td><td></td><td></td><td></td><td></td><td></td></tr>
<tr><td colspan="4" rowspan="2">施工单位检查评定结果</td><td colspan="2">专业工长（施工员）</td><td colspan="6"></td><td colspan="3">施工班组长</td><td></td></tr>
<tr><td colspan="12">项目专业质量检查员：　　　　　　　　年　月　日</td></tr>
<tr><td colspan="4">监理（建设）单位验收结论</td><td colspan="12">专业监理工程师：
（建设单位项目专业技术负责人）：　　　　　　　　年　月　日</td></tr>
</table>

注：同基土层检验批质量验收记录表注 1。

说 明

(Ⅲ)

030101

主控项目:

1. 砂和砂石不得含有草根等有机杂质;砂应采用中砂;石子最大粒径不得大于垫层厚度的2/3。观察检查和检查检测报告。

2. 砂垫层和砂石垫层的干密度(或贯入度),符合设计要求。观察检查和检查试验记录。

一般项目:

1. 表面无砂窝、石堆等质量缺陷。观察检查。

2. 砂层和砂石垫层表面的允许偏差,应按本规范表4.1.5中的检验方法检验。其中厚度偏差砂不大于6mm;砂石不大于10m。

2-4-2-5 碎石垫层和碎砖垫层

碎石垫层和碎砖垫层是柔性垫层的一类,直接在基土层上铺设而成。碎石垫层和碎砖垫层应根据地面工程的面层类型和其结合层材料的技术条件以及基土结构层而选用。

1. 碎石垫层是用碎石料铺设在基土层上而成;碎砖垫层是用碎砖料铺设在基土层上而成。

2. 碎石垫层的厚度不应小于60mm;碎砖垫层的厚度不应小于100mm。

3. 碎石应选用质地坚硬、强度均匀、级配适当和未风化的石料,其粒径宜为5~40mm,最大粒径不应大于垫层厚度的2/3;碎砖一般采用粒径为20~60mm砖料,其中不得夹有已风化、酥松、瓦片及有机杂物,当利用工地断砖,须事先敲打成符合规定粒径的要求,过筛备用。

4. 碎石垫层和碎砖垫层应分层摊铺均匀、分层夯压密实,并达到夯实后表面平整、坚实和稳定不松动。

碎石垫层虚铺厚度应按设计要求的厚度乘以1.3~1.4系数;碎砖垫层压实后的厚度约虚厚度的3/4。

5. 在已铺设好的碎砖垫层表面上,不得用锤击的方法进行碎砖料加工或重新敲打。

6. 碎石垫层和碎砖垫层的密实度的质量检验,可采用施工中虚铺厚度与压实后厚度的系数的控制达到设计要求。

7. 基层铺设的碎石垫层和碎砖垫层分项工程的质量检验,应按下列规定进行:

(1) 碎石垫层和碎砖垫层检验批的划分和抽查数量以及验收组织和质量检验基本上按本手册2-4-2-2基土的第11条要求执行;

(2)“碎石垫层和碎砖垫层检验批质量验收记录表”的制定应符合国标《建筑地面工程施工质量验收规范》(GB 50209—2002)的规定;

(3) 碎石垫层和碎砖垫层分别采用碎石或碎砖铺设垫层时,应在“碎石垫层和碎砖垫层检验批质量验收记录表”表头分别加注,以资识别,并应按各品种的垫层分别填写。

碎石垫层和碎砖垫层检验批质量验收记录表(GB 50209—2002)

(Ⅳ)

030101□□

<table>
<tr><td colspan="4">单位(子单位)工程名称</td><td colspan="12"></td></tr>
<tr><td colspan="4">分部(子分部)工程名称</td><td colspan="9"></td><td>验收部位</td><td colspan="2"></td></tr>
<tr><td colspan="2">施工单位</td><td colspan="11"></td><td>项目经理</td><td colspan="2"></td></tr>
<tr><td colspan="2">分包单位</td><td colspan="10"></td><td colspan="2">分包项目经理</td><td colspan="2"></td></tr>
<tr><td colspan="5">施工执行标准名称及编号</td><td colspan="11"></td></tr>
<tr><td colspan="5">施工质量验收规范的规定</td><td colspan="10">施工单位检查评定记录</td><td>监理(建设)单位验收记录</td></tr>
<tr><td rowspan="2">主控项目</td><td>1</td><td colspan="2">材料质量</td><td>第 4.5.3 条</td><td colspan="10"></td><td></td></tr>
<tr><td>2</td><td colspan="2">垫层密实度</td><td>设计要求</td><td colspan="10"></td><td></td></tr>
<tr><td rowspan="4">一般项目</td><td>1</td><td rowspan="4">表面允许偏差</td><td>表面平整度</td><td>15mm</td><td></td><td></td><td></td><td></td><td></td><td></td><td></td><td></td><td></td><td></td><td></td></tr>
<tr><td>2</td><td>标高</td><td>±20mm</td><td></td><td></td><td></td><td></td><td></td><td></td><td></td><td></td><td></td><td></td><td></td></tr>
<tr><td>3</td><td>坡度</td><td>2/1000，且>30mm</td><td></td><td></td><td></td><td></td><td></td><td></td><td></td><td></td><td></td><td></td><td></td></tr>
<tr><td>4</td><td>厚度</td><td>个别地方<1/10</td><td></td><td></td><td></td><td></td><td></td><td></td><td></td><td></td><td></td><td></td><td></td></tr>
<tr><td colspan="4" rowspan="2">施工单位检查评定结果</td><td colspan="2">专业工长(施工员)</td><td colspan="7"></td><td>施工班组长</td><td colspan="2"></td></tr>
<tr><td colspan="12">项目专业质量检查员：　　　　年　月　日</td></tr>
<tr><td colspan="4">监理(建设)单位验收结论</td><td colspan="12">专业监理工程师：
(建设单位项目专业技术负责人)：　　　　年　月　日</td></tr>
</table>

注：同基土层检验批质量验收记录表注 1。

说　明

(Ⅳ)

030101

主控项目：

1. 碎石的强度应均匀，最大粒径不应大于垫层厚度的 2/3；碎砖不应采用风化、酥松、夹有有机杂质的砖料，颗粒粒径不应大于 60mm。观察检查和检查检测报告。

2. 碎石、碎砖垫层的密实度，符合设计要求。观察检查和检查试验记录。

一般项目：

碎石、碎砖垫层表面的允许偏差，应按本规范表 4.1.5 中的检验方法检验。其中厚度偏差为±1/10 设计厚度。

2-4-2-6　三合土垫层

三合土垫层是柔性垫层的一类，直接在基土层上铺设而成。三合土垫层应根据地面工程的面层类型和其结合层材料的技术条件以及基土结构层而选用。但铺设好的三合土拌合料在硬化期间应避免受水浸湿。

1. 三合土垫层是用石灰、砂(也可渗少量黏土)和碎砖按一定的比例或按设计要求的体积比经拌合后铺设而成。三合土拌合料的体积比一般为 1∶3∶6 或 1∶2∶4(熟化石灰∶砂∶碎砖)。

2. 三合土垫层的厚度不应小于 100mm。

3. 石灰应为熟化石灰，其材质应符合本手册2-4-2-3灰土垫层中第 3 条的规定。

4. 砂的材质应符合本手册 2-4-2-4 砂垫层和砂石垫层中第 3、4 条的规定。

5. 碎砖材质应符合本手册 2-4-2-5 碎石垫层和碎砖垫层中第 3 条的规定。

6. 三合土垫层应分层铺平夯实，每层虚铺厚度为 150mm 时，夯实后厚度宜为 120mm 即可符合要求，并应达到表面平整和稳定不松动。

7. 基层铺设的三合土垫层分项工程的质量检验，应按下列规定进行：

(1) 三合土垫层检验批的划分和抽查数量以及验收组织和质量检验基本上按本手册 2-4-2-2基土的第 11 条要求执行；

(2)“三合土垫层检验批质量验收记录表”的制定应符合国标《建筑地面工程施工质量验收规范》(GB 50209—2002)的规定。

三合土垫层检验批质量验收记录表(GB 50209—2002)

(Ⅴ)　　　　030101□□

单位(子单位)工程名称						
分部(子分部)工程名称					验收部位	
施工单位					项目经理	
分包单位					分包项目经理	
施工执行标准名称及编号						
施工质量验收规范的规定					施工单位检查评定记录	监理(建设)单位验收记录
主控项目	1	材料质量		第 4.6.3 条		
	2	体积比		设计要求		
一般项目	1	表面允许偏差	表面平整度	10mm		
	2		标高	±10mm		
	3		坡度	2/1000，且≯30mm		
	4		厚度	个别地方＜1/10		
			专业工长(施工员)		施工班组长	
施工单位检查评定结果	项目专业质量检查员：　　年　月　日					
监理(建设)单位验收结论	专业监理工程师： (建设单位项目专业技术负责人)：　　年　月　日					

注：同基土层检验批质量验收记录表注 1。

说 明

（Ⅴ）

030101

主控项目：

1. 熟化石灰颗粒粒径不大于5mm；砂应用中砂，并不含有草根等有机物质；碎砖无风化、酥松、有机杂质，颗粒粒径不应大于60mm。观察检查和检查检测报告。

2. 三合土的体积比，符合设计要求。观察检查和检查配合比单。

一般项目：

三合土垫层表面的允许偏差，按本规范表4.1.5中的检验方法检验。其中垫层厚度偏差不大于10mm。

2-4-2-7 炉渣垫层

炉渣垫层是柔性垫层的一类，直接在基土层上铺设而成。炉渣垫层应根据地面工程的面层类型和其结合层材料的技术条件以及基土结构层而选用。炉渣垫层亦用于楼面工程(或地面工程)上作为构造层铺设在水泥类基层上，以承受高温度影响的生产车间(地段)。

1. 炉渣垫层按其所配制材料组成有四个品种名称，但均统称为炉渣垫层：

(1) 采用纯炉渣铺设为炉渣垫层；

(2) 采用石灰与炉渣拌合铺设为石灰炉渣垫层；

(3) 采用水泥与炉渣拌合铺设为水泥炉渣垫层；

(4) 采用水泥、石灰与炉渣拌合铺设为水泥石灰炉渣垫层。

2. 炉渣垫层的厚度不应小于80mm。

3. 炉渣宜采用软质烟煤炉渣，其表观密度为800kg/m^3。炉渣内不应含有有机杂质和未燃尽的煤块，一般炉渣内含煤量(煤屑或煤块)不超过10%还是可以使用的；炉渣内的有机杂质亦应尽量清除。

炉渣颗粒应粗细兼有，但其粒径不应大于40mm，且不得大于垫层厚度的1/2；颗粒粒径在5mm及其以下的不得超过总体积的40%。

当采用钢渣或高炉重矿渣时，应在露天堆放60d以上至不再分解后，方可使用。

4. 水泥采用强度等级不小于32.5普通硅酸盐水泥或矿渣硅酸盐水泥，亦可用火山灰质硅酸盐水泥和粉煤灰硅酸盐水泥。

5. 石灰应为熟化石灰，其材质应符合本手册2-4-2-3灰土垫层中第3条的规定。

6. 炉渣垫层和水泥炉渣垫层的炉渣，使用前应浇水闷透；石灰炉渣垫层和水泥石灰炉渣垫层的炉渣，使用前应用石灰浆闷透或用熟化石灰与炉渣拌合浇水闷透；以上闷透时间均不得小于5d。如闷透时间不够，垫层铺设后有可能因炉渣闷不透而引起炉渣体积膨胀，导致面层起拱、开裂等质量问题。

7. 垫层铺设前，其下一层表面应清扫干净，并洒水湿润；垫层铺设时，应分层拍平压实，虚铺厚度与压实厚度的比例一般为1.3∶1，并压至厚度符合要求；垫层铺设后，应做好养护工作，表面保持湿润，避免受水浸湿。施工时，应做到随拌合、随铺设、随压实，全过程宜在2h内完成；常温条件下，水泥炉渣垫层养护不小于2d，石灰炉渣垫层和水泥石灰炉渣垫层养护不小于7d，待其凝固后方可进行下道工序的施工。

8. 当铺设在水泥类基层上，铺设垫层前应刷素水泥浆一遍，并随刷随铺设，做到垫层与其下一层结合牢固，防止可能出现空鼓现象。

9. 注意成品保护。对垫层表面应保持干净，防止可能出现灰皮以影响垫层与其上一层的结合牢固。

10. 基层铺设的炉渣垫层分项工程的质量检验，应按下列规定进行：

(1) 炉渣垫层检验批的划分和抽查数量以及验收组织和质量检验基本上按本手册2-4-2-2基土的第11条要求执行；

(2)“炉渣垫层检验批质量验收记录表”的制定应符合国标《建筑地面工程施工质量验收规范》(GB 50209—2002)的规定；

(3) 炉渣垫层分别采用纯炉渣、石灰与炉渣、水泥与炉渣或水泥、石灰与炉渣铺设垫层时，应在“炉渣垫层检验批质量验收记录表”表头分别加注，以资识别，并应按品种的垫层分别填写。

炉渣垫层检验批质量验收记录表(GB 50209—2002)

(Ⅵ)

030101□□

单位(子单位)工程名称						
分部(子分部)工程名称				验收部位		
施工单位				项目经理		
分包单位				分包项目经理		
施工执行标准名称及编号						
施工质量验收规范的规定				施工单位检查评定记录		监理(建设)单位验收记录
主控项目	1	材料质量		第 4.7.4 条		
	2	垫层体积比		设计要求		
一般项目	1	垫层与下一层粘结		第 4.7.6 条		
	2	表面允许偏差	表面平整度	10mm		
	3		标高	±10mm		
	4		坡度	2/1000，且≯30mm		
	5		厚度	个别地方＜1/10		
施工单位检查评定结果		专业工长(施工员)			施工班组长	
		项目专业质量检查员：　　年　月　日				
监理(建设)单位验收结论		专业监理工程师： (建设单位项目专业技术负责人)：　　年　月　日				

注：同基土层检验批质量验收记录表注 1。

说 明

（Ⅵ）

030101

主控项目：

1. 炉渣内不含有有机杂质和未燃尽的煤块，颗粒粒径不大于40mm，且颗粒粒径在5mm及其以下的颗粒，不得超过总体积的40％；熟化石灰颗粒粒径不得大于5mm。使用前炉渣浇水闷透，不少于5d，厚度不小于80mm。观察检查和检查检测报告。

2. 炉渣垫层的体积比，符合设计要求。观察检查和检查配合比单。

一般项目：

1. 炉渣垫层与其下一层结合牢固，不得有空鼓和松散炉渣颗粒。观察检查和用小锤轻击检查。

2. 炉渣垫层表面的表面允许偏差，应按本规范表4.1.5中的检验方法检验。

2-4-2-8 水泥混凝土垫层

水泥混凝土（或配筋混凝土）垫层是刚性垫层的一类，直接在基土层上铺设而成，构筑成弹性地基上的刚性板体。水泥混凝土垫层应根据地面工程的面层类型和其结构层材料的技术条件以及基土结构层而选用。而楼面即是钢筋混凝土楼板结构层。

1. 水泥混凝土垫层是用于地面工程和室外散水、明沟、踏步、台阶、坡道等附属工程下的垫层，以及现浇整体面层和以水泥砂浆或胶粘剂结合的板块面层下的垫层。

2. 水泥混凝土垫层铺设应按本手册2-3-2-2技术规定中第5条(6)的规定分别设置伸缝、缩缝（或伸缩缝）的具体要求。

3. 水泥混凝土垫层是采用粗、细骨料，以水泥材料作胶结料按一定配合比经拌制成拌合料，铺设在地面工程的基土上或地面与楼面工程的基层上而成。

4. 水泥混凝土垫层的混凝土强度等级应按设计要求配制，但其强度等级不应小于C10。

5. 水泥混凝土垫层的厚度不应小于60mm。

6. 水泥采用普通硅酸盐水泥或矿渣硅酸盐水泥，其强度等级不应小于32.5；砂采用中砂或粗砂，含泥量不大于3％，其质量应符合现行国家行业标准《普通混凝土用砂质量标准及检验方法》(JGJ 52—92)的规定；石子宜选用0.5～3.2cm粒径的碎石或卵石，其最大粒径不应超过50mm，并不得大于垫层厚度的2/3，含泥量不应大于2％，其质量应符合现行国家行业标准《普通混凝土用碎石或卵石质量标准及检验方法》(JGJ 53—92)的规定。

7. 工业厂房、礼堂、门厅等大面积地面工程的水泥混凝土垫层施工时，应分区、段浇筑。其分区、段间距除应按规定设置的纵向、横向缩缝间距相一致外，尚应结合建筑地面不同类型面层连接处和设备基础的位置进行划分。

8. 水泥混凝土垫层铺设前，其下一层表面（基土层或结构层）应清除杂物，并洒水湿润，表面无积水现象。

9. 混凝土配合比按设计要求的强度等级通过计算和试配确定。浇筑时的坍落度宜为10～30mm。

10. 浇筑混凝土垫层前，应按设计要求和施工需要预留孔洞，以备安装固定连接件所用的锚栓或木砖等，防止二次凿洞。

11. 混凝土铺设后，应进行振捣密实，并用木抹子将垫层表面搓平。

12. 对垫层厚度仅为构造上需要以及室外散水等厚度较薄的垫层，施工时严格控制水泥混凝土的虚铺厚度。有泛水的垫层应按坡度要求做好找坡平整。

13. 水泥混凝土垫层施工及质量检验，应符合现行国家标准《混凝土结构工程施工质量验收规范》(GB 50204—2002)的有关规定。

14. 混凝土浇筑完毕后应重视养护工作，宜在12h内用草帘等加以覆盖并浇水，浇水次数应能保持混凝土具有足够的湿润状态，常温条件下养护5～7d。冬期施工要覆盖保温防冻的材料。

15. 混凝土的抗压强度达到1.2MPa以后，方可在其上做基层各构造层和面层等铺设。

16. 基层铺设的水泥混凝土垫层分项工程的质量检验，应按下列规定进行：

(1) 水泥混凝土垫层检验批的划分和抽查数量以及验收组织和质量检验基本上按本手册2-4-2-2基土的第11条要求执行；

(2)“水泥混凝土垫层检验批质量验收记录表”的制定应符合国标《建筑地面工程施工质量验收规范》(GB 50209—2002)的规定。

水泥混凝土垫层检验批质量验收记录表(GB 50209—2002)

(Ⅶ)

030101□□

<table>
<tr><td colspan="3">单位(子单位)工程名称</td><td colspan="4"></td></tr>
<tr><td colspan="3">分部(子分部)工程名称</td><td colspan="2"></td><td>验收部位</td><td></td></tr>
<tr><td colspan="2">施工单位</td><td colspan="3"></td><td>项目经理</td><td></td></tr>
<tr><td colspan="2">分包单位</td><td colspan="3"></td><td>分包项目经理</td><td></td></tr>
<tr><td colspan="3">施工执行标准名称及编号</td><td colspan="4"></td></tr>
<tr><td colspan="5">施工质量验收规范的规定</td><td>施工单位检查评定记录</td><td>监理(建设)单位验收记录</td></tr>
<tr><td rowspan="2">主控项目</td><td>1</td><td colspan="2">材料质量</td><td>第4.8.8条</td><td></td><td rowspan="2"></td></tr>
<tr><td>2</td><td colspan="2">混凝土强度等级</td><td>设计要求</td><td></td></tr>
<tr><td rowspan="4">一般项目</td><td>1</td><td rowspan="4">表面允许偏差</td><td>表面平整度</td><td>10mm</td><td></td><td rowspan="4"></td></tr>
<tr><td>2</td><td>标高</td><td>±10mm</td><td></td></tr>
<tr><td>3</td><td>坡度</td><td>2/1000，且≯30mm</td><td></td></tr>
<tr><td>4</td><td>厚度</td><td>个别地方＜1/10</td><td></td></tr>
<tr><td rowspan="2" colspan="3">施工单位检查评定结果</td><td colspan="2">专业工长(施工员)</td><td>施工班组长</td><td></td></tr>
<tr><td colspan="4">项目专业质量检查员：　　　　年　月　日</td></tr>
<tr><td colspan="3">监理(建设)单位验收结论</td><td colspan="4">专业监理工程师：
(建设单位项目专业技术负责人)：　　　　年　月　日</td></tr>
</table>

注：同基土层检验批质量验收记录表注1。

说 明

（Ⅶ）

030101

主控项目：

1. 水泥混凝土垫层采用的粗骨料，其最大粒径不大于垫层厚度的2/3；含泥量不大于2%；砂为中粗砂，其含泥量不大于3%。观察检查和检查检测报告。

2. 混凝土的强度等级，符合设计要求，且不应小于C10，厚度不小于60mm。观察检查和检查检测报告。

一般项目：

水泥混凝土垫层表面的允许偏差，应按本规范表4.1.5中的检验方法检验。

2-4-2-9 找平层

找平层是在各类垫层上或钢筋混凝土板上以及填充层上铺设而成，起着整平、找坡或加强作用的附加构造层，并具有一定的强度要求，仍属于基层部分。

1. 找平层是采用水泥砂浆或水泥混凝土的拌合料铺设，其拌合料应符合本手册2-4整体面层铺设中同类面层的有关要求。

2. 找平层采用水泥砂浆时，其体积比(相应的水泥砂浆强度等级)应符合设计要求，且不应小于1∶3(水泥∶砂)。

3. 找平层采用水泥混凝土(或细石混凝土)时，其强度等级应符合设计要求，且不应小于C15。

4. 找平层的厚度应符合设计要求，且水泥砂浆厚度不应小于20mm，水泥混凝土(细石混凝土)厚度不应小于30mm。

5. 水泥采用普通硅酸盐水泥或矿渣硅酸盐水泥，其强度等级不应小于32.5；砂采用中砂或粗砂，含泥量不大于3%，其质量应符合现行国家行业标准《普通混凝土用砂质量标准及检验方法》(JGJ 52—92)的规定；石子采用碎石或卵石，级配应适当，其最大粒径不应大于其厚度的2/3(当采用细石混凝土找平层时，石子粒径不应大于15mm)，含泥量不应大于2%，其质量应符合现行国家行业标准《普通混凝土用碎石或卵石质量标准及检验方法》(JGJ 53)的规定。

6. 在铺设找平层前，应对其下一层表面进行处理，清扫干净；当其下一层有松散填充层时，应予铺平振实。

7. 找平层铺设前，其下层为水泥混凝土垫层(或钢筋混凝土板)时，表面应湿润；如表面光滑时，应予划毛或凿毛，以利上下层结合牢固，防止空鼓。铺设时，先刷一遍水泥浆，其水灰比为0.4～0.5，应做到随刷浆随铺设拌合料。

8. 对有防水要求的楼面工程和底层地面架空板的地面工程，如厕所、厨房、卫生间、盥洗室等，在铺设找平层前，首先检查地漏的标高是否正确；其次对立管、套管和地漏等管道穿过楼板节点间的周围，采用水泥砂浆或细石混凝土对其管壁四周处稳固堵严、堵实，并进行密封处理。施工时，对节点处应清洗干净予以湿润，吊模后振捣密实。沿管的周边应划出深8～10mm沟槽，采用防水类卷材、防水类涂料或油膏裹住立管、套管和地漏的沟槽内，以防止面层的水可能顺管道接缝处出现渗漏现象。管道与楼面节点间防水构造见图2-4-2。

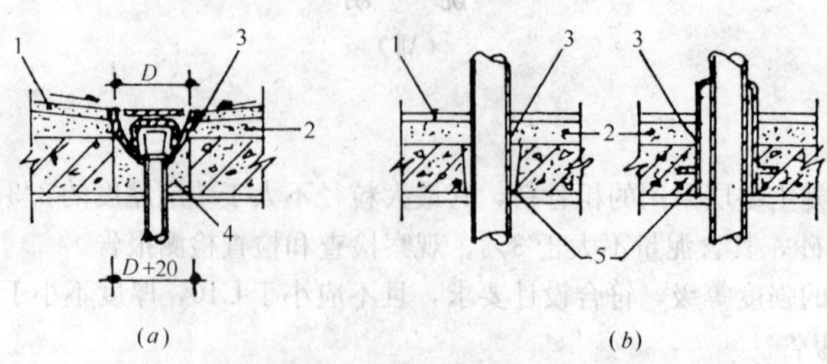

图 2-4-2　管道与楼面防水构造

(a)地漏与楼面防水构造；(b)立管、套管与楼面防水构造

1—面层按设计；2—找平层(防水层)；

3—地漏(管)四周留出 8～10mm 小沟槽(元钉剔槽、打毛、扫净)；

4—1∶2 水泥砂浆或细石混凝土填实；5—1∶2 水泥砂浆

对有防水要求的建筑地面工程，其节点间防水构造的处理，国家现行标准《建筑地面工程施工质量验收规范》(GB 50209—2002)第 4 章第 4.9.3 条作了规定，并作为强制性条文必须严格执行。该条文实施：

(1) 释义

有防水要求的建筑地面工程，一般是指厕浴间、盥洗间、厨房或阳台。厕浴间、盥洗间、厨房的给、排水管道比较多，又涉及到土建和安装两个专业的施工，给、排水管及地漏穿过楼板处如果施工中配合不好、节点处理不当，往往会发生渗水现象；同时在住宅工程使用后，由于业主在装饰装修时随意变更给、排水管道的位置，破坏了隔离层，加上对节点处又没有认真处理好，渗漏现象极为普遍，严重时往往会造成邻居间的矛盾，诉讼法律。

有防水要求的建筑地面工程，在设计上必须有排水坡度的要求。因为坡度过小会造成排水不畅，甚至积水、倒返水现象。

(2) 措施

1) 施工单位在施工有防水要求的建筑地面工程时，立管、套管和地漏与楼板节点之间必须进行密封处理的施工做法，目前仍可参照原国家标准《建筑地面工程施工及验收规范》(GB 50209—95)第 5.0.5 条的规定进行，或按照企业工法施工，通常具体做法是：在铺设找平层前，应对立管、套管和地漏与楼板节点之间进行密封处理，并在管四周留出深 8～10mm 的沟槽，采用防水涂料或密封胶裹住管口周边。施工完毕后，在立管及地漏周围应作蓄水检验，蓄水深度为 20～30mm，24h 内无渗漏为合格，并做记录；

2) 排水坡度应按照设计要求施工。

(3) 检查

1) 立管、套管和地漏与楼板节点之间是否密封处理；

2) 排水坡度是否按照设计要求施工。

3) 实地检查。

检查方法：查阅蓄水检验记录，泼水检查，或坡度尺检查，有无渗漏和倒返水现象。

检查数量：可全数检查或抽检。

(4) 判定

当出现下述情况之一时，视为违反强制性条文。

1) 工程竣工交付后，立管、套管和地漏与楼板节点之间有渗漏；

2) 有防水要求的建筑地面工程出现倒返水现象。

因业主装饰装修造成的管道或地漏渗漏及建筑地面倒返水现象，应由自己负责。

9. 在预制钢筋混凝土板(或空心板)上铺设水泥类找平层前，必须认真做好两块板缝间的灌缝填嵌这道重要工序，以保证灌缝的施工质量，防止可能造成水泥类面层出现沿板缝的纵向裂缝的质量缺陷。板缝填嵌的施工应符合下列要求：

(1) 对预制钢筋混凝土(或空心板)的安装必须虚缝铺放，其板与板之间缝隙底宽度不应小于 20mm，不得出现死缝。安装时采取边坐浆边铺放，水泥砂浆要坐满垫实，使板与支座间结合牢固；

(2) 板缝填嵌前，应清理板缝内杂物，浇水洗净并保持湿润；

(3) 填缝材料宜采用细石混凝土，石子粒径不大于 10mm，混凝土强度等级不得小于 C20，并尽可能使用膨胀水泥或掺膨胀剂的混凝土填嵌板缝；

(4) 细石混凝土宜采用机械搅拌和机械振捣。浇筑时混凝土的坍落度应控制在 10mm，填缝高度应低于板面 10～20mm，浇捣密实，表面不应压光；

(5) 当板缝间分两次填嵌时，可采取先灌水泥砂浆，其体积比为 1∶2～1∶2.5 (水泥∶砂)，后浇筑细石混凝土；

(6) 当板缝隙底宽度大于 40mm 时，板缝内应安放 1ϕ6 钢筋或按设计要求配置钢筋。施工时，板缝底面应支模，用角钢(圆筋)或木楞吊入板缝内 5～10mm，形成“∧”形槽，亦可采用圆钢筋放置在模板内。拆模合板缝形成凹槽，以增强与平顶粉刷的连接，防止有可能出现沿板缝处的纵向粉刷裂缝；

(7) 板缝细石混凝土浇筑完后，应及时覆盖并浇水养护 7d，待混凝土强度等级达到 C15时，方可继续施工。

10. 在预制钢筋混凝土板(或空心板)上铺设找平层时，对楼层两间以上大开间房，在其支座搁置处(承重墙或钢筋混凝土梁)应采取构造措施，如设置分格条，亦可配置构造钢筋或按设计要求配制防裂钢筋，以防止沿预制钢筋混凝土板(或空心板)板端(搁置处)方向可能出现顺钢筋混凝土梁(或承重墙)裂缝，从找平层通向面层，给建筑地面工程造成整体质量的缺陷。

11. 水泥砂浆或细石混凝土拌合料铺设后，应进行整平、振实，并用木抹子将找平层搓平。表面应坚硬密实，不得出现有起砂、蜂窝和裂缝等施工质量缺陷。

12. 基层铺设的找平层分项工程的质量检验，应按下列规定进行：

(1) 找平层检验批的划分和抽查数量以及验收组织和质量检验基本上按本手册 2-4-2-2 基土第 11 条要求执行；

(2)“找平层检验批质量验收记录表”的制定应符合《建筑地面工程施工质量验收规范》(GB 50209—2002)的规定；

(3) 找平层分别采用水泥砂浆或水泥混凝土铺设找平层时，应在“找平层检验批质量验收记录表”表头分别加注，以资识别，并应按材料品种分别填写。

找平层检验批质量验收记录表(GB 50209—2002)

（Ⅷ）

030101□□

<table>
<tr><td colspan="3">单位(子单位)工程名称</td><td colspan="5"></td></tr>
<tr><td colspan="3">分部(子分部)工程名称</td><td colspan="3"></td><td>验收部门</td><td></td></tr>
<tr><td colspan="3">施工单位</td><td colspan="3"></td><td>项目经理</td><td></td></tr>
<tr><td colspan="3">分包单位</td><td colspan="3"></td><td>分包项目经理</td><td></td></tr>
<tr><td colspan="3">施工执行标准名称及编号</td><td colspan="5"></td></tr>
<tr><td colspan="5">施工质量验收规范的规定</td><td colspan="2">施工单位检查评定记录</td><td>监理(建设)单位验收记录</td></tr>
<tr><td rowspan="3">主控项目</td><td>1</td><td colspan="2">材料质量</td><td>第4.9.6条</td><td colspan="2"></td><td rowspan="3"></td></tr>
<tr><td>2</td><td colspan="2">配合比或强度等级</td><td>设计要求</td><td colspan="2"></td></tr>
<tr><td>3</td><td colspan="2">有防水要求套管地漏</td><td>第4.9.8条</td><td colspan="2"></td></tr>
<tr><td rowspan="10">一般项目</td><td>1</td><td colspan="2">找平层与下层结合</td><td>结合牢固无空鼓</td><td colspan="2"></td><td rowspan="10"></td></tr>
<tr><td>2</td><td colspan="2">找平层表面质量</td><td>第4.9.10条</td><td colspan="2"></td></tr>
<tr><td rowspan="6">3</td><td rowspan="6">表面平整度、标高</td><td rowspan="2">用胶粘剂做结合层，铺拼花木板、塑料板、复合板、竹地板面层</td><td>表面平整度</td><td>2mm</td><td></td></tr>
<tr><td>标高</td><td>±4mm</td><td></td></tr>
<tr><td rowspan="2">有沥青玛琋脂做结合层，铺拼花木板，板块面层及毛地板铺木地板</td><td>表面平整度</td><td>3mm</td><td></td></tr>
<tr><td>标高</td><td>±5mm</td><td></td></tr>
<tr><td rowspan="2">用水泥砂浆做结合层，铺板地面层，其他种类面层</td><td>表面平整度</td><td>5mm</td><td></td></tr>
<tr><td>标高</td><td>±8mm</td><td></td></tr>
<tr><td>4</td><td>坡度</td><td colspan="2">2/1000且≯30mm</td><td colspan="2"></td></tr>
<tr><td>5</td><td>厚度</td><td colspan="2">个别地方＜1/10</td><td colspan="2"></td></tr>
<tr><td colspan="3" rowspan="2">施工单位检查评定结果</td><td colspan="2">专业工长(施工员)</td><td colspan="3">施工班组长</td></tr>
<tr><td colspan="5">项目专业质量检查员：　　　　年　月　日</td></tr>
<tr><td colspan="3">监理(建设)单位验收结论</td><td colspan="5">专业监理工程师：
(建设单位项目专业技术负责人)：　　　　年　月　日</td></tr>
</table>

注：同基土层检验批质量验收记录表注。

说　明

（Ⅷ）

030101

主控项目：

1. 找平层采用碎石或卵石的粒径不大于其厚度的2/3，含泥量不应大于2%；砂为中粗砂，其含泥量不大于3%。观察检查和检查检测报告。

2. 水泥砂浆体积比或水泥混凝土强度等级，符合设计要求且水泥砂浆体积比不应小于 1∶3(或相应强度等级)；水泥混凝土强度等级不应小于 C15。观察检查和检查配合比单及检测报告。

3. 有防水要求建筑地面工程的立管、套管、地漏处严禁渗漏，坡向应正确、无积水。观察检查和蓄水、泼水检验及坡度尺检查。

一般项目：

1. 找平层与其下一层结合牢固，不得有空鼓。用小锤轻击检查。

2. 表面应密实，不得有起砂、蜂窝和裂缝等缺陷。观察检查。

3. 表面允许偏差，应按本规范表 4.1.5 中的检验方法检验。

2-4-2-10 隔离层

隔离层主要用于有水、油或非腐蚀性和腐蚀性液体经常浸湿(作用)的面层下铺设的附加构造层，以防止楼层地面出现渗漏现象而设置的。亦用于地下水和潮气渗透底层地面下铺设的附加构造层；而有空气洁净要求的车间(地段)或对湿度有控制要求时，底层地面也应铺设防潮隔离层；仅为防止地下潮气透过底层地面时，可铺设防潮层。其附加构造层的隔离层仍属于基层部分。

1. 隔离层是用防水类卷材、防水类涂料等在基层(或找平层)上铺设而成。对防潮要求较低时，亦可采用沥青胶结料铺设成隔离层。防油渗隔离层应按本手册 2-5 整体面层铺设一章中 2-5-2-6 防油渗面层的要求进行。

2. 隔离层所采用材料应按设计要求选用，并应符合国家现行标准和有关地方、企业标准的规定；其铺设厚度(或层数)应符合设计要求。

(1) 沥青：沥青应用石油沥青，其质量应符合现行国家标准《建筑石油沥青》(GB/T 494—1998)或国家现行的行业标准《道路石油沥青》(SY 1661—85)的规定。软化点按“环球法”试验时宜为 50～60℃，不得大于 70℃；

(2) 防水类卷材：采用沥青防水卷材应符合现行国家标准《石油沥青纸胎油毡、油纸》(GB 326—89)的规定；采用高聚物改性沥青防水卷材和合成高分子防水卷材应符合现行的产品标准的要求。其质量应按现行国家标准《屋面工程质量验收规范》(GB 50207—2002)中材料要求的规定执行；

(3) 防水类涂料：防水类涂料应符合现行的产品标准的规定，其材质应经国家法定(有资质)的检测单位检验认可。采用沥青基防水涂料、高聚物改性沥青防水涂料和合成高分子防水涂料，其质量应按现行国家标准《屋面工程质量验收规范》(GB 50207—2002)中材料要求的规定执行。

3. 在水泥砂浆或水泥混凝土找平层上铺设(铺涂)沥青类防水卷材或防水类涂料隔离层，或以水泥类材料(刚性防水材料)作为防水隔离层时，其找平层或水泥类材料防水层的表面应坚固、洁净、干燥。铺设前，应涂刷基层处理剂，从而增强找平层与防水隔离层之间的粘结，做到结合牢固，防止空鼓。基层处理剂按选用的隔离层材料采用与防水卷材性能配套的材料，或采用同类防水涂料的底子油进行配制。

找平层铺设后，涂刷基层处理剂的相隔时间以及其配合比均应通过试验确定。一般底子油喷、涂一昼夜待表面干燥后，方可铺设隔离层(或在水泥类材料防水层上铺设面层)。

4. 当采用掺有防水剂的水泥类找平层作为防水隔离层时，其掺量和混凝土(或水泥砂浆)的强度等级(或配合比)应符合设计要求。

5. 铺设防水隔离层材料时，应先做好连接处节点、附加层的处理后，再进行大面积的铺涂，以加强连接处的薄弱环节，防止出现渗漏现象。对穿过楼板面连接处的管道四周，防水材料应向上铺涂，并超过套管的上口；对靠近墙面处，防水材料亦应向上铺涂，并高出面层200～300mm或按设计要求的高度铺涂。穿过楼板面的管道根部和阴阳角处应增加铺涂防水类材料附加隔离层的层数或遍数。

6. 厕浴间和有防水要求的建筑地面的楼层结构的标高、预留孔洞位置、结构构造和隔离层的设置等的要求，国家标准《建筑地面工程施工质量验收规范》(GB 50209—2002)第四章基层铺设中第4.10.8条提出了有关规定，并作为强制性条文，必须严格执行。该条文实施：

(1) 释义

厕浴间和有防水要求的建筑地面出现渗漏是建筑工程中常见的质量通病之一，规范中规定“厕浴间和有防水要求的建筑地面必须设置防水隔离层”这一条文的设置，主要是从防止楼板渗漏的角度来考虑的。厕浴间和有防水要求的建筑地面长期处在潮湿、有水的环境中，如果不设置防水隔离层，极易产生渗漏现象。本条又规定：“楼层结构必须采用现浇混凝土或整块预制混凝土板，混凝土强度等级不应小于C20；楼板四周除门洞外，应做混凝土翻边，其高度不应小于120mm”，主要是考虑在施工过程中针对楼板与墙体之间的缝隙和砌块缝间可能产生渗漏的控制。对“施工时结构层标高和预留孔洞位置应准确，严禁乱凿洞”的规定有三层意思：一是厕浴间和有防水要求的建筑地面与室内地面应有标高差，防止水浸入到室内地坪上；二是厕浴间和有防水要求的建筑地面的立管的预留洞口应准确，防止由于预留洞口不准确、造成乱凿洞的行为、破坏防水隔离层、从而引起渗漏；三是如果预留孔洞位置有误，或有变更，需要重新凿洞，必须征得设计和监理的同意，并采取可靠的措施后方能施工。

(2) 措施

1) 施工单位在厕浴间和有防水要求的建筑地面施工前，应认真审查图纸，编制施工方案，选择符合规定的防水材料，对地坪的标高、预留孔洞的位置要进行复核，对厕浴间和有防水要求的建筑地面的楼板四周(除门洞外)，应浇筑混凝土翻边，其高度不应小于120mm。对涉及到层高和当地砌块模数的因素，其翻边高度可相应增加，具体翻边高度由施工企业和监理单位根据实际情况确定；

2) 铺设防水材料时，在靠近墙面处，防水材料应向上铺涂，并应高出面层200～300mm，或按设计要求。施工完毕后，在厕浴间和有防水要求的建筑地面上作蓄水检验，蓄水深度为20～30mm，24h内无渗漏为合格，并做检验记录；

3) 施工中，确因使用功能要求变更，而影响预留孔洞的位置时，须经监理单位认可同意后才能变更，并应做好记录。

(3) 检查

1) 施工图设计中应对厕浴间和有防水要求的建筑地面设置防水隔离层；

2) 施工单位应按设计要求进行施工；

3) 实地检查。

检查方法：查阅蓄水检验记录，泼水检查和钢尺检查，翻边高度是否符合要求，检查有无渗漏和倒返水现象。

检查数量：可全数检查或抽检。

(4) 判定

当出现下述情况之一时，视为违反强制性条文。

1) 工程竣工交付后，厕浴间和有防水要求的建筑地面工程有严重渗漏；

2) 未能按照规定做混凝土翻边，或其高度达不到要求的。

工程竣工交付使用后，因业主装饰装修造成的渗漏，应由自己负责。

7. 隔离层采用的沥青胶结料(沥青或沥青玛瑞脂)时，其标号的选用及技术性能，应符合现行国家标准《屋面工程质量验收规范》(GB 50207—2002)的有关规定，并应符合设计要求。

(1) 沥青玛瑞脂是用同类沥青与纤维、粉状或纤维和粉状混合的填充料配制，从增强沥青的抗老化性能，并改善其耐热度、柔韧性和粘结力；

(2) 在水泥类基层面上喷涂沥青冷底子油，要均匀不露底，厚度以 0.5mm 为宜，不得有麻点；

(3) 沥青胶结料防水层一般涂刷两遍，每遍厚度宜为 1.5～2.0mm。

8. 防水类卷材的铺设，应展平、粘实、压实、平整，对挤出的沥青胶结料要趁热刮去。已铺好的卷材面不得有皱折、空鼓、翘边和封口不严等施工质量缺陷。卷材的搭接长度：长边不应小于 100mm；短边不应小于 150mm；搭接接缝处必须用沥青胶结料封严，以防渗漏。

9. 防水类涂料应采用喷涂或涂刮分层分遍进行，厚度要均匀一致，并做到先涂刮的涂层干燥成膜后，方可涂刮后一遍涂料。已涂刷好的防水类涂料层应平整、均匀、无脱皮、起壳、裂缝、鼓泡等施工质量缺陷。

在涂刷防水类涂料干燥后，不得在其面上进行其他施工作业，亦不得在其上面直接堆放物品。

10. 在沥青类(即掺有沥青的拌合料)隔离层上铺设水泥类结合层、找平层(或面层)前，其隔离层的表面应洁净、干燥，并应涂刷同类的沥青胶结料，其厚度宜为 1.5～2.0mm，以提高粘结性能。

11. 有防水要求的建筑地面的防水隔离层铺设完毕后，应作蓄水检验，蓄水深度宜为 20～30mm，严禁出现渗漏，在 24h 内无渗漏为合格，并做好记录后方可进行下道工序施工。坡度和坡向应正确，排水要通畅，以泼水检验是否符合设计要求为标准。此条内容已列入现行国家标准《建筑地面工程施工质量验收规范》(GB 50209—2002)第四章中第 4.10.10 条的规定，并作为强制性条文，必须严格执行，该条文实施：

(1) 释义

防水隔离层通常是指厕浴间、厨房和有排水(或其他液体)要求的建筑地面而设置的。防水隔离层必须做到不渗漏，其排水坡度、方向应准确，地漏排水应畅快。

工程在验收前，防水隔离层出现渗漏，应由施工单位进行返修处理，直至无渗漏为止。

(2) 措施

1) 防水隔离层的施工应严格按照国家标准《屋面工程质量验收规范》(GB 50207—2002)的要求进行施工和验收；

2) 选用的防水材料，其产品应符合国家标准的规定，并有出厂合格证明文件和检测、复验报告；

3）铺设防水隔离层时，其下一层的表面应平整、洁净和干燥，并不得有空鼓、裂缝和起砂现象；防水卷材铺设应粘实、平整，不得有皱折、空鼓、翘边和封口不严等缺陷；

4）防水隔离层施工完毕后，应作蓄水检验，蓄水深度为20～30mm，24h内无渗漏为合格，并做检验记录；

5）其他施工方法同4.9.3、4.10.8中有关要求。

(3) 检查

1）防水材料是否符合规定，有无出厂合格证明文件和检测、复验报告；

2）防水隔离层是否按照国家标准《屋面工程质量验收规范》(GB 50207—2002)的要求施工；

3）实地检查。

检查方法：查阅蓄水检验记录，泼水检查，或坡度尺检查，有无渗漏和倒返水现象。

检查数量：可全数检查或抽检。

(4) 判定

当出现下述情况之一时，视为违反强制性条文。

1）采用不符合国家标准规定的防水材料；

2）防水隔离层严重渗漏；

3）坡向不正确，有倒泛水现象。

12. 楼层地面防水是房屋建筑物防水的重要组成部分，其防水质量的好坏将会直接关系着建筑地面工程的使用功能和防水效果。因此，做好防水隔离层铺设，实为建筑地面工程中一项极其重要的大问题，不应作为质量通病来对待，国家标准《建筑地面工程施工质量验收规范》(GB 50209—2002)中已列为强制性条文，必须严格实施。

鉴于有防水要求的楼层地面(包括地下室的底层地面)工程特别是卫生间、盥洗室等，因其穿板的管道较多、节点又复杂、管径变截面、阴阳角又多等特点，故采用防水类材料作隔离层应能形成一个有弹性的整体防水层，并确保施工质量，才不致造成渗漏或漏水的工程隐患。为消除这种弊端，可采用两种做法，一为涂膜柔性防水铺设；二为UEA刚性防水铺设。

(1) 涂膜柔性防水材料有聚氨酯涂膜、氯丁胶乳沥青涂料、硅橡胶防水涂料和SBS弹性沥青涂料等。

1）厕浴间、厨房的楼层地面可分别选用高、中、低档涂料做防水层，其中高档防水涂料如聚氨酯涂膜，适合于Ⅰ级建筑即宾馆、酒店等公共建筑；中档防水涂料如氯丁胶乳沥青涂料，适用于Ⅱ级建筑即高级住宅等民用建筑；低档防水涂料如SBS橡胶改性沥青涂膜，适用于一般住宅工程等。Ⅳ级建筑宜选用低档防水涂料做防水层。

2）防水涂料现场复检技术指标及参考用量，应按表2-4-2进行。凡高、中、低档防水涂料进场须经过复验技术指标，合格后方可使用。

现场复检防水涂料技术指标及参考用量 **表2-4-2**

名　称	高　档	中　档	低　档	备　注
固体含量	≥94%	≥43%	≥50%	
延伸率	≥300%	延伸≥4.5mm	延伸≥4.0mm	
抗裂性	拉伸≥1.65MPa	0.4mm	0.5mm	
柔　度	−30℃	−10℃	10℃	

续表

名称	高档	中档	低档	备注
不透水性	0.3MPa≥0.5h	0.1MPa≥0.5h	0.1MPa≥0.5h	
三遍涂膜及厚度(mm)	1.2厚1.2kg/m²	1.5厚1.5kg/m²	1.8厚1.8kg/m²	1厚为1kg/m²
一布四涂及厚度(mm)	1.8厚1.8kg/m²	2厚2kg/m²	2.2厚2.2kg/m²	1厚为1kg/m²
二布六涂及厚度(mm)	2.2厚2.2kg/m²	2.5厚2.5kg/m²	2.8厚2.8kg/m²	1厚为1kg/m²

(2) UEA 刚性防水材料是采用水泥、砂与 UEA 膨胀剂按一定的配合比拌制成 UEA 防水砂浆铺设而成。UEA 砂浆厚度的微膨胀可以使垫层和防水层不裂不渗，对面积较小的厨厕间更具其独特的优越性，而采用大膨胀的 UEA 砂浆填充在管件与楼板等节点空隙，更将缝隙封堵严密，与防水层紧密连接形成整体防水结构构造。UEA 防水砂浆分垫层和防水层两次铺设，UEA 防水砂浆垫层铺设厚度平均为 20～30mm，经分层振捣密实达到能上人的强度后，铺设防水层，其厚度为 15～20mm，并分四层抹面。

1）水泥采用普通硅酸盐水泥或矿渣硅酸盐水泥，其强度等级为 32.5 或 42.5；UEA 膨胀剂应符合国家现行行业标准《混凝土膨胀剂》(JC 476—2001)的规定；砂为中砂，含泥量小于 1%，其质量标准应符合《普通混凝土用砂质量标准及其检验方法》(JGJ 52)的规定。

2）砂浆配合比按不同的防水部位进行配制，见表 2-4-3；砂浆性能见表 2-4-4。

UEA 防水砂浆配合比 **表 2-4-3**

防水部位	厚度(mm)	C+UEA(kg/m³)	$\frac{UEA}{C+UEA}$(%)	配合比			水灰比	稠度(cm)
				水泥	UEA	砂		
垫层	20～30	550	10	0.90	0.10	3.0	0.45～0.50	5～6
防水层	15～20	700	10	0.90	0.10	2.0	0.40～0.45	5～6
管件接缝	—	700	15	0.85	0.15	2.0	0.30～0.35	2～3

UEA 防水砂浆性能 **表 2-4-4**

防水部位	$\frac{UEA}{C+UEA}$(%)	灰砂比	水灰比	抗压强度(MPa)		膨胀率(%)		抗渗等级
				7d	28d	7d	28d	
垫层	10	1∶3	0.45	46.5	61.3	0.110	0.120	P20
防水层	10	1∶2	0.40	48.2	65.4	0.135	0.146	P30
管件接缝	15	1∶2	0.35	43.2	50.6	0.421	0.593	P15

(3) 质量检验

1）所用材料的品种、性能以及配合比必须符合设计要求及有关规定。每批材料进场均应附有产品合格证书，正式使用前要进行复检，合格后方可使用。

2）防水层的施工工艺应符合规定要求。柔性防水的涂层厚度、涂层顺序以及加筋布的搭接长度、铺设质量均应符合规定要求；刚性防水的四层做法的各层厚度、质量及养护等应符合规定要求。

3）柔性涂料防水层表面平整，无鼓泡、折皱等施工质量缺陷。刚性防水层无酥松、开裂、起砂等弊端。防水层坡度应符合设计要求，无明显积水现象。

4）细部构造做法符合规定要求，且密封严密无渗漏。

13. 基层铺设的隔离层分项工程的质量检验，应按下列规定进行。

(1) 隔离层检验批的划分和抽查数量以及验收组织和质量检验基本上按本手册 2-4-2-2 基土第 11 条要求执行;

(2)"隔离层检验批质量验收记录表"的制定应符合《建筑地面工程施工质量验收规范》(GB 50209—2002)的规定;

(3) 隔离层分别采用防水类卷材、防水类涂料或 UEA 防水砂浆铺设时,应在"隔离层检验批质量验收记录表"表头分别加注,以资识别,并应按材料品种分别填写。

隔离层检验批质量验收记录表(GB 50209—2002)

(Ⅸ)

030101□□

单位(子单位)工程名称			
分部(子分部)工程名称		验收部位	
施工单位		项目经理	
分包单位		分包项目经理	
施工执行标准名称及编号			

			施工质量验收规范的规定		施工单位检查评定记录	监理(建设)单位验收记录
主控项目	1		材料质量	设计要求		
	2		隔离层设置要求	第 4.10.8 条		
	3		水泥类隔离层防水性能	设计要求		
	4		防水层防水要求	第 4.10.10 条		
一般项目	1		隔离层厚度	设计要求		
	2		隔离层与下一层粘结	第 4.10.12 条		
	3		防水涂层	第 4.10.12 条		
	4	表面允许偏差	表面平整度	3mm		
	5		标高	±4mm		
	6		坡度	2/1000,且≯30mm		
	7		厚度	个别地方不大于设计层厚度 1/10		

施工单位检查评定结果	专业工长(施工员)	施工班组长
	项目专业质量检查员:	年 月 日
监理(建设)单位验收结论	专业监理工程师: (建设单位项目专业技术负责人):	年 月 日

注:同基土层检验批质量验收记录表注 1。

说 明

(Ⅸ)

030101

主控项目:

1. 隔离层材质符合设计要求和产品标准规定。观察检查和检查产品合格证明文件或检测报告。

2. 厕浴间和有防水要求的建筑地面必须设置防水隔离层。楼层结构必须采用现浇混凝土或整块预制混凝土板，混凝土强度等级不应小于C20；楼板四周除门洞外，应做混凝土翻边，其高度不应小于120mm。施工结构层标高和预留孔洞位置应准确，严禁乱凿洞。观察和尺量检查。

3. 水泥类防水隔离层的防水性能和强度等级必须符合设计要求。观察检查和检查检测报告。

4. 防水隔离层严禁渗漏，坡向应正确、排水通畅。观察检查和蓄水、泼水检验或坡度尺检查。

一般项目：

1. 隔离层厚度应符合设计要求。观察检查和尺量检查。

2. 隔离层与其下一层粘结牢固，不得有空鼓。用小锤轻击检查。

3. 防水涂层应平整、均匀，无脱皮、起壳、裂缝、鼓泡等缺陷。观察检查。

4. 隔离层表面的允许偏差，应按本规范表4.1.5中的检验方法检验。

2-4-2-11 填充层

填充层是在隔离层(或找平层)上增设的附加构造层，以满足建筑地面工程上起保温、隔声等作用，并为有暗敷设管线、排水坡度等使用要求而铺设的。其附加构造层仍属于基层部分。

1. 填充层应采用松散、板块、整体保温材料或隔声材料等铺设而成。填充层材料应按设计要求选用，其材料的密度和导热系数、强度等级(或配合比)等应符合设计要求，并符合国家有关产品标准的规定。

2. 填充层材料自重不应大于9kN/m^3，其厚度应按设计要求。

3. 松散材料可采用膨胀蛭石、膨胀珍珠岩、炉渣、水渣等铺设。膨胀蛭石粒径一般为3～5mm；膨胀珍珠岩粒径小于0.15mm的含量不大于8%；炉渣应经筛选，炉渣和水渣的粒径一般应控制在5～40mm，其中不应含有有机杂物、石块、土块、在炉渣块和未燃尽的煤块。

4. 板块材料可采用泡沫料板、膨胀蛭石板、膨胀珍珠岩板、加气混凝土板、泡沫混凝土板、矿物棉板等铺设，其质量要求，应符合国家现行产品标准的规定。

5. 整体材料可采用沥青膨胀蛭石、沥青膨胀珍珠岩、水泥膨胀蛭石、水泥膨胀珍珠岩和轻骨料混凝土等拌合料铺设。

沥青性能应符合有关沥青标准的规定；水泥强度等级不应小于32.5；膨胀蛭石和膨胀珍珠岩应符合松散材料的粒径规定；轻骨料应符合现行国家标准《粉煤灰陶粒和陶砂》(GB 2838—81)、《黏土陶粒和陶砂》(GB 2839—81)、《页岩陶粒和陶砂》(GB 2840—81)和《天然轻骨料》(GB 2841—81)的规定。

6. 铺设填充层的下一层表面应平整、洁净、干燥。当为水泥类时，其表面不得有空鼓、裂缝和起砂等施工质量缺陷。认真做好基层面的清理工作。

7. 采用松散材料铺设填充层时，应分层铺平拍实，每层虚铺厚度不宜大于150mm。压实程度与厚度须经试验确定，铺设后填充层应密实。

8. 采用板块状材料铺设填充层时，应分层上下板块材料错缝铺贴平，每一层应用同一厚度的板块材料，铺设应铺平垫稳、贴严压实、相互粘牢，防止板块翘曲。

9. 采用整体材料铺设填充层时，应分层拍(压)实，厚度应符合设计要求，表面应平整。

10. 填充层施工质量检验尚应符合现行国家标准《屋面工程质量验收规范》(GB 50207—2002)的有关规定。

11. 基层铺设的填充层分项工程的质量检验，应按下列规定进行：

(1) 填充层检验批的划分和抽查数量以及验收组织和质量检验基本上按本手册 2-4-2-2 基土第 11 条要求执行；

(2)“填充层检验批质量验收记录表”的制定应符合国标《建筑地面工程施工质量验收规范》(GB 50209—2002)的规定；

(3) 填充层分别采用松散、板块或整体保温材料铺设填充层时，应在“填充层检验批质量验收记录表”表头分别加注，以资识别，并应按品种的填充层加以填写。

填充层检验批质量验收记录表(GB 50209—2002)

(Ⅹ)　　030101□□

单位(子单位)工程名称							
分部(子分部)工程名称						验收部位	
施工单位						项目经理	
分包单位						分包项目经理	
施工执行标准名称及编号							
施工质量验收规范的规定						施工单位检查评定记录	监理(建设)单位验收记录
主控项目	1	材料质量			设计要求		
	2	配合比			设计要求		
一般项目	1	填充层铺设			第 4.11.7 条		
	2	表面允许偏差	表面平整度	板　块	5mm		
				松散(材料)	7mm		
	3		标　高		±4mm		
	4		坡　度		2/1000，且≯30mm		
	5		厚　度		个别地方<1/10		
施工单位检查评定结果	专业工长(施工员)					施工班组长	
	项目专业质量检查员：　年　月　日						
监理(建设)单位验收结论	专业监理工程师： (建设单位项目专业技术负责人)：　年　月　日						

注：同基土层检验批质量验收记录表注 1。

说 明

（Ⅹ）

030101

主控项目：

1. 填充层的材料质量，符合设计要求和产品标准。观察检查和检查材质合格证明文件及检测报告。

2. 填充层的配合比，符合设计要求。观察检查和检查配合比单。

一般项目：

1. 松散材料填充层铺设应密实；板块状材料填充层应压实、无翘曲。观察检查。

2. 填充层表面的允许偏差，应按本规范表 4.1.5 中的检验方法检验。

2-5 整体面层铺设

2-5-1 规范版本

5.1 一 般 规 定

5.1.1 本章适用于水泥混凝土(含细石混凝土)面层、水泥砂浆面层、水磨石面层、水泥钢(铁)屑面层、防油渗面层和不发火(防爆的)面层等面层分项工程的施工质量检验。

5.1.2 铺设整体面层时，其水泥类基层的抗压强度不得小于 1.2MPa；表面应粗糙、洁净、湿润并不得有积水。铺设前宜涂刷界面处理剂。

5.1.3 铺设整体面层，应符合设计要求和本规范第 3.0.13 条的规定。

5.1.4 整体面层施工后，养护时间不应少于 7d；抗压强度应达到 5MPa 后，方准上人行走；抗压强度应达到设计要求后，方可正常使用。

5.1.5 当采用掺有水泥拌和料做踢脚线时，不得用石灰砂浆打底。

5.1.6 整体面层的抹平工作应在水泥初凝前完成，压光工作应在水泥终凝前完成。

5.1.7 整体面层的允许偏差应符合表 5.1.7 的规定。

整体面层的允许偏差和检验方法(mm) **表 5.1.7**

项次	项目	允许偏差						检验方法
		水泥混凝土面层	水泥砂浆面层	普遍水磨石面层	高级水磨石面层	水泥钢(铁)屑面层	防油渗混凝土和不发火(防爆的)面层	
1	表面平整度	5	4	3	2	4	5	用 2m 靠尺和楔形塞尺检查
2	踢脚线上口平直	4	4	3	3	4	4	拉 5m 线和用钢尺检查
3	缝格平直	3	3	3	2	3	3	

5.2 水泥混凝土面层

5.2.1 水泥混凝土面层厚度应符合设计要求。

5.2.2 水泥混凝土面层铺设不得留施工缝。当施工间隙超过允许时间规定时，应对接槎处进行处理。

Ⅰ 主 控 项 目

5.2.3 水泥混凝土采用的粗骨料，其最大粒径不应大于面层厚度的2/3，细石混凝土面层采用的石子粒径不应大于15mm。

检验方法：观察检查和检查材质合格证明文件及检测报告。

5.2.4 面层的强度等级应符合设计要求，且水泥混凝土面层强度等级不应小于C20；水泥混凝土垫层兼面层强度等级不应小于C15。

检验方法：检查配合比通知单及检测报告。

5.2.5 面层与下一层应结合牢固，无空鼓、裂纹。

检验方法：用小锤轻击检查。

注：空鼓面积不应大于400cm^2，且每自然间(标准间)不多于2处可不计。

Ⅱ 一 般 项 目

5.2.6 面层表面不应有裂纹、脱皮、麻面、起砂等缺陷。

检验方法：观察检查。

5.2.7 面层表面的坡度应符合设计要求，不得有倒泛水和积水现象。

检验方法：观察和采用泼水或用坡度尺检查。

5.2.8 水泥砂浆踢脚线与墙面应紧密结合，高度一致，出墙厚度均匀。

检验方法：用小锤轻击、钢尺和观察检查。

注：局部空鼓长度不应大于300mm，且每自然间(标准间)不多于2处可不计。

5.2.9 楼梯踏步的宽度、高度应符合设计要求。楼层梯段相邻踏步高度差不应大于10mm，每踏步两端宽度差不应大于10mm；旋转楼梯梯段的每踏步两端宽度的允许偏差为5mm。楼梯踏步的齿角应整齐，防滑条应顺直。

检验方法：观察和钢尺检查。

5.2.10 水泥混凝土面层的允许偏差应符合本规范表5.1.7的规定。

检验方法：应按本规范表5.1.7中的检验方法检验。

5.3 水 泥 砂 浆 面 层

5.3.1 水泥砂浆面层的厚度应符合设计要求，且不应小于20mm。

Ⅰ 主 控 项 目

5.3.2 水泥采用硅酸盐水泥、普通硅酸盐水泥，其强度等级不应小于32.5，不同品种、不同强度等级的水泥严禁混用；砂应为中粗砂，当采用石屑时，其粒径应为1～5mm，且含泥量不应大于3%。

检验方法：观察检查和检查材质合格证明文件及检测报告。

5.3.3 水泥砂浆面层的体积比(强度等级)必须符合设计要求；且体积比应为1∶2，

强度等级不应小于 M15。

检验方法：检查配合比通知单和检测报告。

5.3.4 面层与下一层应结合牢固，无空鼓、裂纹。

检验方法：用小锤轻击检查。

注：空鼓面积不应大于 $400cm^2$，且每自然间(标准间)不多于 2 处可不计。

Ⅱ 一 般 项 目

5.3.5 面层表面的坡度应符合设计要求，不得有倒泛水和积水现象。

检验方法：观察和采用泼水或坡度尺检查。

5.3.6 面层表面应洁净，无裂纹、脱皮、麻面、起砂等缺陷。

检验方法：观察检查。

5.3.7 踢脚线与墙面应紧密结合，高度一致，出墙厚度均匀。

检验方法：用小锤轻击、钢尺和观察检查。

注：局部空鼓长度不应大于 300mm，且每自然间(标准间)不多于 2 处可不计。

5.3.8 楼梯踏步的宽度、高度应符合设计要求。楼层梯段相邻踏步高度差不应大于 10mm，每踏步两端宽度差不应大于 10mm；旋转楼梯梯段的每踏步两端宽度的允许偏差为 5mm。楼梯踏步的齿角应整齐，防滑条应顺直。

检验方法：观察和钢尺检查。

5.3.9 水泥砂浆面层的允许偏差应符合本规范表 5.1.7 的规定。

检验方法：应按本规范表 5.1.7 中的检验方法检验。

5.4 水磨石面层

5.4.1 水磨石面层应采用水泥与石粒的拌和料铺设。面层厚度除有特殊要求外，宜为 12～18mm，且按石粒粒径确定。水磨石面层的颜色和图案应符合设计要求。

5.4.2 白色或浅色的水磨石面层，应采用白水泥；深色的水磨石面层，宜采用硅酸盐水泥、普通硅酸盐水泥或矿渣硅酸盐水泥；同颜色的面层应使用同一批水泥。同一彩色面层应使用同厂、同批的颜料；其掺入量宜为水泥重量的 3%～6%或由试验确定。

5.4.3 水磨石面层的结合层的水泥砂浆体积比宜为 1∶3，相应的强度等级不应小于 M10，水泥砂浆稠度(以标准圆锥体沉入度计)宜为 30～35mm。

5.4.4 普通水磨石面层磨光遍数不应少于 3 遍。高级水磨石面层的厚度和磨光遍数由设计确定。

5.4.5 在水磨石面层磨光后，涂草酸和上蜡前，其表面不得污染。

Ⅰ 主 控 项 目

5.4.6 水磨石面层的石粒，应采用坚硬可磨白云石、大理石等岩石加工而成，石粒应洁净无杂物，其粒径除特殊要求外应为 6～15mm；水泥强度等级不应小于 32.5；颜料应采用耐光、耐碱的矿物原料，不得使用酸性颜料。

检验方法：观察检查和检查材质合格证明文件。

5.4.7 水磨石面层拌和料的体积比应符合设计要求，且为 1∶1.5～1∶2.5(水泥∶石粒)。

检验方法：检查配合比通知单和检测报告。

5.4.8 面层与下一层结合应牢固，无空鼓、裂纹。

检验方法：用小锤轻击检查。

注：空鼓面积不应大于 $400cm^2$，且每自然间(标准间)不多于 2 处可不计。

Ⅱ 一 般 项 目

5.4.9 面层表面应光滑；无明显裂纹、砂眼和磨纹；石粒密实，显露均匀；颜色图案一致，不混色；分格条牢固、顺直和清晰。

检验方法：观察检查。

5.4.10 踢脚线与墙面应紧密结合，高度一致，出墙厚度均匀。

检验方法：用小锤轻击、钢尺和观察检查。

注：局部空鼓长度不大于 300mm，且每自然间(标准间)不多于 2 处可不计。

5.4.11 楼梯踏步的宽度、高度应符合设计要求。楼层楼段相邻踏步高度差不应大于 10mm，每踏步两端宽度差不应大于 10mm，旋转楼梯梯段的每踏步两端宽度的允许偏差为 5mm。楼梯踏步的齿角应整齐，防滑条应顺直。

检验方法：观察和钢尺检查。

5.4.12 水磨石面层的允许偏差应符合本规范表 5.1.7 的规定。

检验方法：应按本规范表 5.1.7 中的检验方法检验。

5.5 水泥钢(铁)屑面层

5.5.1 水泥钢(铁)屑面层应采用水泥与钢(铁)屑的拌和料铺设。

5.5.2 水泥钢(铁)屑面层配合比应通过试验确定。当采用振动法使水泥钢(铁)屑拌和料密实时，其密度不应小于 $2000kg/m^3$，其稠度不应大于 10mm。

5.5.3 水泥钢(铁)屑面层铺设时应先铺一层厚 20mm 的水泥砂浆结合层，面层的铺设应在结合层的水泥初凝前完成。

Ⅰ 主 控 项 目

5.5.4 水泥强度等级不应小于 32.5；钢(铁)屑的粒径应为 1～5mm；钢(铁)屑中不应有其他杂质，使用前应去油除锈，冲洗干净并干燥。

检验方法：观察检查和检查材质合格证明文件及检测报告。

5.5.5 面层和结合层的强度等级必须符合设计要求，且面层抗压强度不应小于 40MPa；结合层体积比为 1∶2(相应的强度等级不应小于 M15)。

检验方法：检查配合比通知单和检测报告。

5.5.6 面层与下一层结合必须牢固，无空鼓。

检验方法：用小锤轻击检查。

Ⅱ 一 般 项 目

5.5.7 面层表面坡度应符合设计要求。

检验方法：用坡度尺检查。

5.5.8 面层表面不应有裂纹、脱皮、麻面等缺陷。

检验方法：观察检查。

5.5.9 踢脚线与墙面应结合牢固，高度一致，出墙厚度均匀。

检验方法：用小锤轻击、钢尺和观察检查。

5.5.10 水泥钢(铁)屑面层的允许偏差应符合本规范表5.1.7的规定。

检验方法：应按本规范表5.1.7中的检验方法检验。

5.6 防油渗面层

5.6.1 防油渗面层应采用防油渗混凝土铺设或采用防油渗涂料涂刷。

5.6.2 防油渗面层设置防油渗隔离层(包括与墙、柱连接处的构造)时，应符合设计要求。

5.6.3 防油渗混凝土面层厚度应符合设计要求，防油渗混凝土的配合比应按设计要求的强度等级和抗渗性能通过试验确定。

5.6.4 防油渗混凝土面层应按厂房柱网分区段浇筑，区段划分及分区段缝应符合设计要求。

5.6.5 防油渗混凝土面层内不得敷设管线。凡露出面层的电线管、接线盒、预埋套管和地脚螺栓等的处理，以及与墙、柱、变形缝、孔洞等连接处泛水均应符合设计要求。

5.6.6 防油渗面层采用防油渗涂料时，材料应按设计要求选用，涂层厚度宜为5～7mm。

Ⅰ 主控项目

5.6.7 防油渗混凝土所用的水泥应采用普通硅酸盐水泥，其强度等级应不小于32.5；碎石应采用花岗石或石英石，严禁使用松散多孔和吸水率大的石子，粒径为5～15mm，其最大粒径不应大于20mm，含泥量不应大于1%；砂应为中砂，洁净无杂物，其细度模数应为2.3～2.6；掺入的外加剂和防油渗剂应符合产品质量标准。防油渗涂料应具有耐油、耐磨、耐火和粘结性能。

检验方法：观察检查和检查材质合格证明文件及检测报告。

5.6.8 防油渗混凝土的强度等级和抗渗性能必须符合设计要求，且强度等级不应小于C30；防油渗涂料抗拉粘结强度不应小于0.3MPa。

检验方法：检查配合比通知单和检测报告。

5.6.9 防油渗混凝土面层与下一层应结合牢固、无空鼓。

检验方法：用小锤轻击检查。

5.6.10 防油渗涂料面层与基层应粘结牢固，严禁有起皮、开裂、漏涂等缺陷。

检验方法：观察检查。

Ⅱ 一般项目

5.6.11 防油渗面层表面坡度应符合设计要求，不得有倒泛水和积水现象。

检验方法：观察和泼水或用坡度尺检查。

5.6.12 防油渗混凝土面层表面不应有裂纹、脱皮、麻面和起砂现象。

检验方法：观察检查。

5.6.13 踢脚线与墙面应紧密结合、高度一致，出墙厚度均匀。

检验方法：用小锤轻击、钢尺和观察检查。

5.6.14　防油渗面层的允许偏差应符合本规范表 5.1.7 的规定。

检验方法：应按本规范表 5.1.7 中的检验方法检验。

5.7　不发火(防爆的)面层

5.7.1　不发火(防爆的)面层应采用水泥类的拌和料铺设，其厚度并应符合设计要求。

5.7.2　不发火(防爆的)各类面层的铺设，应符合本章相应面层的规定。

5.7.3　不发火(防爆的)面层采用石料和硬化后的试件，应在金刚砂轮上做摩擦试验。试验时应符合本规范附录 A 的规定。

Ⅰ　主　控　项　目

5.7.4　不发火(防爆的)面层采用的碎石应选用大理石、白云石或其他石料加工而成，并以金属或石料撞击时不发生火花为合格；砂应质地坚硬、表面粗糙，其粒径宜为 0.15～5mm，含泥量不应大于 3%，有机物含量不应大于 0.5%；水泥应采用普通硅酸盐水泥，其强度等级不应小于 32.5；面层分格的嵌条应采用不发生火花的材料配制。配制时应随时检查，不得混入金属或其他易发生火花的杂质。

检验方法：观察检查和检查材质合格证明文件及检测报告。

5.7.5　不发火(防爆的)面层的强度等级应符合设计要求。

检验方法：检查配合比通知单和检测报告。

5.7.6　面层与下一层应结合牢固，无空鼓、无裂纹。

检验方法：用小锤轻击检查。

注：空鼓面积不应大于 $400cm^2$，且每自然间(标准间)不多于 2 处可不计。

5.7.7　不发火(防爆的)面层的试件，必须检验合格。

检验方法：检查检测报告。

Ⅱ　一　般　项　目

5.7.8　面层表面应密实，无裂缝、蜂窝、麻面等缺陷。

检验方法：观察检查。

5.7.9　踢脚线与墙面应紧密结合、高度一致、出墙厚度均匀。

检验方法：用小锤轻击、钢尺和观察检查。

5.7.10　不发火(防爆的)面层的允许偏差应符合本规范表 5.1.7 的规定。

检验方法：应按本规范表 5.1.7 中的检验方法检验。

2-5-2　应用指南

国家标准《建筑地面工程施工质量验收规范》(GB 50209—2002)第五章整体面层铺设是建筑地面工程验收中四个重要部位之一。这一章内容主要列出了属于建筑地面工程构成两大基本构造层之一的基层(包括各构造层)上面层的三大类型即整体面层(现浇面层)的施工质量检验标准的有关规定及其过程控制的条文，也是本专业工程一个极其重要的组成部分。本章设置按一般规定以及水泥混凝土面层、水泥砂浆面层、水磨石面层、水泥钢

(铁)屑面层、防油渗面层、不发火(防爆的)面层等7节。

2-5-2-1 一般规定

本节一般规定中列出了适用整体面层的各分项工程进行施工质量检验的范围和质量标准、允许偏差以及整体面层共性方面的规定，以保证面层(整体类型的面层)铺设的施工质量的验收。

1. 整体面层铺设适用于水泥混凝土(含细石混凝土)面层、水泥砂浆面层、水磨石面层、水泥钢(铁)屑面层、防油渗面层和不发火(防爆的)面层等面层分项工程的施工质量检验。

2. 在掺有水泥的拌合料的基层上铺设水泥类整体面层时，其基层的表面应洁净、粗糙，并应湿润，但不得有积水现象；当在预制钢筋混凝土板上铺设时，应在已压光的板面上涂刷界面处理剂或划毛(或凿毛)，以保证上下层之间连接牢固，防止出现空鼓现象。

3. 铺设整体面层时，其下一层为水泥类基层的抗压强度不得小于1.2MPa。与此同时，在铺设整体面层前还应涂刷一遍水泥浆，其水灰比宜为0.4～0.5，并应随刷随铺，以达到上下层之间连接好。

4. 铺设整体面层，其底层地面的变形缝设置应符合设计要求，并应按本手册2-3-2-2技术规定第5条中(6)的规定执行。

5. 整体面层铺设后，表面应覆盖湿润，在常温下养护时间不应小于7d。

6. 整体面层铺设后，其面层的抗压强度达到不小于5MPa时，方准在上面行走；面层的抗压强度达到设计要求后，方可正常使用。

7. 踢脚线施工时，除应按整体面层中同类面层的规定采用外，尚应按下列要求进行：

(1) 采用掺有水泥的拌合料做踢脚线时，严禁采用石灰砂浆打底，防止粉刷不牢，发生脱落现象；

(2) 踢脚线宜在面层基本完成后及墙面最后一遍抹灰(或刷涂料)前完成。如墙面采用机械喷涂抹灰，则应先做踢脚线。

8. 铺设整体面层，应按设计要求和施工质量验收规范设置分格缝或分格条。设置的分格缝，其面层的一部分分格缝应与基层(水泥混凝土垫层)的缩缝(或伸缩缝)相应对齐；水磨石面层与水泥混凝土垫层对齐的分格缝宜放置双根分格条，更有利于上下层在同一设置的缝收缩(或伸胀)，防止出现不规则的裂缝影响使用和装饰效果。

9. 室内水泥类整体面层与邻接的(或走廊邻接的)门扇处应设置分格缝；大开间楼层(包括底层地面架空)的水泥类整体面层在梁、墙支承的位置亦应设置分格缝，如不设置分格缝时，应按本手册2-4-2-9找平层中第10条要求采用。

10. 整体面层铺设后，应重视面层的施工工艺操作规程，其抹平工作应在水泥初凝前完成，压光工作应在水泥终凝前完成，以免面层完工后表面出现脱皮、麻面、起砂等施工质量缺陷。

11. 楼梯踏步的高度、宽度应符合设计要求。其楼梯踏步的高度，应以楼梯间结构层的标高结合楼梯上、下级踏步与平台、走道连接处面层铺设(各类型面层)的做法，进行划分。铺设后每级踏步的高度与上一级踏步或下一级踏步的高度差(或与平台、走道面层的高度差)不应大于10mm。当超高或降低时，不仅是施工质量的永远缺陷，更重要的是造成严重的后果，影响使用功能。

12. 整体面层铺设的表面应平整、踢脚线上口应平直、缝格(线、条)应平直，其允许偏差应符合施工质量验收规范中表 5.1.7 的规定。

13. 整体面层铺设应在施工工艺过程中进行施工质量控制。其过程控制可参见整体面层分项工程施工工艺流程示意图(图 2-5-1)。

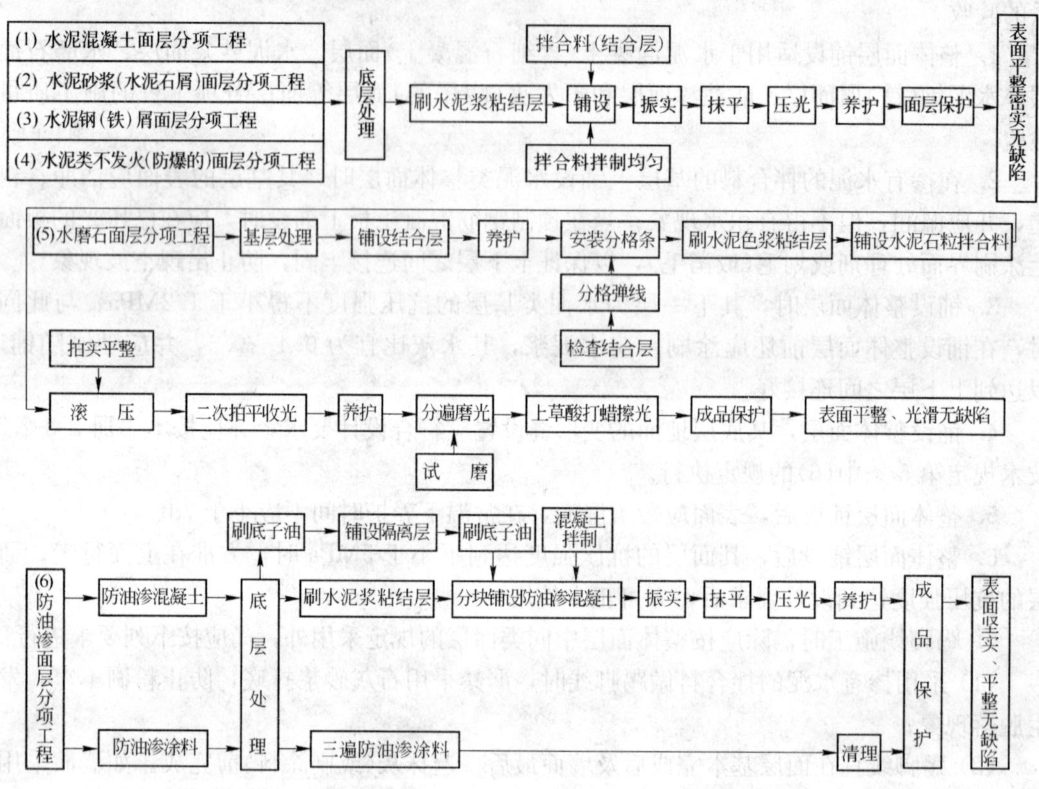

图 2-5-1　整体面层分项工程施工工艺流程示意图(1)～(6)

2-5-2-2　水泥混凝土面层

水泥混凝土面层在房屋建筑物(包括构筑物)的建筑地面工程中应用较广泛、面积也是较大的。主要为承受较大的机械磨损和冲击作用强的工业厂房和一般辅助生产车间、仓库及非生产用房以及办公室、普通教室、集体宿舍等民用、公共建筑。

1. 水泥混凝土面层是采用粗细骨料(碎石或卵石和砂)以水泥材料作胶结料，加水按一定的配合比，经拌制而成的水泥混凝土拌合料铺设在面层下的基层(各构造层)面上而成。

2. 水泥混凝土面层的混凝土强度等级应符合设计要求，但其混凝土强度等级不应小于 C 20；水泥混凝土垫层兼面层时，其混凝土强度等级不应小于 C15。

3. 在民用建筑中，因建筑地面工程面层厚度较薄，其面层多采用细石混凝土拌制铺设为细石混凝土面层。

4. 水泥混凝土(包括细石混凝土)面层的厚度为 30～40mm，或按设计要求；水泥混凝土垫层兼面层的厚度按设计的垫层确定，但不应小于 60mm。

5. 水泥采用硅酸盐水泥、普通硅酸盐水泥或矿渣硅酸盐水泥等，其强度等级不应小于 32.5，严禁使用过期水泥或安全性不合格的水泥。

粗骨料采用碎石或卵石，级配应适当，其最大粒径不应大于面层厚度的 2/3。当采用细石混凝土面层时，石子粒径不应大于 15mm。含泥量不应大于 2%。

细骨料应采用粗砂或中粗砂，其含泥量不应大于 3%。

6. 铺设水泥混凝土面层下基层(各构造层)表面应坚固密实、平整、洁净，不允许有凸凹不平和起砂等现象，表面尚应粗糙。水泥混凝土拌合料铺设前，基层(各构造层)表面应保持有一定的湿润，但不得有积水，以利基层与面层结合牢固，防止空鼓。

7. 铺设时，在基层(各构造层)表面涂水泥浆一遍，水灰比宜为 0.4～0.5，并随涂随铺，刮平找平。

8. 水泥混凝土的施工、质量检查与验收等尚应符合现行国家标准《混凝土结构工程施工质量验收规范》(GB 50204—2002)中有关规定。

9. 水泥混凝土面层按自然(标准)间、或按轴线划分的地区、地段的混凝土拌合料应连续浇筑，不应留置施工缝。当停歇时间超过允许规定时，应做好接缝处的处理，不应显示明显接槎。

10. 水泥混凝土铺设后，必须做好面层的抹平和压光工作。

在抹平压光过程中，确因水灰比控制不严，用水量较大出现表面泌水，或需抢时间完成难以抹光时，宜采用干拌合均匀的水泥和砂，一般用 1∶2.5～1∶2 水泥∶砂的体积比，均匀撒布在面层上，待被水吸收后即可抹平压光，可防止面层完工后出现起砂、起灰、脱皮、麻面和裂纹等施工质量等缺陷。

11. 铺设水泥混凝土垫层兼面层时，水泥混凝土拌合料可采取随捣随抹的施工方法，这样做一次性完成面层不仅能节约水泥用量，而且可提高施工质量，加快速度，防止面层可能出现的起皮、空鼓等施工质量缺陷。

12. 水泥混凝土面层铺设完成后，应重视养护工作，使其在湿润条件下硬化，混凝土强度等级符合设计要求，还可避免因养护不当表面出现龟裂或裂纹、裂缝等施工质量缺陷。

养护亦可采用分间(分块)蓄水养护方法。

13. 有防水要求的建筑地面工程，其水泥混凝土面层的坡度、坡向应按设计要求进行施工，经泼水或用坡度尺检验，不得有倒泛水和局部积水现象。

14. 对楼梯踏步的宽度，检验时应以每级踏步两端宽度对比，以不大于 10mm 为合格；如为旋转楼梯时，其每级踏步两端宽度不应采用以对比方式，检验时以按设计要求在允许偏差为 5mm 为合格。

15. 检验水泥混凝土面层有局部空鼓时，考虑当前施工企业的实际技术水平，又不致影响使用功能的情况下，在发现空鼓面积不大于 $400cm^2$ 而不裂缝，且每一检查范围(自然间或标准间)内不多于 2 处，仍认为合格。

16. 整体面层铺设的水泥混凝土(包括细石混凝土)面层分项工程的质量检验，应按下列规定进行：

(1) 水泥混凝土面层检验批的划分和抽查数量以及验收组织和质量检验基本上按本手册 2-4-2-2 基土第 11 条要求执行。

(2)"水泥混凝土面层检验批质量验收记录表"的制定应符合国标《建筑地面工程施

工质量验收规范》（GB 50209—2002）的规定。

（3）水泥混凝土面层如采用细石混凝土铺设时，应在“水泥混凝土面层检验批质量验收记录表”表头加注，以资识别，并应分别填写。

水泥混凝土面层检验批质量验收记录表

（GB 50209—2002）　　030102□□

<table>
<tr><td colspan="7">单位（子单位）工程名称</td></tr>
<tr><td colspan="5">分部（子分部）工程名称</td><td colspan="2">验收部位</td></tr>
<tr><td colspan="5">施工单位</td><td colspan="2">项目经理</td></tr>
<tr><td colspan="5">分包单位</td><td colspan="2">分包项目经理</td></tr>
<tr><td colspan="7">施工执行标准名称及编号</td></tr>
<tr><td colspan="5">施工质量验收规范的规定</td><td>施工单位检查评定记录</td><td>监理（建设）单位验收记录</td></tr>
<tr><td rowspan="3">主控项目</td><td>1</td><td colspan="2">骨料粒径</td><td>第5.2.3条</td><td></td><td rowspan="3"></td></tr>
<tr><td>2</td><td colspan="2">面层强度等级</td><td>设计要求</td><td></td></tr>
<tr><td>3</td><td colspan="2">面层与下一层结合</td><td>第5.2.5条</td><td></td></tr>
<tr><td rowspan="8">一般项目</td><td>1</td><td colspan="2">表面质量</td><td>第5.2.6条</td><td></td><td rowspan="8"></td></tr>
<tr><td>2</td><td colspan="2">表面坡度</td><td>设计要求</td><td></td></tr>
<tr><td>3</td><td colspan="2">踢脚线与墙面结合</td><td>第5.2.8条</td><td></td></tr>
<tr><td>4</td><td colspan="2">楼梯踏步</td><td>第5.2.9条</td><td></td></tr>
<tr><td>5</td><td rowspan="4">表面允许偏差</td><td>表面平整度</td><td>5mm</td><td></td></tr>
<tr><td>6</td><td>踢脚线下口平直</td><td>4mm</td><td></td></tr>
<tr><td>7</td><td>缝格平直</td><td>3mm</td><td></td></tr>
<tr><td>8</td><td>旋转楼梯踏步两端宽度按设计要求</td><td>5mm</td><td></td></tr>
<tr><td colspan="3" rowspan="2">施工单位检查评定结果</td><td colspan="2">专业工长（施工员）</td><td colspan="2">施工班组长</td></tr>
<tr><td colspan="4">项目专业质量检查员：　　年　月　日</td></tr>
<tr><td colspan="3">监理（建设）单位验收结论</td><td colspan="4">专业监理工程师：
（建设单位项目专业技术负责人）：　　年　月　日</td></tr>
</table>

注：同基土层检验批质量验收记录表注1。

说　明

030102

主控项目：

1. 水泥混凝土采用的粗骨料，其最大粒径不应大于面层厚度的2/3，细石混凝土面层采用的石子粒径不应大于15mm。观察检查和检查产品合格证明文件及检测报告。

2. 面层的强度等级应符合设计要求，且水泥混凝土面层强度等级不应小于C20；水泥混凝土垫层兼面层强度等级不应小于C15。检查配合比通知单及检测报告。

3. 面层与下一层应结合牢固，无空鼓、裂纹。用小锤轻击检查。

注：空鼓面积不应大于 400cm^2，且每自然间(标准间)不多于 2 处可不计。

一般项目：

1. 面层表面不应有裂纹、脱皮、麻面、起砂等缺陷。观察检查。

2. 面层表面的坡度，符合设计要求，不得有倒泛水和积水现象。观察和采用泼水或用坡度尺检查。

3. 水泥砂浆踢脚线与墙面应紧密结合，高度一致，出墙厚度均匀。用小锤轻击、尺量检查和观察检查。

注：局部空鼓长度不应大于 300mm，且每自然间(标准间)不多于 2 处可不计。

4. 楼梯踏步的宽度、高度应符合设计要求。楼层梯段相邻踏步高度不应大于 10mm，每踏步两端宽度差不应大于 10mm；旋转楼梯梯段的每踏步两端宽度的允许偏差为 5mm。楼梯踏步的齿角应整齐，防滑条应顺直。观察和尺量检查。

5. 水泥混凝土面层的允许偏差，按本规范表 5.1.7 中的检验方法检验。旋转楼梯梯段的每踏步两端宽度允许偏差观察和钢尺检查。

2-5-2-3 水泥砂浆面层

水泥砂浆面层在房屋建筑物(包括构筑物)中是采用最广泛的一种建筑地面工程的类型。

水泥石屑面层主要是以石屑代替砂，目前已在不少地区使用，特别是缺砂的地区，可以充分利用开山采石的副产品即石屑，这不仅可就地取材，价格低廉，降低工程造价(成本)，获得经济效益，而且由于质量较好，表面光滑，也不会起砂，故适用于有一定清洁要求的建筑地面(地段)工程。

1. 水泥砂浆面层是用细骨料(砂)，以水泥材料作胶结料加水按一定的配合比，经拌制成水泥砂浆拌合料铺设在水泥混凝土垫层、水泥混凝土找平层或钢筋混凝土板等基层上而成。

水泥石屑面层是用石屑，以水泥材料作胶结料加水按一定的配合比，经拌制成水泥石屑拌合料铺设而成。

2. 水泥砂浆的强度等级不应小于 M15；如采用体积配合比宜为 1∶2.5～1∶2(水泥∶砂)。

水泥石屑的体积比一般采用 1∶2(水泥∶石屑)。

3. 水泥砂浆(水泥石屑)面层厚度不应小于 20mm。

4. 水泥砂浆面层有单层和双层两种方法铺设，或按设计要求。单层铺设，其厚度为 20mm，采用体积配合比宜为 1∶2(水泥∶砂)；双层铺设，下层厚度为 12mm，采用体积配合比宜为 1∶2.5(水泥∶砂)，上层的厚度为 13mm，采用体积配合比宜为 1∶1.5(水泥∶砂)。

5. 水泥宜采用硅酸盐水泥、普通硅酸盐水泥，其强度等级不低于 32.5，严禁混用不同品种、不同强度等级的水泥以及过期水泥和安定性不合格的水泥。

砂应采用中砂或中粗砂，含泥量不应大于 3%。

石屑粒径宜为 3～5mm，其含粉量(含泥量)不应大于 3%。过多的含粉量，对提高面层的质量是极不利的，因含粉量过多，比表面积也增大，需水量也随着增多，而水灰比大，强度必然降低，且还容易引起面层起灰、裂纹等施工质量缺陷。如含泥、含粉量超过要求，应采取筛、淘等方法处理。

6. 铺设水泥砂浆面层下的基层表面应密实、平整，不允许有凸凹不平和起砂现象。铺设前，应使基层表面保持湿润，以利面层与基层结合牢固。

7. 水泥砂浆拌合料铺设时，应在基层表面涂刷一层水泥浆作粘结层，其水灰比为0.4～0.5，涂刷要均匀，随刷、随铺设，防止起壳空鼓。

8. 铺设水泥砂浆后，即进行振实，并做好面层的抹平和压光工作，但必须掌握好水泥砂浆在水泥初凝前完成抹平、水泥终凝前完成压光。当水泥砂浆抹压时，其干湿度不适宜应采取措施，如表面稍干，宜淋水予以压光；如确因水灰比稍大，表面难以收水，可撒干拌的水泥和砂进行压光，其体积配合比为1∶1(水泥∶砂)，砂需过3mm筛，撒布时应均匀。严禁在表面撒干水泥压光。

9. 水泥砂浆面层铺设压光后24h，应开始养护工作。养护要适时，浇水过早面层易起皮；浇水过晚又不加湿润材料覆盖，面层易造成起砂和裂纹(或裂缝)等施工质量缺陷。

10. 水泥砂浆面层如遇管线等暗埋出现局部面层厚度减薄处在10mm或以下时，必须采取防止开裂的技术措施。一般可沿管线走向放置钢筋网片，或按设计要求经检验合格后方可铺设面层。

11. 当面层需分格时，即做成假缝。分格缝要求平直，深浅一致。大面积水泥砂浆面层，其分格缝的一部分位置应与水泥混凝土垫层的缩缝相应对齐。

12. 有防水要求的建筑地面工程，其水泥砂浆面层的坡度、坡向应按设计要求做好，经泼水或用坡度尺检验，排水应畅通，不得有局部积水和倒泛水现象。

13. 对楼梯踏步的宽度，检验时应以每级踏步两端宽度对比，以不大于10mm为合格；如为公共建筑的旋转楼梯时，其每级踏步两端宽度检验应以按设计要求每端的允许偏差为5mm为合格。

14. 检验水泥砂浆面层与其下一层的结合是否牢固，若出现局部空鼓，如其空鼓面积不大于400cm^{2}而不裂缝，且在一检查范围(自然间或标准间)内不多于2处，仍认为合格。

15. 当水泥砂浆面层采用矿渣硅酸盐拌制时，施工中应采取如下措施：

(1) 严格控制水灰比，水泥砂浆的稠度不应大于3.5mm。尽可能采用干硬性或半干硬性水泥砂浆。

(2) 压光工作不应小于三遍，最后一遍是施工操作关键，对提高面层的光洁度、密实度减少微裂纹具有重要作用。

(3) 由于采用矿渣硅酸盐水泥拌制的水泥砂浆，其早期强度较低，应适当延长养护时间，特别是强调早期养护，以防止出现表面的干缩性裂纹。

16. 水泥石屑面层施工时，应重视面层的压光和养护工作，压光不应小于两遍。

17. 水泥砂浆面层完成后，应注意成品保护工作。防止面层被碰撞和表面受玷污，影响美观和使用。对地漏、出水口等部位应安放临时堵口要保护好，以免灌入杂物，造成堵塞。

18. 水泥砂浆体积配合比的强度等级检验，应按本手册2～6板块面层铺设2-6-1一般规定中水泥砂浆的体积比(相应强度等级)和稠度表进行套用(或直接查对)。

19. 整体面层铺设的水泥砂浆(水泥石屑)面层分项工程的质量检验，应按下列规定进行：

(1) 水泥砂浆(水泥石屑)面层检验批的划分和抽查数量以及验收组织和质量检验基本上按本手册2-4-2-2基土第11条要求执行；

(2)“水泥砂浆面层检验批质量验收记录表”的制定应符合国标《建筑地面工程施工质量验收规范》(GB 50209—2002)的规定；

(3)水泥砂浆面层如采用水泥石屑铺设时，应在“水泥砂浆面层检验批质量验收记录表”表头加注，以资识别，并应分别填写。

水泥砂浆面层检验批质量验收记录表

(GB 50209—2002)

030103□□

单位(子单位)工程名称					
分部(子分部)工程名称				验收部位	
施工单位				项目经理	
分包单位				分包项目经理	
施工执行标准名称及编号					
施工质量验收规范的规定				施工单位检查评定记录	监理(建设)单位验收记录
主控项目	1	材料质量	第5.3.2条		
	2	面层强度等级	设计要求		
	3	面层与下一层结合	第5.3.4条		
一般项目	1	表面坡度	第5.3.5条		
	2	表面质量	第5.3.6条		
	3	踢脚线与墙面结合	第5.3.7条		
	4	楼梯踏步	第5.3.8条		
	5	表面允许偏差：表面平整度	4mm		
	6	表面允许偏差：踢脚线下口平直	4mm		
	7	表面允许偏差：缝格平直	3mm		
	8	表面允许偏差：旋转楼梯踏步两端宽度按设计要求	5mm		
施工单位检查评定结果	专业工长(施工员)			施工班组长	
	项目专业质量检查员： 年 月 日				
监理(建设)单位验收结论	专业监理工程师： (建设单位项目专业技术负责人)： 年 月 日				

注：同基土层检验批质量验收记录表注。

说　明

主控项目：

1. 水泥采用硅酸盐水泥、普通硅酸盐水泥，其强度等级不应小于32.5，不同品种、不同强度等级的水泥严禁混用；砂应为中粗砂，当采用石屑时，其粒径应为1～5mm，且含泥量不应大于3%。观察检查和检查材质合格证明文件及检测报告。

2. 水泥砂浆面层的体积比(强度等级)必须符合设计要求；且体积比应为1∶2，强度等级不应小于M15。检查配合比通知单和检测报告。

3. 面层与下一层应结合牢固，无空鼓、裂纹。用小锤轻击检查。

注：空鼓面积不应大于400cm²，且每自然间(标准间)不多于2处可不计。

一般项目：

1. 面层表面的坡度应符合设计要求，不得有倒泛水和积水现象。观察和采用泼水或坡度尺检查。

2. 面层表面应洁净，无裂纹、脱皮、麻面、起砂等缺陷。观察检查。

3. 踢脚线与墙面应紧密结合，高度一致，出墙厚度均匀。用小锤轻击、钢尺和观察检查。

注：局部空鼓长度不应大于300mm，且每自然间(标准间)不多于2处可不计。

4. 楼梯踏步的宽度、高度应符合设计要求。楼层梯段相邻踏步高度差不应大于10mm，每踏步两端宽度不应大于10mm；旋转楼梯梯段的每踏步两端宽度的允许偏差为5mm。楼梯踏步的齿角应整齐，防滑条应顺直。

5. 水泥砂浆面层的允许偏差，按本规范表5.1.7中的检验方法检验。旋转楼梯梯段的每踏步两端宽度允许偏差，观察和钢尺检查。

2-5-2-4　水磨石面层

水磨石面层是属于较高级的建筑地面工程之一，也是房屋建筑物(包括构筑物)中采用较广泛的楼面与地面面层的类型。其特点是：表面平整光滑、外观美、不起灰，又可按设计和使用要求做成各种彩色图案，装饰效果好、工程造价不高，因此应用范围较广，缺点是湿作业、工期较长、污染墙体等。

水磨石面层适用于有一定防潮(防水)要求用房(地段)和较高防尘、清洁等建筑地面工程，如工业建筑中的一般装配车间、恒温恒湿车间。而在民用建筑和公共建筑中，使用也更广泛，如机场候机楼、宾馆门厅和医院、宿舍走廊、卫生间、饭厅、会议室、办公室等等。

水磨石面层可做成单一本色和各种彩色的面层；根据使用功能要求又分为普通水磨石面和高级水磨石面层。

1. 水磨石面层是用石粒以水泥材料作胶结料经拌制成拌合料，铺设在水泥砂浆结合层(基层上面层的底层)上而成。

2. 水磨石面层厚度(不包括水泥砂浆结合层)除特别要求外，宜为12～18mm，并按选用石粒粒径确定。或按设计要求。

3. 水磨石面层的颜色和图案应符合设计要求。白色或浅色的水磨石面层应采用白水泥；本色或深色的水磨石面层应采用普通水泥。

4. 水泥宜采用强度等级不小于32.5的硅酸盐水泥、普通硅酸盐水泥或矿渣硅酸盐水泥，不得使用粉煤灰硅酸盐水泥。水泥必须有出厂证明或试验资料。同颜色的面层应用同一批水泥。

石粒应采用坚硬可磨的白云石、大理石等岩石加工而成。石粒应有棱角、洁净、无杂物，其粒径除特殊要求外，应为6～15mm，并按设计要求选用粒径级配。

颜料应采用耐光、耐碱的矿物颜料，不得使用酸性颜料。同一彩色面层应使用同厂、同批的颜料，其掺入量宜为水泥重量的3%～6%，或由试验确定。超量的颜料将会降低水磨石面层的强度。

分格条应采用铜条或玻璃条，亦可选用彩色塑料条，铜条必须平直。

5. 水磨石面层的结合层的水泥砂浆体积配合比宜为1∶3，相应的强度等级不应小于M10，水泥砂浆稠度(以标准圆锥体沉入度计)宜为30～35mm。

6. 水磨石面层拌合料的体积配合比采用1∶1.5～1∶2.5(水泥∶石粒)，或按设计要求。

7. 水磨石面层下基层的表面和铺设结合层的表面应平整、密实、毛面，以利于面层与下一层结合牢固，克服空鼓现象。

8. 水磨石面层铺设前，应在水泥砂浆结合层上按设计要求的分格和图案进行弹线分格，但分格间距以1m为宜。其合格的一部分分格位置必须与基层(垫层)和结合层的缩缝相对齐，以适应上下能同步收缩，防止裂缝可能出现。

9. 安放分格嵌条时，应靠直、比齐，并控制上口平直，校对后用水泥浆予以粘结埋牢，其高度应比嵌条上口面低3mm。分格条应上平一致、接头严密，并作为铺设水磨石面层的标志，也是控制建筑地面平整度的标尺。

分格嵌条稳固后，洒水养护3～4d，再铺设水泥石粒拌合料，铺设前，尚应严加保护分格嵌条，以防碰弯、碰坏。

10. 在同一面层上采用几种颜色图案时，应先做深色、后做浅色；先做大面，后做镶边；待前一种水泥石粒拌合料铺平凝结后，再铺后一种水泥石粒拌合料；也不应几种颜色同时铺设，以防窜色，出现面层混色。

11. 在铺设水磨石面层时，应在其下层表面涂刷一遍与面层颜色相同的水泥浆粘结层，水灰比宜为0.4～0.5，亦可在水泥浆内掺加胶粘剂，随刷随铺水泥石粒拌合料。铺设厚度要高出分格条1～2mm，并应铺平、滚压密实。在滚压过程中，如发现表面石粒偏少，可在水泥浆较多处补撒石粒并拍平，增加美观，应使后撒的干石粒全部揉合至水泥浆内，直至面层表面达到抹平、压实，且无蜂洞和明显的坑泡，以达到磨完后面层石粒显露清晰、分布均匀。

12. 铺完面层严禁行走，1d后进行养护，常温下养护5～7d。

13. 水磨石面层应采用磨石机分遍磨光，普通水磨石面层磨光遍数不应少于3遍；高级水磨石面层应增加磨光遍数由设计确定。开磨前应先试磨，以面层石粒不松动方可开磨。

面层表面呈现细小孔隙和凹痕，应用同色水泥浆涂抹；脱落石粒应补齐，养护后再磨，直至表面磨光、平整、无孔隙为度，并不得出现砂眼和磨纹、无明显裂纹。

14. 在水磨石面层磨光后，涂草酸和上蜡前，其表面严禁污染，涂草酸和上蜡工作，应在有影响面层质量的其他工程全部完成后进行。

15. 水磨石面层完工后，应做好成品保护，防止面层碰撞。

16. 整体面层铺设的水磨石面层分项工程的质量检验，应按下列规定进行：

(1) 水磨石面层检验批的划分和抽查数量以及验收组织和质量检验基本上按本手册2-4-2-2基土这一节中第11条要求执行；

(2)“水磨石面层检验批质量验收记录表”的制定应符合国标《建筑地面工程施工质量验收规范》(GB 50209—2002)的规定。

水磨石面层检验批质量验收记录表

(GB 50209—2002)

030104□□

单位(子单位)工程名称						
分部(子分部)工程名称				验收部位		
施工单位				项目经理		
分包单位				分包项目经理		
施工执行标准名称及编号						
施工质量验收规范的规定					施工单位检查评定记录	监理(建设)单位验收记录
主控项目	1	材料质量		第5.4.6条		
	2	面层拌合料体积比(水泥：石粒)		第5.4.7条和第5.4.3条		
	3	面层与下一层结合		牢固，无空鼓、裂纹		
一般项目	1	面层表面质量		第5.4.9条		
	2	踢脚线		第5.4.10条		
	3	楼梯踏步		第5.4.11条		
	4	表面允许偏差 表面平整度	高级水磨石	2mm		
			普通水磨石	3mm		
	5	表面允许偏差 踢脚线上口平直		3mm		
	6	表面允许偏差 缝格平直	高级水磨石	2mm		
			普通水磨石	3mm		
	7	表面允许偏差 旋转楼梯踏步两端宽度按设计要求		5mm		
施工单位检查评定结果		专业工长(施工员)			施工班组长	
		项目专业质量检查员：				年　月　日
监理(建设)单位验收结论		专业监理工程师： (建设单位项目专业技术负责人)：				年　月　日

注：同基土层检验批质量验收记录表注1。

说　明

030104

主控项目：

1. 水磨石面层的石粒，应采用坚硬可磨白云石、大理石等岩石加工而成，石粒应洁净无杂物，其粒径除特殊要求外应为6～15mm；水泥强度等级不应小于32.5；颜料应采用耐光、耐碱的矿物原料，不得使用酸性颜料。同时应符合第5.4.2条规定。观察检查和检查产品合格证明文件。

2. 水磨石面层拌和料的体积比，符合设计要求，且为1：1.5～1：2.5(水泥：石粒)。并应符合第5.4.3条规定。检查配合比单和检测报告。

3. 面层与下一层结合应牢固，无空鼓、裂纹。用小锤轻击检查。

注：空鼓面积不应大于400cm^2，且每自然间(标准间)不多于2处可不计。

一般项目：

1. 面层表面应光滑；无明显裂纹、砂眼和磨纹；石粒密实，显露均匀；颜色图案一致，不混色；分格条牢固、顺直和清晰。观察检查。

2. 踢脚线与墙壁面应紧密结合，高度一致，出墙厚度均匀。用小锤轻击、钢尺和观察检查。

注：局部空鼓长度不大于 300mm，且每自然间(标准间)不多于 2 处可不计。

3. 楼梯踏步的宽度、高度应符合设计要求。楼层梯段相邻踏步高度差不应大于 10mm，每踏步两端宽度差不应大于 10mm，旋转楼梯梯段的每踏步两端宽度的允许偏差为 5mm。楼梯踏步的齿角应整齐，防滑条应顺直。观察和钢尺检查。

4. 水磨石面层的允许偏差，按本规范表 5.1.7 中检验方法检验。旋转楼梯梯段的每踏步两端宽度允许偏差，观察和钢尺检查。

2-5-2-5 水泥钢(铁)屑面层

水泥钢(铁)屑面层具有强度高、硬度大、良好的抗冲击性能和耐磨损性能等特点，适用于工业厂房中有较强磨损作用的地段，如滚动电缆盘、钢丝绳车间、履带式拖拉机装配车间以及行驶铁轮车或拖运尖锐金属物件等建筑地面工程。

1. 水泥钢(铁)屑面层是用水泥与钢(铁)屑加水拌合后铺设在水泥砂浆结合层上而成。当在其面层表面处理时，将提高面层的耐压强度以及耐磨性和耐磨蚀性能，防止外露钢(铁)屑遇水而生锈，并能承受反复摩擦撞击而不致于面层起灰或破裂。

2. 水泥钢(铁)屑面层厚度一般为 5mm 或按设计要求；水泥砂浆结合层厚度宜为 20mm。

3. 水泥钢(铁)屑面层的强度等级必须符合设计要求，且不应小于 M40，其配合比应通过试验确定。当采用振动法使水泥钢(铁)屑拌合料密实时，其密度不应小于 2000kg/m^3，其稠度不应大于 10mm。水泥砂浆结合层的体积比为 1∶2(水泥∶砂)，其相应的强度等级不应小于 M15。

4. 水泥应采用硅酸盐水泥或普通硅酸盐水泥，其强度等级不应小于 32.5。

钢屑应为磨碎的宽度在 6mm 以下的卷状钢刨屑或铸铁刨屑与磨碎的钢刨屑混合使用，其粒径应为 1～5mm，过大的颗粒和卷状螺旋应予破碎，颗粒小于 1mm 的应予筛去。钢(铁)屑中不得含油和不应有其他杂物，使用前必须清除钢(铁)上的油脂，并用稀酸溶液除锈，再以清水冲洗后烘干待用。

砂应用普通砂或石英砂。普通砂应符合国家现行的行业标准《普通混凝土用砂质量标准及检验方法》(JGJ 52—92)的规定。

5. 对铺设水泥钢(铁)屑面层和水泥砂浆结合层下的基层表面应坚硬、清洁、粗糙、湿润，以利面层(结合层)与下一层结合牢固，防止出现空鼓。

6. 铺设前，应在已处理好的基层上刷水泥浆一遍，先铺一层水泥砂浆结合层，水泥钢(铁)屑面层的铺设应在结合层的水泥初凝前完成。

7. 结合层和面层的拍实和抹平工作应在水泥初凝前完成；水泥终凝前完成压光工作。面层表面要压密实、光滑平整、无铁板印痕、无麻面、不应有裂纹等施工质量缺陷。

压光工作应较一般水泥砂浆面层多压 1～2 遍，主要作用是增加面层的密实度，以有效的提高水泥钢(铁)屑面层的强度和硬度以及耐磨损性能，压光时严禁洒水。

8. 面层铺设后 24h，应洒水养护，或用草袋覆盖浇水养护，养护期一般为 5～7d。

9. 当设计有要求时，亦可采用水泥、钢(铁)屑、砂加水拌制的拌合料做成耐磨钢(铁)屑砂浆面层，亦属于普通型耐磨面层。

10. 当面层有坡度要求时，应按设计做好面层的坡度、坡向的规定，以能排除液体为合格，不得有倒泛水和积水现象。

11. 整体面层铺设的水泥钢(铁)屑面层分项工程的质量检验，应按下列规定进行：

(1) 水泥钢(铁)屑面层检验批的划分和抽查数量以及验收组织和质量检验基本上按本手册 2-4-2-2 基土第 11 条要求进行；

(2)“水泥钢(铁)屑面层检验批质量验收记录表”的制定应符合国标《建筑地面工程施工质量验收规范》(GB 50209—2002)的规定。

水泥钢(铁)屑检验批质量验收记录表

(GB 50209—2002)　　030105□□

单位(子单位)工程名称					
分部(子分部)工程名称				验收部位	
施工单位				项目经理	
分包单位				分包项目经理	
施工执行标准名称及编号					
施工质量验收规范的规定				施工单位检查评定记录	监理(建设)单位验收记录
主控项目	1	材料质量	第 5.5.4 条		
	2	面层和结合层强度	第 5.5.5 条		
	3	面层与下一层结合	第 5.5.6 条		
一般项目	1	面层表面坡度	设计要求		
	2	面层表面质量	第 5.5.8 条		
	3	踢脚线与墙面结合	第 5.5.9 条		
	4	表面允许偏差　表面平整度	4mm		
	5	表面允许偏差　踢脚线上口平直	4mm		
	6	表面允许偏差　缝格平直	3mm		
施工单位检查评定结果	专业工长(施工员)			施工班组长	
	项目专业质量检查员：				年　月　日
监理(建设)单位验收结论	专业监理工程师： (建设单位项目专业技术负责人)：				年　月　日

注：同基土层检验批质量验收记录表注 1。

说　明

030105

主控项目：

1. 水泥强度等级不小于 32.5；钢(铁)屑的粒径应为 1～5mm；钢(铁)屑中不应有其他杂

质，使用前应去油除锈，冲洗干净并干燥。观察检查和检查产品合格证明文件及检测报告。

2. 面层和结合层的强度等级，符合设计要求，且面层抗压强度不应小于 40MPa；结合层体积比为 1∶2(相应的强度等级不应小于 M15)。检查配合比单和检测报告。

3. 面层与下一层结合必须牢固，无空鼓。用小锤轻击检查。

一般项目：

1. 面层表面坡度，符合设计要求。用坡度尺检查。

2. 面层表面不应有裂纹、脱皮、麻面等缺陷。观察检查。

3. 踢脚线与墙面应结合牢固，高度一致，出墙厚度均匀。用小锤轻击、尺量检查和观察检查。

4. 用 2m 靠尺和楔形塞尺检查表面平整度的允许偏差，拉 5m 线和用钢尺检查平直度的允许偏差。

2-5-2-6 防油渗面层

防油渗面层系指具有能阻止油类介质侵蚀和迅速渗透，并具有一定耐磨性能的高密实性材料和构造措施所构筑成的特殊要求的建筑地面。因此，广泛应用于工业建筑中机械制造加工厂房的建筑地面工程，尤其适用于机床安装楼层多层厂房的楼面工程。亦用于油罐、油池、油槽等构筑物，还可用作防水要求很高的水泥混凝土和混凝土结构工程上。

防油渗面层有两种做法：一种是采用防油渗混凝土；另一种是采用防油渗涂料。

建筑地面经常受机油介质直接作用的地段(车间)，应采用防油渗混凝土铺设；如机油介质少量作用的地段，其侵蚀渗透不太严重的可采用防油渗涂料涂刷。

1. 防油渗面层应采用防油渗混凝土在基层(包括各构造层)上铺设而成，或采用具有良好的耐磨性能的防油渗涂料在水泥类整体面层(或基层)上涂刷而成。在铺设防油渗面层前，当设计要求时，尚应设置防油渗隔离层。

2. 防油渗混凝土是在普通混凝土中掺入外加剂或防油渗剂，以提高抗油渗性能。

3. 防油渗混凝土的强度等级不应小于 C30。防油渗混凝土的抗渗性能应符合设计要求，其抗渗性能检测方法，应参照现行国家标准《普通混凝土长期性能和耐久性能试验方法》(GBJ 82—85)的规定，用 10 号机油为介质，以试块不出现渗油现象的最大不透油压力为 1.5MPa。

4. 防油渗混凝土面层厚度宜为 60～70mm，或按设计要求，面层内配置 ϕ4@150～200mm，双向钢筋网，并应置于面层内上部，保护层厚度为 20mm，应在分区、段处断开。

5. 防油渗混凝土的配合比应按设计要求的强度等级和抗渗性能，根据工程具体要求经试配调整而确定，施工参考配合比可参照表 2-5-1 配制。

防油混凝土施工参考配合比 **表 2-5-1**

水 泥	砂 子	碎 石	水	SNS	备 注
380	683	1127	190	15.2	每立方米混凝土用量(kg)
1	1.797	2.966	0.5	0.04	混凝土配合比

6. 水泥应选用泌水性小的水泥品种，宜采用安定性好的硅酸盐水泥或普通硅酸盐水泥，其强度等级为 32.5 或 42.5，严禁使用过期水泥，受潮、结块的水泥亦不得使用。水

泥质量应符合《硅酸盐水泥、普通硅酸盐水泥》(GB 175—1999)和《矿渣硅酸盐水泥、火山灰质硅酸盐水泥及粗煤灰硅酸盐水泥》(GB 1344—1999)的规定。

石子应选用花岗石或石英石等岩质，严禁采用松散多孔和吸水率较大的石灰石、砂石等，其粒径宜为5～15mm或5～20mm，最大粒径不应大于25mm；含泥量不应大于1%；空隙率应小于42%。其质量要求应符合国家现行行业标准《普通混凝土用碎石和卵石质量标准及检验方法》(JGJ 53—92)的规定。

砂应为中砂，其细度模数应控制在M_x=2.3～2.6之间，并通过0.5cm筛子筛除泥块杂质，含泥量不应大于1%，洁净无杂物。其质量要求应符合国家现行行业标准《普通混凝土用砂质量标准及检验方法》(JGJ 52—92)的规定。

外加剂一般可选用减水剂、加气剂、塑化剂、密实剂或防油渗剂。应以采用SNS防油外加剂为好。SNS防油外加剂是含萘璜酸甲醛缩合物的高效减水剂和呈烟灰色粉状体的硅粉为主要成分组成，属非引起型混凝土外加剂，常用掺量为水泥用量的3%～4%，减水率约10%，抗压强度可提高20%左右。

7. 防油渗涂料应具有耐油、耐磨、耐大和粘结性能好的特点，其粘结强度不应小于3MPa，耐油性应在浸入10号机油内3个月无变化。一般可选用聚氨酯类地面涂料、聚酯树脂类地面涂料和环氧树脂类地面涂料。

8. 防油渗混凝土面层分区、段浇筑时，应按厂房柱网进行划分，其面层不宜大于50m^2。分格缝应设置纵向和横向伸缩缝。纵向分格缝间距宜为3～6m，横向分格缝宜为6m。且应与建筑轴线对齐。

9. 在整浇水泥类基层上铺设(涂刷)防油渗面层时，其基层表面应平整、密实、洁净、干燥，不得有起砂、裂缝等现象，表面还应粗糙。

防油渗混凝土拌合料铺设前，基层表面应湿润，满涂防油渗水泥浆结合层，随刷随铺，以利于面层与基层结合牢固，防止空鼓。

10. 防油渗水泥浆按下列配制：

(1) 氯乙烯—偏氯乙烯混合乳液的配制，应采用10%浓度的磷酸三钠水溶液中和氯乙烯—偏氯乙烯共聚乳液；其pH值宜为7～8，加入浓度为40%的OP溶液，搅拌均匀，而后加入少量消泡剂(以消除表面泡沫为度)；

(2) 防油渗水泥砂浆配制，应将氯乙烯—偏氯乙烯混合乳液和水，按1∶1配合比搅拌均匀后，边抹边加入水泥，按要求的加水量加入后，充分拌匀使用。

11. 防油渗混凝土施工尚应符合现行国家标准《混凝土结构工程施工质量验收规范》(GB 50204—2002)的规定。

防油渗混凝土浇筑时，振捣应密实，不得漏振，并做好面层的抹平、压光工作，混凝土硬化后，必须浇水养护。面层表面不应出现裂纹、脱皮、麻面和起砂等施工质量缺陷。

12. 防油渗混凝土中，由于掺入外加剂的作用，初凝前有发生缓凝现象，而初凝后又可能有早强情况，施工过程中应予重视。

13. 防油渗面层设置防油渗隔离层时，应符合设计要求，并按下列规定进行：

(1) 面层与墙、柱连接处的构造，应按设计要求；

(2) 防油渗隔离层宜采用一布二胶防油渗胶泥玻璃纤维布，其厚度为4mm；

(3) 玻璃纤维布应采用无碱网格布。防油渗胶泥亦可采用弹性多功能聚胺酯类涂膜材料，其厚度为 1.5～2.0mm，防油渗胶泥的配制按产品使用说明；

(4) 在水泥类基层上设置防油渗隔离层和在隔离层上铺设防油渗混凝土面层时，其下层表面均应洁净。设置和铺设时，其下层表面均应涂刷同类(胶泥或涂膜)的冷底子油，以利粘结，防止脱层空鼓；

防油渗胶泥底子油的配制是：将已熬制好的防油渗胶泥自然冷却至 85～90℃，边搅拌边缓慢加入按配合比要求的二甲苯和环已酮的混合溶剂(切勿近水)，搅拌至胶泥全部溶解即成底子油。当暂时存放时，应置于有盖的溶器中，以防止溶剂挥发；

(5) 隔离层施工时，在已处理好的基层上将加温的防油渗胶泥底子油涂刷一遍，随即将玻璃纤维布粘贴覆盖，其搭接宽度不应小于 100mm；与墙、柱连接处的涂刷、铺贴应向上翻边，其高度不应小于 30mm，一布二胶防油隔离层完成后，经检查符合设计方可进行下道工序的施工。

14. 分格缝的深度为面层的厚度，上下贯通，分格缝的宽度为 15～20mm。缝内应灌注防油渗胶泥材料，亦可用弹性多功能聚胺酯类涂膜材料嵌缝。缝内上部留 20～25mm 深度采用膨胀水泥砂浆封缝，防油渗面层分格缝做法参见图 2-5-2。

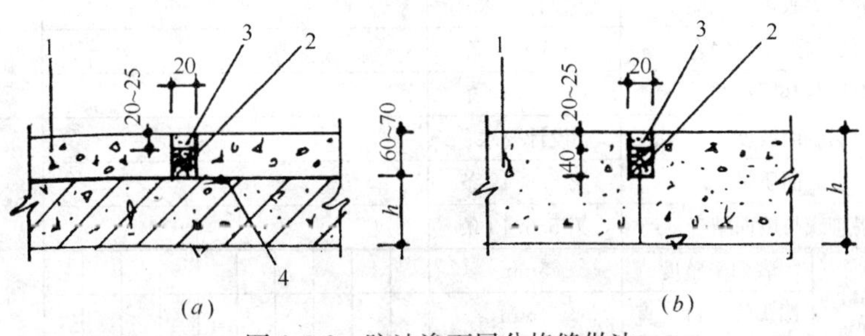

图 2-5-2 防油渗面层分格缝做法

(a)楼层地面；(b)底层地面

1—防油渗混凝土；2—防油渗胶泥；3—膨胀水泥砂浆；4—按设计做一布二胶

15. 当防油渗混凝土面层混凝土的抗压强度达到 5MPa 时，可将分格缝内清理干净并应干燥，涂刷一遍同类底子油后，趁热灌注防油渗胶泥。

16. 防油渗混凝土面层内不得敷设管线，凡露出面层的电线管、接线盒、预埋套管和地脚螺栓等以及与墙、柱连接处等细部均应增强抗油渗措施，应采用防油渗胶泥或环氧树脂进行处理。与墙、柱、变形缝及孔洞等连接处，应做泛水。

17. 防油渗面层采用防油渗涂料时，其涂料材料应按设计要求选用，涂料的涂刷(喷涂)不得少于三遍，涂层厚度宜为 5～7mm。涂料的配比及施工，应按涂料产品标准规定的特点、性能等要求进行。每遍涂刷(喷涂)必须满涂均匀、盖底涂实，其每遍涂刷(喷涂)的间隔时间，宜通过试验确定。使其面层与基层粘结牢固，面层表面严禁出现起皮、开裂、漏涂等施工质量缺陷。

18. 有排水要求的防油渗面层，应按设计要求做好坡向、坡度的施工，不得出现倒泛水和局部积水现象，以能排除液体(水)为合格。

19. 整体面层铺设的防油渗面层分项工程的质量检验，应按下列规定进行：

(1) 防油渗面层检验批的划分和抽查数量以及验收组织和质量检验基本上按本手册 2-4-2-2基土第 11 条要求执行；

(2)“防油渗面层检验批质量验收记录表”的制定应符合国标《建筑地面工程施工质量验收规范》(GB 50209—2002)的规定；

(3) 防油渗面层分别采用防油渗混凝土或防油渗涂料铺设面层时，应在“防油渗面层检验批质量验收记录表”加注以资识别，并分别填写。

防油渗面层检验批质量验收记录表

(GB 50209—2002)　　030106□□

单位(子单位)工程名称						
分部(子分部)工程名称					验收部位	
施工单位					项目经理	
分包单位					分包项目经理	
施工执行标准名称及编号						
施工质量验收规范的规定					施工单位检查评定记录	监理(建设)单位验收记录
主控项目	1	材料质量		第 5.6.7 条		
	2	强度等级抗渗性能		设计要求		
	3	面层与下一层结合		第 5.6.9 条		
	4	面层与基层粘结		第 5.6.10 条		
一般项目	1	面层表面坡度		设计要求		
	2	面层表面质量		第 5.6.12 条		
	3	踢脚线与墙面结合		第 5.6.13 条		
	4	允许偏差	表面平整度	5mm		
	5		踢脚线上口平直	4mm		
	6		缝格平直	3mm		
施工单位检查评定结果	专业工长(施工员)				施工班组长	
	项目专业质量检查员：　年　月　日					
监理(建设)单位验收结论	专业监理工程师： (建设单位项目专业技术负责人)：　年　月　日					

注：同基土层检验批质量验收记录表注 1。

说　明

030106

主控项目：

1. 防油渗混凝土所用的水泥应采用普通硅酸盐水泥，其强度等级应不小于 32.5；碎石应采用花岗石或石英石，严禁使用松散多孔和吸水率大的石子，粒径为 5～15mm，其最大粒径不应大于 20mm，含泥量不应大于 1%；砂应为中砂，洁净无杂物，其细度模数应为 2.3～2.6；掺入的外加剂和防油渗剂应符合产品质量标准。防油渗涂料应具有耐油、耐磨、耐火和粘结性能。观察检查和检查产品合格证明文件及检测报告。

2. 防油渗混凝土的强度等级和抗渗性能必须符合设计要求，且强度等级不应小于

C30；防油渗涂料抗拉结粘结强度不应小于0.3MPa。检查配合比通知单和检测报告。

3. 防油渗混凝土面层与下一层应结合牢固、无空鼓。用小锤轻击检查。

4. 防油渗涂料面层与基层应粘结牢固，严禁有起皮、开裂、漏涂等缺陷。观察检查。

一般项目：

1. 防油渗面层表面坡度应符合设计要求，不得有倒泛水和积水现象。观察和泼水或用坡度尺检查。

2. 防油渗混凝土面层表面不应有裂纹、脱皮、麻面和起砂现象。观察检查。

3. 踢脚线与墙面应紧密结合、高度一致，出墙厚度均匀。用小锤轻击、尺量检查和观察检查。

4. 用2m靠尺和楔形塞尺检查表面平整度的允许偏差，拉5m线和用钢尺检查平直度的允许偏差。

2-5-2-7 不发火(防爆的)面层

不发火面层，又称防爆的面层，系指在生产和使用过程中，建筑地面受到外界物体的撞击、摩擦后不发生火花的面层。而建筑地面上由于受重物坠落。铁质工作或搬动机器时的撞击、摩擦而产生的火花是引起火灾事故的原因之一。

按现行国家标准《建筑设计防火规范》(GBJ 16—87)的规定，散发较空气重的可燃气体、可燃蒸汽的甲类厂房以及有粉尘、纤维爆炸危险的乙类厂房，应采用不发生火花的地面。

不发火(防爆的)面层，主要用于有防爆要求的精苯车间、精馏车间、氢气车间、钠加工车间、钾加工车间、胶片厂棉胶工段、人造橡胶的链状聚合车间、造丝工厂的化学车间以及生产爆破器材的车间和大药仓库、汽油库等的建筑地面工程。由于所处的厂房车间或仓库的用途不同，对不发火(防爆的)面层的使用要求和他的构造做法也就不一样。

采用不发火(防爆的)建筑地面工程，应注意以下几点：

a. 选用的原材料和其拌合料应是不发火的，并应事先做好试验鉴定工作；

b. 面层的材料应能经受生产操作或长期使用的考验而不易损坏；

c. 不发火(防爆的)面层应有一定强度、弹性和耐磨性，并应防止有可能因摩擦发火花的材料粘结在面层表面上或材料的空隙中；

d. 有利于不发生火花(防爆的)建筑地面工程的选型的经济合理性，并要做到因地制宜、就地取材、安全适用、便于施工的原则。

不发火(防爆的)面层可采用水泥类或沥青类拌合料铺设而成。也有采用菱苦土、木砖、塑料板、橡胶板、铅板和铁钉不外露的空铺木板、实铺木板，拼花木板面层作为不发火(防爆的)建筑地面。

不发火(防爆的)面层品种类型较多，但其中有机材料如塑料、沥青等，虽属不发生火花，但在使用过程时有静电问题，需相应采取防静电措施。根据取材难易、技术经济等综合因素考虑，现行国家标准《建筑地面设计规范》(GB 50037—96)中地面类型一章提出不发火花的地面，宜采用细石混凝土、水泥石屑、水磨石等水泥类面层。因此，现行国家标准《建筑地面工程施工质量验收规范》(GB 50209—2002)中规定不发火(防爆的)面层应采用水泥类的拌合料铺设。

1. 不发火(防爆的)面层是用水泥类的拌合料铺设在基层上而成。其厚度应符合设计要求。

2. 不发火(防爆的)混凝土(细石混凝土)、水泥砂浆、水泥石屑、水磨石等水泥类面层的厚度和强度等级等均按设计要求，并应符合施工质量验收规范中整体面层铺设的同类品种的面层的规定。

3. 不发火(防爆的)面层采用的水泥应是普通硅酸盐水泥，其强度等级不应小于32.5；采用的石子应选用大理石、白云石或其他石料加工而成，并以金属或石料撞击时不发生火花为合格，应具有不发火性的石料；采用的砂应具有不发火性的砂，其质地坚硬、多棱角、表面粗糙并有颗粒级配，粒径宜为0.15～5mm，含泥量不应大于3%，有机物含量不应大于0.5%；面层分格的嵌条应选用具有不发火性的材料配制成。在原材料加工和配制时，应随时检查，不得混入金属或其他易发生火花的杂质。

本条内容在现行国家标准《建筑地面工程施工质量验收规范》(GB 50209—2002)中已列入第5.7.4条的规定，并作为强制性条文，必须严格执行。该条文实施：

(1) 释义

此条是针对有不发火(防爆的)要求的水泥类特殊面层施工提出的。如汽油库、弹药库、烟花生产厂房、仓库等，这类建筑地面如果按照常规的水泥类建筑地面来施工，就会留下极大的隐患。因生产、操作活动时，部件之间摩擦，或重物撞击建筑地面后，会产生火花，极易引起爆炸事故。

不发火(防爆的)面层因其特殊性，必须严格按照本条文进行选料和配制，必须按照不发火(防爆的)面层的设计进行施工和材料试验。

(2) 措施

1) 不发火(防爆的)面层对原材料的要求比较高，因此，应按规范中的规定选择砂、石、水泥等原材料，配制时，应严格检查，防止混入金属或其他易发生火花的杂质；

2) 不发火(防爆的)面层采用的石料应在金刚砂轮上作摩擦试验，试验时应符合国家标准《建筑地面工程施工质量验收规范》(GB 50209—2002)附录A的规定，并做好记录。

(3) 检查

1) 选用的不发火(防爆的)面层的原材料是否符合本规范的规定；

2) 对其原材料应进行复验，特别是石料的试验，应符合国家标准《建筑地面工程施工质量验收规范》(GB 50209—2002)附录A的规定；

3) 实地检查。

检查方法：查阅材质合格证明文件和材料试验报告。

检查数量：全数检查。

(4) 判定

当出现下述情况之一时，视为违反强制性条文。

1) 没有按照本规范的规定，进行设计的；

2) 没有按照本规范的规定，进行原材料试验的；

3) 采用不合格的材料进行施工的。

4. 铺设不防火(防爆的)面层下基层的表面应平整、密实、洁净、粗糙、并应湿润，以利于面层与基层结合牢固，防止空鼓。

5. 各水泥类不发火(防爆的)面层的铺设应按同类(相应)面层的规定执行。

6. 不发火(防爆的)水泥类面层采用的石料以及混凝土硬化后的试块，均应在金刚砂轮上作摩擦试验，试验时应按现行国家标准《建筑地面工程施工质量验收规范》(GB 50209—2002)附录A“不发生火花(防爆的)建筑地面材料及其制品不发生火性的试验方法”的规定进行。在试验中没有发现任何瞬时的火花，即认定检验合格。

7. 不发火(防爆的)面层铺设后，其面层表面应密实，不应出现裂缝(裂纹)、蜂窝、麻面等施工质量缺陷，方可认为合格。

8. 整体面层铺设的不发火(防爆的)面层分项工程的质量检验，应按下列规定进行：

(1) 不发火(防爆的)面层检验批的划分和抽查数量以及验收组织和质量检验基本上按本手册2-4-2-2基土第11条要求执行；

(2)“不发火(防爆的)面层检验批质量验收记录表”的制定应符合国标《建筑地面工程施工质量验收规范》(GB 50209—2002)的规定；

(3) 不发火(防爆的)面层分别采用各品种水泥类铺设面层时，应在“不发火(防爆的)面层检验批质量验收记录表”表头加注，以资识别，并应分别按品种填写。

不发火(防爆)面层工程检验批质量验收记录表

(GB 50209—2002) 030107□□

单位(子单位)工程名称						
分部(子分部)工程名称					验收部位	
施工单位					项目经理	
分包单位					分包项目经理	
施工执行标准名称及编号						
施工质量验收规范的规定					施工单位检查评定记录	监理(建设)单位验收记录
主控项目	1	材料质量		第5.7.4条		
	2	面层强度等级		设计要求		
	3	面层与下一层结合		第5.7.6条		
	4	面层试件检验		第5.7.7条		
一般项目	1	面层表面质量		第5.7.8条		
	2	踏脚线与墙面结合		第5.7.9条		
	3	允许偏差	表面平整度	5mm		
	4		踢脚线上口平直	4mm		
	5		缝格平直	3mm		
施工单位检查评定结果	专业工长(施工员)				施工班组长	
	项目专业质量检查员：					年 月 日
监理(建设)单位验收结论	专业监理工程师： (建设单位项目专业技术负责人)：					年 月 日

注：1. 同基土层检验批质量验收记录表注。

2. 不发火(防爆的)面层如采用各水泥类面层时，应在本表头加注。

说　明

030107

主控项目：

1. 不发火(防爆的)面层采用的碎石应选用大理石、白云石或其他石料加工而成，并以金属或石料撞击时不发生火花为合格；砂应质地坚硬、表面粗糙，其粒径宜为0.15～5mm，含泥量不应大于3%，有机物含量不应大于0.5%；水泥应采用普通硅酸盐水泥，其强度等级不应小于32.5；面层分格的嵌条应采用不发生火花的材料配制。配制时应随时检查，不得混入金属或其他易发生火花的杂质。观察检查和检查产品合格证明文件及检测报告。

2. 不发火(防爆的)面层的强度等级，符合设计要求。检查配合比单和检测报告。

3. 面层与下一层应结合牢固，无空鼓、无裂纹。用小锤轻击检查。

注：空鼓面积不应大于400cm²，且每自然间(标准间)不多于2处可不计。

4. 不发火(防爆的)面层的试件，必须检验合格。检查检测报告。

一般项目：

1. 面层表面应密实，无裂缝、蜂窝、麻面等缺陷。观察检查。

2. 踢脚线与墙面应紧密结合、高度一致、出墙厚度均匀。用小锤轻击、钢尺和观察检查。

3. 用2m靠尺和楔形塞尺检查表面平整度的允许偏差，拉5m线和用钢尺检查平直度的允许偏差。

2-6　板块面层铺设

2-6-1　规范版本

6　板块面层铺设

6.1　一　般　规　定

6.1.1　本章适用于砖面层、大理石面层和花岗石面层、预制板块面层、料石面层、塑料板面层、活动地板面层和地毯面层等面层分项工程的施工质量检验。

6.1.2　铺设板块面层时，其水泥类基层的抗压强度不得小于1.2MPa。

6.1.3　铺设板块面层的结合层和板块间的填缝采用水泥砂浆，应符合下列规定：

1　配制水泥砂浆应采用硅酸盐水泥、普通硅酸盐水泥或矿渣硅酸盐水泥；其水泥强度等级不宜小于32.5；

2　配制水泥砂浆的砂应符合国家现行行业标准《普通混凝土用砂质量标准及检验方法》JGJ 52的规定；

3　配制水泥砂浆的体积比(或强度等级)应符合设计要求。

6.1.4　结合层和板块面层填缝的沥青胶结材料应符合国家现行有关产品标准和设计

要求。

6.1.5 板块的铺砌应符合设计要求，当设计无要求时，宜避免出现板块小于1/4边长的边角料。

6.1.6 铺设水泥混凝土板块、水磨石板块、水泥花砖、陶瓷锦砖、陶瓷地砖、缸砖、料石、大理石和花岗石面层等的结合层和填缝的水泥砂浆，在面层铺设后，表面应覆盖、湿润，其养护时间不应少于7d。

当板块面层的水泥砂浆结合层的抗压强度达到设计要求后，方可正常使用。

6.1.7 板块类踢脚线施工时，不得采用石灰砂浆打底。

6.1.8 板、块面层的允许偏差应符合表6.1.8的规定。

板、块面层的允许偏差和检验方法(mm) **表6.1.8**

项次	项目	允许偏差											检验方法
		陶瓷锦砖面层、高级水磨石板、陶瓷地砖面层	缸砖面层	水泥花砖面层	水磨石板块面层	大理石面层和花岗石面层	塑料板面层	水泥混凝土板块面层	碎拼大理石、碎拼花岗石面层	活动地板面层	条石面层	块石面层	
1	表面平整度	2.0	4.0	3.0	3.0	1.0	2.0	4.0	3.0	2.0	10.0	10.0	用2m靠尺和楔形塞尺检查
2	缝格平直	3.0	3.0	3.0	3.0	2.0	3.0	3.0	—	2.5	8.0	8.0	拉5m线和用钢尺检查
3	接缝高低差	0.5	1.5	0.5	1.0	0.5	0.5	1.5	—	0.4	2.0	—	用钢尺和楔形塞尺检查
4	踢脚线上口平直	3.0	4.0	—	4.0	1.0	2.0	4.0	1.0	—	—	—	拉5m线和用钢尺检查
5	板块间隙宽度	2.0	2.0	2.0	2.0	1.0	—	6.0	—	0.3	5.0	—	用钢尺检查

6.2 砖面层

6.2.1 砖面层采用陶瓷锦砖、缸砖、陶瓷地砖和水泥花砖应在结合层上铺设。

6.2.2 有防腐蚀要求的砖面层采用的耐酸瓷砖、浸渍沥青砖、缸砖的材质、铺设以及施工质量验收应符合现行国家标准《建筑防腐蚀工程施工及验收规范》GB 50212的规定。

6.2.3 在水泥砂浆结合层上铺贴缸砖、陶瓷地砖和水泥花砖面层时，应符合下列规定：

1 在铺贴前，应对砖的规格尺寸、外观质量、色泽等进行预选，浸水湿润晾干待用；

2　勾缝和压缝应采用同品种、同强度等级、同颜色的水泥，并做养护和保护。

6.2.4　在水泥砂浆结合层上铺贴陶瓷锦砖面层时，砖底面应洁净，每联陶瓷锦砖之间、与结合层之间以及在墙角、镶边和靠墙处，应紧密贴合。在靠墙处不得采用砂浆填补。

6.2.5　在沥青胶结料结合层上铺贴缸砖面层时，缸砖应干净，铺贴时应在摊铺热沥青胶结料上进行，并应在胶结料凝结前完成。

6.2.6　采用胶粘剂在结合层上粘贴砖面层时，胶粘剂选用应符合现行国家标准《民用建筑工程室内环境污染控制规范》GB 50325 的规定。

Ⅰ　主　控　项　目

6.2.7　面层所用的板块的品种、质量必须符合设计要求。

检验方法：观察检查和检查材质合格证明文件及检测报告。

6.2.8　面层与下一层的结合(粘结)应牢固，无空鼓。

检验方法：用小锤轻击检查。

注：凡单块砖边角有局部空鼓，且每自然间(标准间)不超过总数的5%可不计。

Ⅱ　一　般　项　目

6.2.9　砖面层的表面应洁净、图案清晰，色泽一致，接缝平整，深浅一致，周边顺直。板块无裂纹、掉角和缺楞等缺陷。

检验方法：观察检查。

6.2.10　面层邻接处的镶边用料及尺寸应符合设计要求，边角整齐、光滑。

检验方法：观察和用钢尺检查。

6.2.11　踢脚线表面应洁净、高度一致、结合牢固、出墙厚度一致。

检验方法：观察和用小锤轻击及钢尺检查。

6.2.12　楼梯踏步和台阶板块的缝隙宽度应一致、齿角整齐；楼层梯段相邻踏步高度差不应大于10mm；防滑条顺直。

检验方法：观察和用钢尺检查。

6.2.13　面层表面的坡度应符合设计要求，不倒泛水、无积水；与地漏、管道结合处应严密牢固，无渗漏。

检验方法：观察、泼水或坡度尺及蓄水检查。

6.2.14　砖面层的允许偏差应符合本规范表 6.1.8 的规定。

检验方法：应按本规范表 6.1.8 中的检验方法检验。

6.3　大理石面层和花岗石面层

6.3.1　大理石、花岗石面层采用天然大理石、花岗石(或碎拼大理石、碎拼花岗石)板材应在结合层上铺设。

6.3.2　天然大理石、花岗石的技术等级、光泽度、外观等质量要求应符合国家现行行业标准《天然大理石建筑板材》JC 79、《天然花岗石建筑板材》JC 205 的规定。

6.3.3 板材有裂缝、掉角、翘曲和表面有缺陷时应予剔除，品种不同的板材不得混杂使用；在铺设前，应根据石材的颜色、花纹、图案、纹理等按设计要求，试拼编号。

6.3.4 铺设大理石、花岗石面层前，板材应浸湿、晾干；结合层与板材应分段同时铺设。

Ⅰ 主 控 项 目

6.3.5 大理石、花岗石面层所用板块的品种、质量应符合设计要求。

检验方法：观察检查和检查材质合格记录。

6.3.6 面层与下一层应结合牢固，无空鼓。

检验方法：用小锤轻击检查。

注：凡单块板块边角有局部空鼓，且每自然间(标准间)不超过总数的5%可不计。

Ⅱ 一 般 项 目

6.3.7 大理石、花岗石面层的表面应洁净、平整、无磨痕，且应图案清晰、色泽一致、接缝均匀、周边顺直、镶嵌正确、板块无裂纹、掉角、缺楞等缺陷。

检验方法：观察检查。

6.3.8 踢脚线表面应洁净，高度一致、结合牢固、出墙厚度一致。

检验方法：观察和用小锤轻击及钢尺检查。

6.3.9 楼梯踏步和台阶板块的缝隙宽度应一致、齿角整齐，楼层梯段相邻踏步高度差不应大于10mm，防滑条应顺直、牢固。

检验方法：观察和用钢尺检查。

6.3.10 面层表面的坡度应符合设计要求，不倒泛水、无积水；与地漏、管道结合处应严密牢固，无渗漏。

检验方法：观察、泼水或坡度尺及蓄水检查。

6.3.11 大理石和花岗石面层(或碎拼大理石、碎拼花岗石)的允许偏差应符合本规范表6.1.8的规定。

检验方法：应按本规范表6.1.8中的检验方法检验。

6.4 预制板块面层

6.4.1 预制板块面层采用水泥混凝土板块、水磨石板块应在结合层上铺设。

6.4.2 在现场加工的预制板块应按本规范第5章的有关规定执行。

6.4.3 水泥混凝土板块面层的缝隙，应采用水泥浆(或砂浆)填缝；彩色混凝土板块和水磨石板块应用同色水泥浆(或砂浆)擦缝。

Ⅰ 主 控 项 目

6.4.4 预制板块的强度等级、规格、质量应符合设计要求；水磨石板块尚应符合国家现行行业标准《建筑水磨石制品》JC 507的规定。

检验方法：观察检查和检查材质合格证明文件及检测报告。

6.4.5 面层与下一层应结合牢固、无空鼓。

检验方法：用小锤轻击检查。

注：凡单块板块料边角有局部空鼓，且每自然间(标准间)不超过总数的5%可不计。

Ⅱ　一　般　项　目

6.4.6　预制板块表面应无裂缝、掉角、翘曲等明显缺陷。

检验方法：观察检查。

6.4.7　预制板块面层应平整洁净，图案清晰，色泽一致，接缝均匀，周边顺直，镶嵌正确。

检验方法：观察检查。

6.4.8　面层邻接处的镶边用料尺寸应符合设计要求，边角整齐、光滑。

检验方法：观察和钢尺检查。

6.4.9　踢脚线表面应洁净、高度一致、结合牢固、出墙厚度一致。

检验方法：观察和用小锤轻击及钢尺检查。

6.4.10　楼梯踏步和台阶板块的缝隙宽度一致、齿角整齐，楼层梯段相邻踏步高度差不应大于10mm，防滑条顺直。

检验方法：观察和钢尺检查。

6.4.11　水泥混凝土板块和水磨石板块面层的允许偏差应符合本规范表6.1.8的规定。

检验方法：应按本规范表6.1.8中的检验方法检验。

6.5　料　石　面　层

6.5.1　料石面层采用天然条石和块石应在结合层上铺设。

6.5.2　条石和块石面层所用的石材的规格、技术等级和厚度应符合设计要求。条石的质量应均匀，形状为矩形六面体，厚度为80～120mm；块石形状为直棱柱体，顶面粗琢平整，底面面积不宜小于顶面面积的60%，厚度为100～150mm。

6.5.3　不导电的料石面层的石料应采用辉绿岩石加工制成。填缝材料亦采用辉绿岩石加工的砂嵌实。耐高温的料石面层的石料，应按设计要求选用。

6.5.4　块石面层结合层铺设厚度：砂垫层不应小于60mm；基土层应为均匀密实的基土或夯实的基土。

Ⅰ　主　控　项　目

6.5.5　面层材质应符合设计要求；条石的强度等级应大于Mu60，块石的强度等级应大于Mu30。

检验方法：观察检查和检查材质合格证明文件及检测报告。

6.5.6　面层与下一层应结合牢固、无松动。

检验方法：观察检查和用锤击检查。

Ⅱ　一　般　项　目

6.5.7　条石面层应组砌合理，无十字缝，铺砌方向和坡度应符合设计要求；块石面层石料缝隙应相互错开，通缝不超过两块石料。

检验方法：观察和用坡度尺检查。

6.5.8　条石面层和块石面层的允许偏差应符合本规范表6.1.8的规定。

检验方法：应按本规范表 6.1.8 中的检验方法检验。

6.6 塑料板面层

6.6.1 塑料板面层应采用塑料板块材、塑料板焊接、塑料卷材以胶粘剂在水泥类基层上铺设。

6.6.2 水泥类基层表面应平整、坚硬、干燥、密实、洁净、无油脂及其他杂质，不得有麻面、起砂、裂缝等缺陷。

6.6.3 胶粘剂选用应符合现行国家标准《民用建筑工程室内环境污染控制规范》GB 50325 的规定。其产品应按基层材料和面层材料使用的相容性要求，通过试验确定。

Ⅰ 主控项目

6.6.4 塑料板面层所用的塑料板块和卷材的品种、规格、颜色、等级应符合设计要求和现行国家标准的规定。

检验方法：观察检查和检查材质合格证明文件及检测报告。

6.6.5 面层与下一层的粘结应牢固，不翘边、不脱胶、无溢胶。

检验方法：观察检查和用敲击及钢尺检查。

注：卷材局部脱胶处面积不应大于 20cm^2，且相隔间距不小于 50cm 可不计；凡单块板块料边角局部脱胶处且每自然间(标准间)不超过总数的 5%者可不计。

Ⅱ 一般项目

6.6.6 塑料板面层应表面洁净，图案清晰，色泽一致，接缝严密、美观。拼缝处的图案、花纹吻合，无胶痕；与墙边交接严密，阴阳角收边方正。

检验方法：观察检查。

6.6.7 板块的焊接，焊缝应平整、光洁，无焦化变色、斑点、焊瘤和起鳞等缺陷，其凹凸允许偏差为±0.6mm。焊缝的抗拉强度不得小于塑料板强度的 75%。

检验方法：观察检查和检查检测报告。

6.6.8 镶边用料应尺寸准确、边角整齐、拼缝严密、接缝顺直。

检验方法：用钢尺和观察检查。

6.6.9 塑料板面层的允许偏差应符合本规范表 6.1.8 的规定。

检验方法：应按本规范表 6.1.8 中的检验方法检验。

6.7 活动地板面层

6.7.1 活动地板面层用于防尘和防静电要求的专业用房的建筑地面工程。采用特制的平压刨花板为基材，表面饰以装饰板和底层用镀锌板经粘结胶合组成的活动地板块，配以横梁、橡胶垫条和可供调节高度的金属支架组装成架空板铺设在水泥类面层(或基层)上。

6.7.2 活动地板所有的支座柱和横梁应构成框架一体，并与基层连接牢固；支架抄平后高度应符合设计要求。

6.7.3 活动地板面层包括标准地板、异形地板和地板附件(即支架和横梁组件)。采用的活动地板块应平整、坚实，面层承载力不得小于7.5MPa，其系统电阻：A级板为$1.0\times10^5\sim1.0\times10^8\Omega$；B级板为$1.0\times10^5\sim1.0\times10^{10}\Omega$。

6.7.4 活动地板面层的金属支架应支承在现浇水泥混凝土基层(或面层)上，基层表面应平整、光洁、不起灰。

6.7.5 活动板块与横梁接触搁置处应达到四角平整、严密。

6.7.6 当活动地板不符合模数时，其不足部分在现场根据实际尺寸将板块切割后镶补，并配装相应的可调支撑和横梁。切割边不经处理不得镶补安装，并不得有局部膨胀变形情况。

6.7.7 活动地板在门口处或预留洞口处应符合设置构造要求，四周侧边应用耐磨硬质板材封闭或用镀锌钢板包裹，胶条封边应符合耐磨要求。

Ⅰ 主 控 项 目

6.7.8 面层材质必须符合设计要求，且应具有耐磨、防潮、阻燃、耐污染、耐老化和导静电等特点。

检验方法：观察检查和检查材质合格证明文件及检测报告。

6.7.9 活动地板面层应无裂纹、掉角和缺楞等缺陷。行走无声响、无摆动。

检验方法：观察和脚踩检查。

Ⅱ 一 般 项 目

6.7.10 活动地板面层应排列整齐、表面洁净、色泽一致、接缝均匀、周边顺直。

检验方法：观察检查。

6.7.11 活动地板面层的允许偏差应符合本规范表6.1.8的规定。

检验方法：应按本规范表6.1.8中的检验方法检验。

6.8 地 毯 面 层

6.8.1 地毯面层采用方块、卷材地毯在水泥类面层(或基层)上铺设。

6.8.2 水泥类面层(或基层)表面应坚硬、平整、光洁、干燥，无凹坑、麻面、裂缝，并应清除油污、钉头和其他突出物。

6.8.3 海绵衬垫应满铺平整，地毯拼缝处不露底衬。

6.8.4 固定式地毯铺设应符合下列规定：

1 固定地毯用的金属卡条(倒刺板)、金属压条、专用双面胶带等必须符合设计要求；

2 铺设的地毯张拉应适宜，四周卡条固定牢；门口处应用金属压条等固定；

3 地毯周边应塞入卡条和踢脚线之间的缝中；

4 粘贴地毯应用胶粘剂与基层粘贴牢固。

6.8.5 活动式地毯铺设应符合下列规定：

1 地毯拼成整块后直接铺在洁净的地上，地毯周边应塞入踢脚线下；

2 与不同类型的建筑地面连接处，应按设计要求收口；

3 小方块地毯铺设，块与块之间应挤紧服贴。

6.8.6 楼梯地毯铺设，每梯段顶级地毯应用压条固定于平台上，每级阴角处应用卡条固定牢。

Ⅰ 主 控 项 目

6.8.7 地毯的品种、规格、颜色、花色、胶料和辅料及其材质必须符合设计要求和国家现行地毯产品标准的规定。

检验方法：观察检查和检查材质合格记录。

6.8.8 地毯表面应平服、拼缝处粘贴牢固、严密平整、图案吻合。

检验方法：观察检查。

Ⅱ 一 般 项 目

6.8.9 地毯表面不应起鼓、起皱、翘边、卷边、显拼缝、露线和无毛边，绒面毛顺光一致，毯面干净，无污染和损伤。

检验方法：观察检查。

6.8.10 地毯同其他面层连接处、收口处和墙边、柱子周围应顺直、压紧。

检验方法：观察检查。

2-6-2 应用指南

国家标准《建筑地面工程施工质量验收规范》(GB 50209—2002)第六章板块面层铺设是建筑地面工程验收中四个重要部位之一。这一章内容主要列出了属于建筑地面工程构成两大基本构造层之一的基层(包括各构造层)上面层的三大类型即板块面层的施工质量检验标准的有关规定及其过程控制的条文，也是本专业工程一个极其重要的组成部分。本章设置按一般规定以及砖面层、大理石面层和花岗石面层、预制板块面层、料石面层、塑料板面层、活动地板面层、地毯面层等8节。

2-6-2-1 一般规定

本节一般规定中列出了适用板块面层的各分项工程进行施工质量检验的范围和质量标准、允许偏差以及板块面层共性方面的规定，以保证面层(板块类型的面层)铺设的施工质量的验收。

1. 板块面层铺设适用于砖面层、大理石面层和花岗石面层、预制板块面层、料石面层、塑料板面层、活动地板面层和地毯面层等面层分项工程的施工质量检验。

2. 铺设板块面层时，其下一层为水泥类基层的抗压强度不得小于1.2MPa。与此同时，其基层表面应洁净、粗糙，并应湿润，铺设时还应涂刷一遍水泥浆，水灰比宜为0.4～0.5，并随刷随铺设，以达到上下层之间连接好，防止出现空鼓现象。

3. 在水泥砂浆结合层上铺设板块面层时，其结合层和板块间的填缝所用水泥砂浆应符合下列要求：

(1) 配制水泥砂浆应采用硅酸盐水泥、普通硅酸盐水泥或矿渣硅酸盐水泥；其水泥强度等级不宜小于32.5；

(2) 配制水泥砂浆采用的砂应符合国家现行行业标准《普通混凝土用砂质量标准及检验方法》(JGJ 52—92)的规定；

(3) 配制水泥砂浆的体积比(或强度等级)应符合设计要求。其水泥砂浆的体积比与相应的水泥砂浆强度等级和稠度，应按表2-6-1采用。

水泥砂浆的体积比(相应强度等级)**和稠度** **表 2-6-1**

面 层 种类	构 造 层	水泥砂浆体积比	相应的水泥砂浆强度等级	水泥砂浆稠度(以标准圆锥体沉入度计)(mm)
条石、缸砖面层	结合层和面层的填缝	1∶2	≥M15	25～35
预制水磨石板、大理石板、花岗石板、陶瓷锦砖、陶瓷地砖面层	结合层	1∶2	≥M15	25～35
水泥花砖、预制混凝土板面层	结合层	1∶3	≥M10	30～35

4. 在沥青胶结料或防水涂料结合层上铺设板块面层时，其下一层表面应坚固、密实、平整、干燥、洁净，并应涂刷基层处理剂。

基层处理剂的表面以及沥青胶结料或防水卷材、防水涂料隔离层(防水层)的表面均应保持干净。

5. 在沥青胶结料结合层上铺设板块面层时，其结合层和板块间的填缝的沥青胶结料应采用同类沥青与纤维、粉状或纤维和粉状混合的填充料配制，并应符合设计要求和国家现行有关产品标准的规定。

6. 铺设陶瓷锦砖、无釉陶瓷地砖(即缸砖)、陶瓷地砖、水泥花砖、大理石、花岗石、碎拼大理石、碎拼花岗石、预制混凝土板、预制水磨石板、条石等板块面层的水泥砂浆结合层和填缝时，在板块面层铺设后，表面应覆盖、湿润，在常温下养护时间不应少于 7d，保证面层与下一层结合(粘结)牢固，防止局部空鼓。

7. 铺设板块面层的水泥砂浆结合层的抗压强度达到不小于 1.2MPa 时，其面层方可准许人行走；当上述抗压强度达到设计要求后，其面层方准许正常使用。

8. 板块面层板块料的铺砌应符合设计要求，当设计无要求时，宜避免出现板块料小于 1/4 边长的边角料。影响装饰效果。

9. 板块料铺设踢脚线时，不得采用石灰砂浆打底，以免与墙面结合不牢，出现空鼓，甚至脱落。

10. 板块面层的表面平整度、缝格平直度、接缝高低差和板块间隙宽度等均应符合设计要求和施工质量验收规范的允许偏差限值，方可认为合格。

11. 板块面层铺设应在施工工艺过程中进行施工质量控制。其过程控制可参见板块面层分项工程施工工艺流程示意图(图 2-6-1)。

2-6-2-2 砖面层

砖面层属于建筑地面工程板块类面层，其特点是质地结构致密、平整光洁、抗腐耐磨、色调均匀、种类繁多、施工方便，不仅满足使用要求，而且装饰效果好。但其性脆、抗冲击韧性差、热稳定性较低，骤冷骤热易开裂。按砖表面分为无釉和带釉两种，一般常用为无釉产品。根据生产条件和使用功能，广泛应用于工业厂房和民用建筑中的建筑地面工程，如有较高的清洁要求的车间、工作间、门厅、盥洗室、化验室、厨房和厕浴间等。

1. 砖面层应是采用陶瓷锦砖、无釉陶瓷地砖(即缸砖)、陶瓷地砖和水泥花砖等板块料在水泥砂浆、沥青胶结料或胶粘剂结合层上铺设而成。

2. 砖面层采用的板块料的品种、质量必须符合设计要求，并应符合国家现行的产品

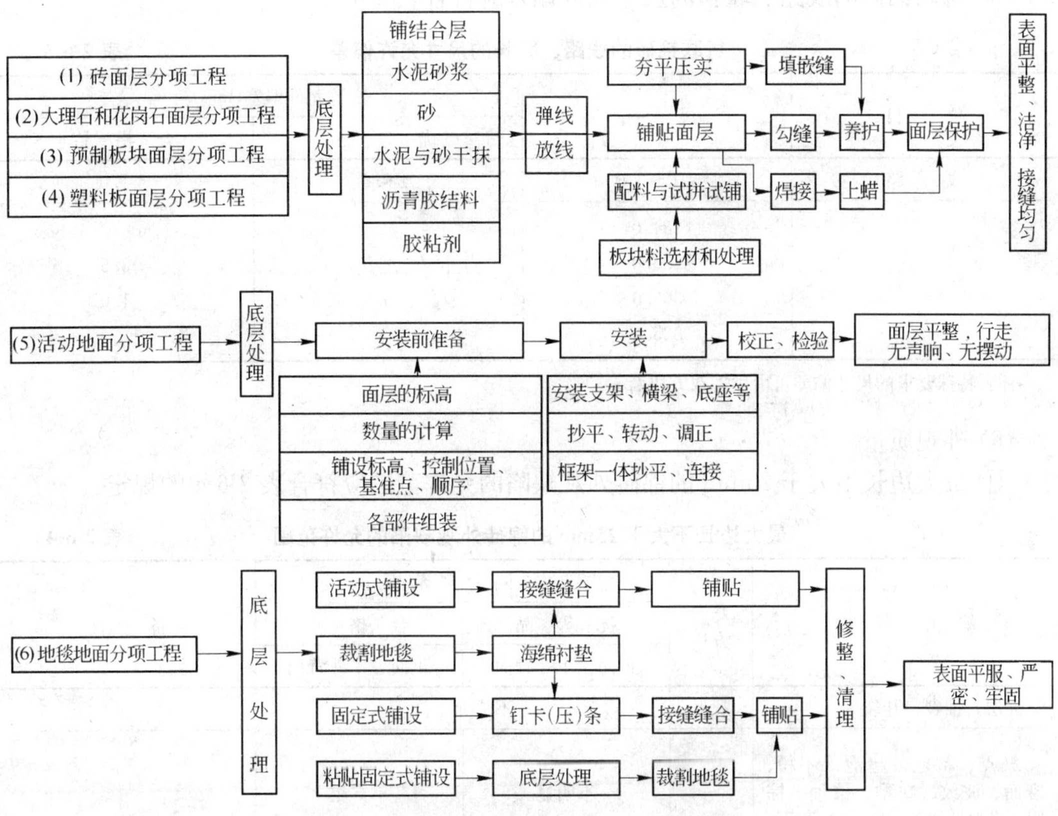

图 2-6-1 板块面层分项工程施工工艺流程示意图(1)～(6)

标准的规定。

(1) 陶瓷锦砖：陶瓷锦砖的外形大小不一。断面分凸面和平面两种，平面者多用于铺设建筑地面。其技术等级、外观质量要求应符合《陶瓷马赛克》(JC/T 456—2005)的规定。

1) 陶瓷锦砖品种按表面性质分为有釉、无釉锦砖；按砖联分为单色、拼花两种。

2) 陶瓷锦砖规格：单块砖长不大于 50mm；砖联分为正方形、长方形。

3) 陶瓷锦砖分级按尺寸允许偏差和外观质量分为优等品和合格品两个等级。

4) 单块锦砖尺寸允许偏差应符合表 2-6-2。

单层锦砖尺寸允许偏差 **表 2-6-2**

项 目	尺 寸	允许偏差(mm)	
		优 等 品	合 格 品
长 度	≤25.0 ＞25.0	±0.5	±1.0
厚 度	4.0 4.5 ＞4.5	±0.2	±0.4

5）每联锦砖的线路、联长的尺寸允许偏差应符合表 2-6-3。

每联锦砖的线路、联长的尺寸允许偏差　　表 2-6-3

项　目	尺　寸	允许偏差(mm)	
		优　等　品	合　格　品
线　路	2.0～5.0	±0.6	±1.0
联　长	284.0 295.0 305.0 325.0	+2.5 −0.5	+3.5 −1.0

注：特殊要求的尺寸偏差可由供需双方协商。

6）外观质量

① 最大边长不大于 25mm 的锦砖外观缺陷的允许范围应符合表 2-6-4 的规定。

最大边长不大于 25mm 的锦砖外观缺陷的允许范围　　表 2-6-4

缺 陷 名 称	表示方法	缺陷允许范围				备　注
		优　等　品		合　格　品		
		正面	背面	正面	背面	
夹层、釉裂、开裂	—	不　允　许				—
斑点、粘疤、起泡、坯粉、麻面、波纹、缺釉、桔釉、棕眼、落脏、溶洞	—	不明显		不严重		—
缺　角(mm)	斜边长	1.5～2.3	3.5～4.3	2.3～3.5	4.3～5.6	斜边长小于 1.5mm 的缺角允许存在。 正背面缺角不允许出现在同一角部。 正面只允许缺角 1 处
	深度	不大于砖厚的 2/3				
缺　边(mm)	长度	2.0～3.0	5.0～6.0	3.0～5.0	6.0～8.0	正背面缺边不允许出现在同一侧面。 同一侧面边不允许有 2 处缺边；正面只允许 2 处缺边
	宽度	1.5	2.5	2.0	3.0	
	深度	1.5	2.5	2.0	3.0	
变　形(mm)	翘曲	不　明　显				—
	大小头	0.2		0.4		

② 最大边长大于 25mm 的锦砖，外观缺陷的允许范围应符合表 2-6-5 的规定。

7）吸水率：无釉锦砖吸水率不大于 0.2%；有釉锦砖吸水率不大于 1.0%。

8）耐急冷急热性：在温差 140±2℃下热交换一次不裂，对无釉锦砖不作要求。

9）成联质量要求

① 锦砖与铺贴衬材的粘结牢固，不允许有锦砖脱落。

② 正面贴纸锦砖的脱纸时间不大于 40min。

③ 色差：联内及联间锦砖色差，优等品目测 基本一致；合格品目测稍有色差。

④ 锦砖铺贴成联后，不允许铺贴纸露出。

最大边长大于 25mm 的锦砖，外观缺陷的允许范围　　表 2-6-5

缺陷名称	表示方法	缺陷允许范围				备注
		优等品		合格品		
		正面	背面	正面	背面	
夹层、釉裂、开裂	—	不允许				—
斑点、粘疤、起泡、坯粉、麻面、波纹、缺釉、桔釉、棕眼、落脏、熔洞	—	不明显		不严重		—
缺角(mm)	斜边长	1.5～2.8	3.5～4.9	2.8～4.3	4.9～6.4	斜边长小于 1.5mm 的缺角允许存在。正背面缺角不允许出现在同一角部。正面只允许缺角 1 处
	深度	不大于厚砖的 2/3				
缺边(mm)	长度	3.0～5.0	6.0～9.0	5.0～8.0	9.0～13.0	正背面缺边不允许出现在同一侧面。同一侧面边不允许有 2 处缺边；正面只允许 2 处缺边
	宽度	1.5	3.0	2.0	3.5	
	深度	1.5	2.5	2.0	3.5	
变形(mm)	翘曲	0.3		0.5		—
	大小头	0.6		1.0		

(2) 陶瓷地砖：陶瓷地砖的质量要求应符合《陶瓷地砖》(GB/T 4100.4—1999)的规定。

1) 尺寸偏差

① 长度、宽度和厚度允许偏差必须符合表 2-6-6 的规定。

长度、宽度和厚度尺寸允许偏差(%)　　表 2-6-6

产品表面面积 $S(cm^2)$		$S \leqslant 90$	$90 < S \leqslant 190$	$190 < S \leqslant 410$	$S > 410$
长度和宽度	每块砖(2 或 4 条边)的平均尺寸相对于工作尺寸的允许偏差	±1.2	±1.0	±0.75	±0.6
	每块砖(2 或 4 条边)的平均尺寸相对于 10 块砖(20 或 40 条边)平均尺寸的允许偏差	±0.75	±0.5	±0.5	±0.4
厚度	每块砖厚度的平均值相对于工作尺寸厚度的最大允许偏差	±10.0	±10.0	±5.0	±5.0

② 模数砖名义尺寸连接宽度为 2～5mm，非模数砖工作尺寸与名义尺寸之间的偏差不大于±2%(最大±5mm)。

注：特殊要求的尺寸偏差可由供需双方协商。

③ 边直度、直角度和表面平整度应符合表 2-6-7 的规定。

边直度、直角度和表面平整度允许偏差(%)　　表 2-6-7

产品表面面积 $S(cm^2)$	$S \leqslant 90$		$90 < S \leqslant 190$		$190 < S \leqslant 410$		$S > 410$	
	优等品	合格品	优等品	合格品	优等品	合格品	优等品	合格品
边直度[①](正面)相对于工作尺寸的最大允许偏差	±0.50	±0.75	±0.4	±0.5	±0.4	±0.5	±0.4	±0.5

续表

产品表面面积 $S(cm^2)$	$S\leqslant 90$		$90<S\leqslant 190$		$190<S\leqslant 410$		$S>410$	
	优等品	合格品	优等品	合格品	优等品	合格品	优等品	合格品
直角度[①](正面)相对于工作尺寸的最大允许偏差	±0.70	±1.0	±0.4	±0.6	±0.4	±0.6	±0.4	±0.6
表面平整度相对于工作尺寸的最大允许偏差								
1. 对于由工作尺寸计算的对角线的中心弯曲度	±0.7	±1.0	±0.4	±0.5	±0.4	±0.5	±0.4	±0.5
2. 对于由工作尺寸计算的对角线的翘曲度	±0.7	±1.0	±0.4	±0.5	±0.4	±0.5	±0.4	±0.5
3. 对于由工作尺寸计算的边弯曲度	±0.7	±1.0	±0.4	±0.5	±0.4	±0.5	±0.4	±0.5

① 不适用于有弯曲形状的砖。

2）表面质量

优等品：至少有 95%的砖距 0.8m 远处垂直观察表面无缺陷；

合格品：至少有 95%的砖距 1m 远处垂直观察表面无缺陷。

3）物理性能

① 吸水率

吸水率平均值为 $6\%<E\leqslant 10\%$，单个值不大于 11%。

② 破坏强度和断裂模数

a. 破坏强度

厚度≥7.5mm，破坏强度平均值不小于 800N；

厚度<7.5mm，破坏强度平均值不小于 500N。

b. 断裂模数(不适用于破坏强度≥3000N 的砖)

陶瓷砖断裂模数平均值不小于 18MPa，单个值不小于 16MPa。

③ 抗热振性

经 10 次抗热振试验不出现炸裂或裂纹。

④ 抗釉裂性

有釉陶瓷砖经抗釉裂性试验后，釉面应无裂纹或剥落。

⑤ 抗冻性

陶瓷砖经抗冻性试验后应无裂纹或剥落。

⑥ 耐磨性

无釉砖耐深度磨损体积不大于 $540mm^3$。

用于铺地的有釉砖表面耐磨性报告磨损等级和转数。

⑦ 抗冲击性

经抗冲击性试验后报告陶瓷砖的平均恢复系数。

⑧ 线性热膨胀系数(从室温到 100℃)

经检验后报告陶瓷砖线性热膨胀系数。

⑨ 湿膨胀(用 mm/m 表示)

经试验后报告陶瓷砖的湿膨胀平均值。

⑩ 小色差

经检验后报告陶瓷砖的色差值。

⑪ 地砖的摩擦系数

经检验后报告陶瓷地砖的摩擦系数和所用的试验方法。

4）化学性能

① 耐化学腐蚀性

a. 耐低浓度酸和碱

经试验后陶瓷砖耐化学腐蚀性等级与生产企业确定的等级比较并判定。

b. 耐高浓度酸和碱

经试验后报告陶瓷砖耐化学腐蚀性等级。

c. 耐家庭化学试剂和游泳池盐类

经试验后有釉陶瓷砖不低于GB级，无釉陶瓷砖不低于UB级。

② 耐污染性

有釉砖：经耐污染试验后不低于3级。

无釉砖：经耐污染试验后报告耐污染级别。

③ 铅和镉的溶出量

经试验后报告有釉陶瓷砖釉面铅和镉的溶出量。

(3) 无釉陶瓷地砖(即缸砖)：无釉陶瓷地砖的质量要求应符合现行国家标准《无釉陶瓷地砖》(GB/T 4100.3—1999)的规定。

1）尺寸偏差

① 长度、宽度和厚度允许偏差应符合表2-6-8的规定。

长度、宽度和厚度允许偏差(%) **表2-6-8**

产品表面面积 S(cm²)		$S\leqslant90$	$90<S\leqslant190$	$190<S\leqslant410$	$S>410$
长度和宽度	每条边(2或4条边)的平均尺寸相对于工作尺寸的允许偏差	±1.2	±1.0	±0.75	±0.6
	每条边(2或4条边)的平均尺寸相对于10块砖(20或40条边)平均尺寸的允许偏差	±0.75	±0.5	±0.5	±0.4
厚度	每块砖厚度的平均值相对于工作尺寸厚度的最大允许偏差	±10.0	±10.0	±5.0	±5.0

② 模数砖名义尺寸连接宽度为2～5mm，非模数砖工作尺寸与名义尺寸之间的偏差不大于±2%(最大±5mm)。

注：特殊要求的尺寸偏差可由供需双方协商。

③ 边直度、直角度和表面平整度应符合表2-6-9的规定。

边直度、直角度和表面平整度允许偏差(%) **表2-6-9**

产品表面面积 S(cm²)	$S\leqslant90$		$90<S\leqslant190$		$190<S\leqslant410$		$S>410$	
	优等品	合格品	优等品	合格品	优等品	合格品	优等品	合格品
边直度①(正面)相对于工作尺寸的最大允许偏差	±0.50	±0.75	±0.4	±0.5	±0.4	±0.5	±0.4	±0.5

续表

产品表面面积 S(cm^2)	$S≤90$		$90<S≤190$		$190<S≤410$		$S>410$	
	优等品	合格品	优等品	合格品	优等品	合格品	优等品	合格品
直角度①(正面)相对于工作尺寸的最大允许偏差	±0.70	±1.0	±0.4	±0.6	±0.4	±0.6	±0.4	±0.6
表面平整度相对于工作尺寸的最大允许偏差								
1. 对于由工作尺寸计算的对角线的中心弯曲度	±0.7	±1.0	±0.4	±0.5	±0.4	±0.5	±0.4	±0.5
2. 对于由工作尺寸计算的对角线的翘曲度	±0.7	±1.0	±0.4	±0.5	±0.4	±0.5	±0.4	±0.5
3. 对于由工作尺寸计算的边弯曲度	±0.7	±1.0	±0.3	±0.5	±0.3	±0.5	±0.3	±0.5

① 不适用于有弯曲形状的砖。

2）表面质量

优等品：至少有 95％的砖距 0.8m 远处垂直观察表面无缺陷；

合格品：至少有 95％的砖距 1m 远处垂直观察表面无缺陷。

3）物理性能

① 吸水率

吸水率平均值为 $3\%<E\leqslant6\%$，单个值不大于 6.5％。

② 破坏强度和断裂模数

a. 破坏强度

厚度≥7.5mm，破坏强度平均值不小于 1000N；

厚度＜7.5mm，破坏强度平均值不小于 600N。

b. 断裂模数(不适用于破坏强度≥3000N 的砖)

陶瓷砖断裂模数平均值不小于 22MPa，单个值不小于 20MPa。

③ 抗热震性

经 10 次抗热震试验不出现炸裂或裂纹。

④ 抗冻性

陶瓷砖经抗冻性试验后应无裂纹或脱落。

⑤ 耐磨性

无釉砖耐深度磨损体积不大于 $345m^3$。

用于铺地的有釉砖表面耐磨性报告磨损等级和转数。

⑥ 抗冲击性

经抗冲击性试验后报告陶瓷砖的平均恢复系数。

⑦ 线性热膨胀系数(从室温到 100℃)

经检验后报告陶瓷砖线性热膨胀系数。

⑧ 湿膨胀(用 mm/m 表示)

经试验后报告陶瓷砖的湿膨胀平均值。

⑨ 小色差

经检验后报告陶瓷砖的色差值。

⑩ 地砖的摩擦系数

经检验后报告陶瓷地砖的摩擦系数和所用的试验方法。

4）化学性能

① 耐化学腐蚀性

a. 耐低浓度酸和碱

经试验后陶瓷砖耐化学腐蚀性等级与生产企业确定的等级比较并判定。

b. 耐高浓度酸和碱

经试验后报告陶瓷砖耐化学腐蚀性等级。

c. 耐家庭化学试剂和游泳池盐类

经试验后有釉陶瓷砖不低于GB级，无釉陶瓷砖不低于UB级。

② 耐污染性

有釉砖：经耐污染试验后不低于3级。

无釉砖：经耐污染试验后报告耐污染级别。

(4) 水泥花砖：水泥花砖面层带有各种图案，花色品种繁多，其质量要求应符合现行国家标准《水泥花砖》(JC 410—91)的规定。

1）水泥花砖分类按使用部位不同，分为地面花砖(F)和墙面花砖(W)。

2）水泥花砖等级按其外观质量、尺寸偏差与物理力学性能分为一等品(B)和合格品(C)。

3）外观质量

① 水泥花砖的缺棱、掉角、掉底、越线和图案偏差应符合表2-6-10。

外观质量偏差(mm) **表2-6-10**

项目		一等品	合格品
正面	缺棱	长×宽>10×2，不允许	长×宽>20×2，不允许
	掉角	长×宽>2×2，不允许	长×宽>4×4，不允许
掉底		长×宽<20×20，深≤1/3砖厚，允许1处	长×宽<30×30，深≤1/3砖厚，允许1处
越线		越线距离<1.0，长度<10.0，允许1处	越线距离<2.0，长度<20.0，允许1处
图案偏差		≤1.0	≤3.0

② 水泥花砖不允许有裂纹，露底和起鼓。

③ 水泥花砖不得有明显的色差、污迹和麻面。

4）尺寸偏差

① 尺寸允许偏差应符合表2-6-11的规定。

尺寸允许偏差(mm) **表2-6-11**

品种	一等品			合格品		
	长	宽	厚	长	宽	厚
F W	±0.5		±1.0	±1.0		±1.5

② 平度、角度和厚度差不得大于表2-6-12的规定值。

平度、角度和厚度差(mm) **表 2-6-12**

品种	平度		角度		厚度差	
	一等品	合格品	一等品	合格品	一等品	合格品
F	0.7	1.0	0.4	0.8	0.5	1.0
W	0.7	1.0	0.5	1.0		

5）物理力学性能

① 抗折破坏荷载不得小于表 2-6-13 中的规定值。

抗折破坏荷载规定值(N) **表 2-6-13**

品种	规格(mm)	一等品		合格品	
		平均值	单块最小值	平均值	单块最小值
F	200×200	900	760	700	600
W		600	500	500	420
F	200×150	680	580	520	440
W		460	380	380	320
F	150×150	1080	920	840	720
W		720	610	600	500

② 耐磨性能不得大于表 2-6-14 的规定值。

耐磨性能规定值(g) **表 2-6-14**

品种	一等品		合格品	
	平均磨耗量	最大磨耗量	平均磨耗量	最大磨耗量
F	5.0	6.0	7.5	9.0

注：墙砖(W)不要求耐磨指标。

③ 吸水率不得大于 14%。

6）结构性能

① 地面花砖面层厚度的最小值，一等品应不低于 1.6mm，合格品应不低 1.3mm。

② 水泥花砖的一等品不允许有分层现象，合格品只允许有不明显的分层现象。

(5) 采用胶粘剂铺贴陶瓷地砖时，胶粘剂应符合《陶瓷地砖胶粘剂》(JC/T 547—2005)的规定。

1）类别

按化学成分和物理形态分为 5 类：

A 类：由水泥等无机胶凝材料、矿物集料和有机外加剂等组成的粉状产品。

B 类：由聚合物分散液与填料等组成的膏糊状产品。

C 类：由聚合物分散液和水泥等无机胶凝材料、矿物集料等两部分组成的双包装产品。

D 类：由聚合物溶液和填料等组成的膏糊状产品。

E 类：由反应性聚合物及其填料等组成的双包装或多包装产品。

2）级别

按耐水性分为 3 个等级：

F级：较快具有耐水性的产品。

S级：较慢具有耐水性的产品。

N级：无耐水性要求的产品。

3）技术要求

陶瓷地砖胶粘剂技术要求应符合表2-6-15的规定。

3. 有防腐蚀要求的砖面层采用的耐酸瓷砖、浸渍沥青砖、无釉陶瓷地砖的材料质量和铺设方法以及施工质量验收，应符合现行国家标准《建筑防腐蚀工程施工及验收规范》(GB 50212—2002)的规定。

陶瓷地砖胶粘剂技术要求 **表2-6-15**

<table>
<tr><th rowspan="2">序号</th><th rowspan="2" colspan="3">项目</th><th colspan="3">技术指标</th></tr>
<tr><th>F级</th><th>S级</th><th>N级</th></tr>
<tr><td>1</td><td rowspan="2">拉伸胶结强度达到0.17MPa的时间间隔(min)</td><td>凉置时间</td><td>≥</td><td colspan="3">10</td></tr>
<tr><td>2</td><td>调整时间</td><td>></td><td colspan="3">5</td></tr>
<tr><td>3</td><td colspan="2">收缩性①(%)</td><td><</td><td colspan="3">0.50</td></tr>
<tr><td rowspan="7">4</td><td rowspan="7">压剪胶结强度(MPa)</td><td>原强度</td><td>≥</td><td colspan="3">1.00</td></tr>
<tr><td rowspan="2">耐水</td><td rowspan="2">≥</td><td>0.70</td><td></td><td></td></tr>
<tr><td></td><td>0.70</td><td></td></tr>
<tr><td>耐温</td><td>≥</td><td colspan="3">0.70</td></tr>
<tr><td rowspan="2">耐冻融</td><td rowspan="2">≥</td><td>0.70</td><td></td><td></td></tr>
<tr><td></td><td>0.70</td><td></td></tr>
<tr><td colspan="5"></td></tr>
<tr><td>5</td><td colspan="3">防霉性②等级</td><td colspan="3">1</td></tr>
</table>

① B类、D类产品免测。

② 仅测防霉型产品。

4. 铺设砖面层(包括结合层)下的基层表面要求坚实、平整，不允许有施工质量缺陷，并应清扫干净，以利上下层结合。

5. 结合层厚度：采用水泥砂浆铺设时应为10～15mm；采用沥青胶结料铺设时应为2～5mm；采用胶粘剂铺设时应为2～3mm。

6. 在水泥砂浆结合层上铺贴无釉陶瓷地砖、陶瓷地砖、水泥花砖面层时，施工应符合下列要求：

(1) 做好水泥砂浆结合层下基层表面的清理和处理工作，使面层与下一层结合(粘结)牢固，防止局部空鼓；

(2) 在铺贴前，对砖的规格尺寸、外观质量和色泽等进行预选(配)，并事先在水中浸泡或淋水湿润后晾干待用；

(3) 铺贴时，宜采用1∶3或1∶4(水泥∶砂)干硬性水泥砂浆，水泥砂浆表面要拍实并抹成毛面。铺面砖应紧密、贴实、砂浆饱满。严格控制面层的标高，注意检测泛水；

(4) 面砖的缝隙宽度，应按设计要求，当紧密铺贴时不宜大于1mm；当虚缝铺贴时宜为5～10mm；

(5) 大面积施工时，应采取分段顺序铺贴，按标准拉线镶贴，严格控制方正，并随时做好铺砖、砸平、拨缝、修整等各道工序的检查和复验工作。以达到砖面层表面接缝平整，深浅一致，周边顺直，保证铺贴面层质量；

(6) 砖面层铺贴应连续作业，宜在5～6h完成，防止水泥砂浆结硬；

(7) 砖面层铺贴24h内，根据各类砖面层的要求，分别进行擦缝、勾缝或压缝工作，缝的深度宜为砖厚度的1/3，擦缝和勾缝应采用同品种、同强度等级、同颜色的水泥。同时应随做随清理面层的水泥，并做好砖面层的养护和保护工作。

7. 在水泥砂浆结合层上铺贴陶瓷锦砖面层时，施工应符合下列要求：

(1) 水泥砂浆结合层采用的水泥砂浆和对其下基层的要求和处理，均应与上列第6条相同；

(2) 结合层与陶瓷锦砖应分段同时铺贴，水泥砂浆要求拍实，表面平整。在铺贴面砖时，应撒干水泥、淋水或刷以水泥浆粘结层，其厚度宜为2～2.5mm，并应随撒(刷)随铺贴、随拍平拍实；

(3) 陶瓷锦砖底面应清洁，每联陶瓷锦砖间、陶瓷锦砖与结合层间以及在墙角、镶边和靠墙处，均应紧密贴合，并不得有空隙现象。在靠墙处不得采用水泥砂浆填补或代替陶瓷锦砖料；

(4) 陶瓷锦砖面层在铺贴后，应进行纸面淋水、扫清纸毛、灌缝扫严、擦缝拍实等，并做好面层的清理、养护和保护工作；

(5) 常温下应连续作业，以防水泥砂浆结硬，整个施工操作以在5～6h内完成为宜。

8. 在沥青胶结料结合层上铺贴无釉陶瓷地砖时，其下一层表面应洁净、干燥，并应涂刷基层处理剂，以增强上下层之间的粘结，防止局部空鼓。无釉陶瓷地砖应干净，铺贴时应在热沥青胶结料摊铺后进行，并在热沥青胶结料凝结前完成。其砖间缝隙宽度宜为3～5mm，采用挤压方法使沥青胶结料挤入，再用沥青胶结料填满缝。填缝前，缝隙内应予清扫并使其干燥。

9. 在胶粘剂结合层粘贴砖面层时，其水泥类基层表面应平整、坚硬、干燥、光滑、清洁、无油脂及其他杂质，并不得有麻面、起砂、裂缝等施工质量缺陷。铺贴时，应用水稀释的乳液涂刷一遍，以增强基层的整体性和粘结力。

胶粘剂选用应符合现行国家标准《民用建筑工程室内环境污染控制规范》(GB 50325—2001)的规定。

10. 砖面层邻接处的镶边用料及尺寸应符合设计要求，并做到边角整齐、光滑。

11. 砖面层表面的坡度、坡向应按设计要求，不得出现倒泛水和局部积水；与地漏、管道结合处不得有渗漏现象。

12. 在砖面层铺完后，面层应坚实、平整、洁净、路线顺直，不应有空鼓、松动、脱落和裂缝、缺棱、掉角、污染等施工质量缺陷。

13. 板块面层铺设的砖面层分项工程的质量检验，应按下列规定进行：

(1) 砖面层检验批的划分和抽查数量以及验收组织和质量检验基本上按本手册2-4-2-2基土这一节中第11条要求执行；

(2)“砖面层检验批质量验收记录表”的制定应符合国标《建筑地面工程施工质量验收规范》(GB 50209—2002)的规定；

(3) 砖面层分别采用陶瓷锦砖、无釉陶瓷地砖(即缸砖)、陶瓷地砖或水泥花砖铺设砖面层时，应在“砖面层检验批质量验收记录表”表头分别加注，以资识别，并应按各品种的砖面层分别填写。

砖面层检验批质量验收记录表

(GB 50209—2002)

030108□□

单位(子单位)工程名称			
分部(子分部)工程名称		验收部位	
施工单位		项目经理	
分包单位		分包项目经理	
施工执行标准名称及编号			

施工质量验收规范的规定						施工单位检查评定记录	监理(建设)单位验收记录
主控项目	1	块材品种、质量			设计要求		
	2	面层与下一层结合			第 6.2.8 条		
一般项目	1	面层表面质量			第 6.2.9 条		
	2	邻接处镶边用料			第 6.2.10 条		
	3	踢脚线质量			第 6.2.11 条		
	4	楼梯踏步高度差			第 6.2.12 条		
	5	面层表面坡度			第 6.2.13 条		
	6	允许偏差	表面平整度	缸砖	4.0mm		
				水泥花砖	3.0mm		
				陶瓷锦砖、陶瓷地砖	2.0mm		
	7		缝格平直		3.0mm		
	8		接缝高低差	陶瓷锦砖、陶瓷地砖、水泥花砖	0.5mm		
				缸砖	1.5mm		
	9		踢脚线上口平直	陶瓷锦砖、陶瓷地砖、水泥花砖	3.0mm		
				缸砖	4.0mm		
	10		板块间隙宽度		2.0mm		

施工单位检查评定结果	专业工长(施工员)		施工班(组长)	
	项目专业质量检查员：　　　　年　月　日			
监理(建设)单位验收结论	专业监理工程师： (建设单位项目专业技术负责人)：　　　　年　月　日			

注：同基土层检验批质量验收记录表注 1。

说　　明

030108

主控项目：

1. 面层所用板块的品种、质量必须符合设计要求。观察检查和检查产品合格证明文件及检测报告。

2. 面层与下一层的结合(粘结)应牢固，无空鼓。用小锤轻击检查。

注：凡单块砖边角有局部空鼓，且每自然间(标准间)不超过总数的5%可不计。

一般项目：

1. 砖面层的表面应洁净、图案清晰、色泽一致，接缝平整，深浅一致，周边顺直。板块无裂纹、掉角和缺楞等缺陷。观察检查。

2. 面层邻接处的镶边用料及尺寸应符合设计要求，边角整齐、光滑。观察和用尺量检查。

3. 踢脚线表面应洁净、高度一致、结合牢固、出墙厚度一致。观察和用小锤轻击及尺量检查。

4. 楼梯踏步和台阶板块的缝隙宽度应一致、齿角整齐；相邻踏步高差不应大于10mm；防滑条顺直。观察和尺量检查。

5. 面层表面的坡度应符合设计要求，不倒泛水、无积水；与地漏、管道结合处应严密牢固、无渗漏。观察、泼水或坡度尺检查。

6. 用2m靠尺和楔形塞尺检查表面平整度的允许偏差，拉5m线和用钢尺检查平直度允许偏差；用钢尺和楔形塞尺检查高低差和间隙宽度允许偏差。

2-6-2-3　大理石面层和花岗石面层

大理石面层和花岗石面层属于建筑地面工程板块类面层。其特点是板块材质地坚硬、密度大、抗压强度高、硬度大、耐磨性和耐久性好、吸水率小、耐冻性强以及施工速度快、湿作业小，并具有装饰性能即颜色花纹的效果好。广泛应用于高等级的公共场所和民用建筑以及耐化学反应的工业建筑中的生产车间等建筑地面工程。缺点是自重大、质脆、耐火性差、硬度大不利于开采加工。

对大理石、花岗石等天然石材含有微量放射性元素的放射性比活度的指标，应按现行国家标准《建筑材料放射性核素限量》(GB 6566—2001)规定的分类限制要求的A类产品，应用于建筑物居室内建筑地面工程。而B产品可用于其他一切建筑物的内、外建筑地面工程。

1. 大理石面层和花岗石面层是分别采用天然大理石或花岗石板材在结合层铺设而成。

大理石面层和花岗石面层也可分别采用碎块天然大理石或花岗石板材在结合层铺设为碎拼大理石和碎拼花岗石面层，这不仅可利用工厂生产过程中或施工现场中产生边角料、残次品等天然大理石、花岗石碎块材，而且观赏和使用效果均较好。有些地区称为冰裂缝面层。

2. 结合层的厚度：当采用水泥砂浆时，应为10～15mm；当采用水泥砂时，应为20～30mm。

3. 大理石板材不适宜用于室外地面工程，以防板材风化影响使用。

4. 天然大理石建筑板材是以大理石荒料经锯、切、磨等工序加工而成的板块产品。

其技术要求的规格尺寸、平面度、角度、外观质量、物理性能等应符合现行国家标准《天然大理石建筑板材》(JC/T 79—2001)的规定。

(1) 天然大理石板材普通板(PX)和圆弧板(HM)的规格尺寸允许偏差

1) 普型板规格尺寸允许偏差应符合表 2-6-16 的规定。

普型板规格尺寸允许偏差(mm) **表 2-6-16**

项目		优等品	一等品	合格品
长度、宽度		0～−1.0	0～−1.0	0～−1.5
厚度	≤12	±0.5	±0.8	±1.0
	>12	±1.0	±1.5	±2.0

2) 圆弧板壁厚最小值应不小于 18mm，规格尺寸允许偏差应符合表 2-6-17 的规定。

圆弧板材规格尺寸允许偏差(mm) **表 2-6-17**

项目	优等品	一等品	合格品
弦长	0～−1.0	0～−1.0	0～−1.5
高度	0～−1.0	0～−1.0	0～−1.5

(2) 平面度允许偏差

1) 普型板平面度允许公差见表 2-6-18。

普型板平面度允许公差(mm) **表 2-6-18**

板材长度 l	优等品	一等品	合格品
≤400	0.20	0.30	0.50
400<l≤800	0.50	0.60	0.80
>800	0.70	0.80	1.00

2) 圆弧板直线度与线轮廓度允许公差见表 2-6-19。

圆弧板直线度与线轮廓度允许公差(mm) **表 2-6-19**

项目		优等品	一等品	合格品
直线度(按板材高度)	≤800	0.60	0.80	1.00
	>800	0.80	1.00	1.20
线轮廓度		0.80	1.00	1.20

(3) 角度允许偏差

1) 普型板角度允许公差见表 2-6-20。

2) 圆弧板端面角度允许公差：优等品为 0.40mm，一等品为 0.60mm，合格品为 0.80mm。

3) 普型板拼缝板材正面与侧面的夹角不得大于 90°。

普型板角度允许公差(mm)　　**表 2-6-20**

板材长度	优等品	一等品	合格品
≤400	0.30	0.40	0.50
>400	0.40	0.50	0.70

4）圆弧板侧面角应不小于 90°。

(4) 外观质量

1）同一批板材的色调应基本调和，花纹应基本一致。

2）板材正面的外观缺陷的质量要求应符合表 2-6-21 的规定。

板材正面的外观缺陷　　**表 2-6-21**

缺陷名称	规定内容	优等品	一等品	合格品
裂　纹	长度超过 10mm 的不允许条数(条)	0		
缺　棱	长度不超过 8mm，宽度不超过 1.5mm(长度≤4mm，宽度≤1mm 不计)，每米长允许个数(个)	0	1	2
缺　角	沿板材边长顺延方向，长度≤3mm，宽度≤3mm(长度≤2mm，宽度≤2mm 不计)，每块板允许个数(个)	0	1	2
色　斑	面积不超过 6cm^2(面积小于 2cm^2 不计)，每块板允许个数(个)	0	1	2
砂　眼	直径在 2mm 以下	0	不明显	有，不影响装饰效果

3）板材允许粘结和修补。粘结或修补后应不影响板材的装饰效果和物理性能。

(5) 物理性能

1）镜面板材的镜向光泽值应不低于 70 光泽单位或由供需双方协商确定。

2）板材的物理性能指标应符合表 2-6-22 的规定。

物理性能指标　　**表 2-6-22**

项目			指标
体积密度(g/cm^3)		≥	2.60
吸水率(%)		≤	0.50
干燥压缩强度(MPa)		≥	50.0
干燥	弯曲强度(MPa)	≥	7.0
水饱和			

3）工程对物理性能指标有特殊要求的，按工程要求执行。

(6) 异形板材(YX)的技术指标由供需双方商定。

5. 大理石定型板材为正方形或矩形，建筑地面工程常用规格为 400mm×400mm×

20mm、600mm×600mm×20mm(长×宽×厚)，亦可按设计要求进行加工。其各个品种以其加工磨光后所显示的花色、特征及原料产地而命名，常用的品种有：汉白玉、艾叶青、莱阳绿、雪花、晶黑、铁岭红等名称。

板块材应重视包装、贮存、装卸和运输中的各个环节。浅色大理石不宜用草绳、草帘等捆绑，以防污染；板块材宜放在室内贮存，如在室外存放必须遮盖，以保证产品的质量；直立码放宜光面相对，其倾斜度不应大于75°角；搬运时应轻拿轻放。

6. 花岗石建筑板材是以花岗石荒料经加工制成的粗磨或磨光板块材产品。粗磨板块材具有表面光滑、无光；磨光板块材具有表面光亮、色泽鲜明，晶体裸露。其技术需求的规格尺寸、平面度、角度、外观质量、物理性能以及放射性防护分类控制等应符合现行国家标准《天然花岗石建筑板材》(GB/T 18601—2001)的规定。

(1) 天然花岗石板材普通型(PX)和圆弧板(HM)的规格尺寸允许偏差

1) 普型板规格尺寸允许偏差应符合表2-6-23。

普型板规格尺寸允许偏差(mm) **表2-6-23**

项目		亚光面和镜面板材			粗面板材		
		优等品	一等品	合格品	优等品	一等品	合格品
长度、宽度		0～−1.0	0～−1.0	0～−1.5	0～−1.0	0～−1.0	0～−1.5
厚度	≤12	±0.5	±1.0	+1.0～−1.5	—	—	—
	>12	±1.0	±1.5	±2.0	+1.0～−2.0	±2.0	+2.0～−3.0

2) 圆弧板壁厚最小值应不小于18mm，规格尺寸允许偏差应符合表2-6-24的规定。

圆弧板材规格尺寸允许偏差(mm) **表2-6-24**

项目	亚光面和镜面板材			粗面板材		
	优等品	一等品	合格品	优等品	一等品	合格品
弦长	0～−1.0	0～−1.0	0～−1.5	0～−1.5	0～−2.0	0～−2.0
高度	0～−1.0	0～−1.0	0～−1.5	0～−1.0	0～−1.0	0～−1.5

3) 用于干挂的普型板材厚度允许偏差为+3.0mm～−1.0mm。

(2) 平面度允许偏差

1) 普型板平面度允许公差应符合表2-6-25的规定。

普型板平面度允许公差(mm) **表2-6-25**

板材长度 l	亚光面和镜面板材			粗面板材		
	优等品	一等品	合格品	优等品	一等品	合格品
≤400	0.20	0.35	0.50	0.60	0.80	1.00
400<l≤800	0.50	0.65	0.80	1.20	1.50	1.80
>800	0.70	0.85	1.00	1.50	1.80	2.00

2）圆弧板直线度与线轮廓度允许公差应符合表2-6-26的规定。

圆弧板直线度与线轮廓度允许公差(mm)　　**表2-6-26**

板材长度		亚光面和镜面板材			粗面板材		
		优等品	一等品	合格品	优等品	一等品	合格品
直线度（按板材高度）	≤800	0.80	1.00	1.20	1.00	1.20	1.50
	>800	1.00	1.20	1.50	1.50	1.50	2.00
线轮廓度		0.80	1.00	1.20	1.00	1.50	2.00

(3) 角度允许偏差

1）普型板角度允许公差应符合表2-6-27的规定。

普型板角度允许公差(mm)　　**表2-6-27**

板材长度	优等品	一等品	合格品
≤400	0.30	0.40	0.50
>400	0.40	0.50	0.70

2）圆弧板角度允许公差：优等品为0.40mm，一等品为0.60mm，合格品为0.80mm。

3）普型板拼缝板材正面与侧面的夹角不得大于90°。

4）圆弧板侧面角应不小于90°。

(4) 外观质量

1）同一批板材的色调应基本调和，花纹应基本一致。

2）板材正面的外观缺陷的质量要求应符合表2-6-28的规定。

板材正面的外观缺陷　　**表2-6-28**

缺陷名称	规定内容	优等品	一等品	合格品
缺棱	长度不超过10mm，宽度不超过1.2mm(长度≤5mm，宽度≤1mm不计)，每边每米长允许个数(个)	不允许	1	2
缺角	沿板材边长，长度≤3mm，宽度≤3mm(长度≤2mm，宽度≤2mm不计)，每块板允许个数(个)	不允许	1	2
裂纹	长度不超过两端顺延至板边总长度的1/10(长度小于20mm的不计)，每块板允许条数(条)	不允许	1	2
色斑	面积不超过15mm×30mm(面积小于10mm×10mm不计)，每块板允许个数(个)	不允许	2	3
色线	长度不超过两端顺延至板边总长度的1/10(长度小于40mm的不计)，每块板允许条数(条)	不允许	2	3

注：干挂板材不允许有裂纹存在。

(5) 物理性能

1）镜面板材的镜向光泽度应不低于 80 光泽单位或按供需双方协商确定。

2）天然花岗石建筑板材的物理性能技术指标应符合表 2-6-29 的规定。

物理性能指标 **表 2-6-29**

项目			指标
体积密度(g/cm³)		≥	2.56
吸水率(%)		≤	0.60
干燥压缩强度(MPa)		≥	100.0
干燥	弯曲强度(MPa)	≥	8.0
水饱和			

3）工程对物理性能指标有特殊要求的，按工程要求执行。

（6）放射防护分类控制

石材产品的使用应符合《建筑材料放射卫生防护标准》(GB 6566—2001)标准中对放射性水平的规定。

（7）异形板材(YX)的技术指标由供需双方商定。

7. 建筑地面常用的粗磨和磨光的花岗石板块材的规格有 600mm×300mm×20mm、600mm×600mm×20mm、900mm×600mm×20mm(长×宽×厚)，亦可按设计要求进行加工。花岗石建筑板块材的各个品种，以经研磨加工后所显的花色、特征及原料产地命名，常有品种有：印度红、将军红、五莲红、安溪红、济南青、雪花青、芝麻黑、蒙古黑、新米黄、金花米黄、广西白、汉白玉、乳白、孔雀绿、中国蓝等名称。

粗磨和磨光花岗石板块材应存放在库内，室外存放必须遮盖，入库时按品种、规格、等级或以工程部位分别贮存。

8. 大理石面层和花岗石面层的施工，一般应在顶棚、立墙抹灰后进行，先铺设面层后安装踢脚线。

9. 大理石面层和花岗石面层铺贴前，对板块材有裂缝、掉角、翘曲和表面有缺陷的应予剔除，品种不同的板块材不得混杂使用，并根据石材的颜色、花纹、图案、纹理进行对色、拼花和编号。按设计要求(或设计图纸)的排列顺序，对铺贴板块材的部位，以工程实际情况试拼，核对楼面与地面平面尺寸是否符合要求，并对石材的自然花纹和色调进行挑选排列。试拼中将色板好的排放在显眼部位，花色和规格较差的铺贴在隐蔽处，尽可能使楼、地面的整体图面与色调和谐统一，做到面层表面图案清晰、色泽一致、接缝均匀、周边顺直，体现大理石面层和花岗石面层饰面建筑的高级艺术效果。

10. 大理石面层和花岗石面层铺贴前，还应做好板块材的切割和磨平的处理。按设计要求或实际的尺寸在施工现场进行切割。为保证尺寸准确，宜采用板块切割机切割，经切割后，为使边角光滑、细洁，宜采用手提式磨光机打磨边角。

11. 面层铺贴前，应对其下一层的基层做好清理和处理工作，以保证上下层结合牢固，防止局部空鼓。

12. 面层铺贴前，应弹线找中找方，将相连房间的分格线连接起来，弹出楼、地面标高线，以控制面层表面的平整度。

13. 水泥砂浆结合层的水泥砂浆体积比宜为1∶2(水泥∶砂)，或按本手册2-6-2-1一般规定中第3条表2-6-1采用。

结合层采用水泥砂时，其体积比宜为1∶4～1∶6(水泥∶砂)，铺贴前应淋水拌合均匀。

14. 板块材在铺贴前应先浸水湿润，阴干或擦干后备用。结合层与板块材应分段、分条同时铺贴，并先进行试铺，待合适后正式铺贴。

15. 铺贴时，板块材要四角同时下落，用木锤或皮锤敲击平实，注意随时找平找直，要求四角平整，纵横间隙缝对齐。如发现局部空隙，特别是四块板交接处应补实重行安装，以防该处出现空鼓现象。

16. 铺贴的板块材应平整，线路顺直、镶嵌正确。板材间与结合层以及在墙角、镶边和靠墙、柱处均应紧密贴合，不得有空隙，无空鼓。

17. 铺贴时，板块材之间接缝(拼缝)严密，其缝隙宽度不应大于1mm或按设计要求。面层相邻两块板材严禁二次磨光。

18. 面层铺贴后1～2d内进行灌浆擦缝。根据板块材的颜色选择相同颜色矿物颜料和水泥拌合成稀水泥浆灌入缝隙，灌浆1～2h后，将原稀水泥浆擦缝、擦干、擦净。

19. 面层铺贴完成后，表面应进行养护和保护。待结合层(包括灌缝)的水泥砂浆强度达到要求时，方可打蜡，以达到光滑洁亮。

20. 面层表面的坡度、坡向，应按设计要求施工，不得出现倒泛水、局部积水现象；与地漏、管道结合处应做到严密牢固，不得有渗漏等现象。

21. 碎拼天然大理石(或花岗石)面层是采用颜色协调、厚薄一致、不带尖角的碎块大理石(花岗石)板块材在水泥砂浆结合层铺设而成。面层可分仓或不分仓铺贴，亦可镶嵌分格条。施工采取边铺水泥砂浆结合层，边铺贴碎板块材，按其形状大小相间自然排列。碎板块材间缝宜为20～30mm。间缝可填嵌水泥砂浆或水泥石粒料，当采用磨平磨光面层时，抹填嵌缝应高出碎拼面层面2mm左右。碎拼大理石(花岗石)面层表面应整平、压实、光滑(磨光)，不得出现板块材松动和表面裂缝等施工缺陷。

22. 板块面层铺设的大理石面层和花岗石面层分项工程的质量检验，应按下列规定进行：

(1) 大理石面层和花岗石面层检验批的划分和抽查数量以及验收组织和质量检验基本上按本手册2-4-2-2基土这一节中第11条要求执行；

(2)“大理石面层和花岗石面层检验批质量验收记录表”的制定应符合国标《建筑地面工程施工质量验收规范》(GB 50209—2002)的规定；

(3) 大理石面层和花岗石面层分别是采用大理石、花岗石和碎拼大理石、碎拼花岗石铺设面层时，应在“大理石面层和花岗石面层检验批质量验收记录表”表头分别加注(或划去大理石面层或花岗石面层)以资识别，并应按品种的面层分别填写。

大理石和花岗石面层检验批质量验收记录表

（GB 50209—2002） 030109□□

单位(子单位)工程名称			
分部(子分部)工程名称		验收部位	
施工单位		项目经理	
分包单位		分包项目经理	
施工执行标准名称及编号			

施工质量验收规范的规定				施工单位检查评定记录	监理(建设)单位验收记录
主控项目	1	板块品种、质量	设计要求		
	2	面层与下一层结合	第6.3.6条		
一般项目	1	面层表层质量	第6.3.7条		
	2	踢脚线表面质量	第6.3.8条		
	3	楼梯踏步和台阶质量	第6.3.9条		
	4	面层表面坡度等	第6.3.10条		
	5	允许偏差 表面平整度 大理石面层和花岗石面层	1.0mm		
		允许偏差 表面平整度 拼花大理石面层和拼花花岗石面层	3.0mm		
	6	允许偏差 缝格平直	2.0mm		
	7	允许偏差 接缝高低差	0.5mm		
	8	允许偏差 踢脚线上口平直	1.0mm		
	9	允许偏差 板块间隙宽度	1.0mm		
施工单位检查评定结果			专业工长(施工员)	施工班组长	
			项目专业质量检查员： 年 月 日		
监理(建设)单位验收结论			专业监理工程师： (建设单位项目专业技术负责人)： 年 月 日		

注：同基土层检验批质量验收记录表注1。

说　明

030109

主控项目：

1. 大理石、花岗石面层所用板块的品种、质量应符合设计要求。同时应符合第6.3.3条有关规定。观察检查和检查产品合格证明文件。

2. 面层与下一层应结合牢固，无空鼓。用小锤轻击检查。

注：凡单块板块边角有局部空鼓，且每自然间(标准间)不超过总数的5%可不计。

一般项目：

1. 大理石、花岗石面层的表面应洁净、平整、无磨痕，且应图案清晰、色泽一致、接缝均匀、周边顺直、镶嵌正确、板块无裂纹、掉角、缺楞等缺陷。观察检查。

2. 踢脚线表面应洁净，高度一致、结合牢固、出墙厚度一致。观察和用小锤轻击及尺量检查。

3. 楼梯踏步和台阶板块的缝隙宽度应一致、齿角整齐，相邻踏步高差不应大于10mm，防滑条应顺直、牢固。观察和尺量检查。

4. 面层表面的坡度应符合设计要求，不倒泛水、无积水；与地漏、管道结合处应严密牢固，无渗漏。观察、泼水或坡度尺检查。

5. 2m 靠尺和楔形塞尺检查表面平整度的允许偏差，拉 5m 线和用钢尺检查平直度允许偏差；用钢尺和楔形塞尺检查高低差和间隙宽度允许偏差。

注：碎拼大理石、碎拼花岗石面层尺检查表面平整度允许偏差项目。

2-6-2-4　预制板块面层

预制板块面层也属于板块类建筑地面面层。

水泥混凝土板块是一种铺装制品，主要用于工业建筑室内、室外堆场或临时性和为设备安装、地下管线检修而预留的地段以及民用建筑室内门厅、过道、穿堂和内外廊等的地面工程，既能满足各种要求和使用，又具有实用性。

水磨石板块是以水泥和大理石米为主要原料，经过成型、养护、研磨、抛光等工序制成的一种建筑装饰制品，虽属于水泥混凝土的范畴，但也被列入人造石一类，具有美观、适用、强度高、花色品种多、与整体水磨石面层相比湿作业量小以及施工方便和速度快等优点，在建筑地面工程中被广泛应用，更适用于有一定防潮要求的地面工程。维修工程量小，可随时更换已破裂(破碎)的板块。

1. 预制板块面层是采用水泥混凝土板块在结合层上铺设而成。

2. 结合层厚度：当采用砂结合层时，应为 20～30mm；当采用砂垫层兼做结合层时，不宜小于 60mm。

当采用水泥砂浆结合层时，其厚度应为 10～15mm。水泥砂浆体积比应按本手册 2-6-2-1一般规定中第 3 条表 2-6-1 采用；亦可采用 1∶4 水泥砂淋水拌合成干硬性作结合层。

3. 水泥混凝土板块的混凝土强度等级不应小于 C20；板块边长 250～500mm，板块厚度等于或大于 60mm。长度、宽度允许偏差为±2.5mm；厚度允许偏差为±2.5mm；平整度最大偏差值：当边长≥400mm 时为 1.0mm；当边长≥800mm 时为 2.0mm。外观表面要求密实、无麻面、裂缝和脱皮，边角方正、无扭曲、缺角、掉边。

4. 水磨石板块的质量应符合现行国家标准《建筑水磨石制品》(JC/T 507—93)的规定。

(1) 类别

1) 按制品在建筑物中的使用部位分

① 墙面和柱面用水磨石(Q)；

② 地面和楼面用水磨石(D)；

③ 踢脚板、立板和三角板类水磨石(T)；

④ 隔断板、窗台板和台面板类水磨石(G)。

2) 按制品表面加工程度分

① 磨面水磨石(M)；

② 抛光水磨石(P)。

(2) 外观质量

1) 水磨石面层的外观缺陷规定见表 2-6-30 中规定。

水磨石面层的外观缺陷(mm) **表 2-6-30**

缺陷名称	优等品	一等品	合格品
返浆、杂质	不允许	不允许	长×宽≤10×10 不超过 2 处
色差、划痕、杂石、漏砂、气孔	不允许	不明显	不明显
缺口	不允许	不允许	长×宽>5×3 的缺口不应有；长×宽≤5×3的缺口周边上不超过 4 处，但同一条棱上不得超过 2 处

注：一个缺角应计为相邻两棱边各有缺口 1 处。

2) 水磨石磨光面有图案时，其越线和图案偏差应符合表 2-6-31 的规定。

越线和图案偏差(mm) **表 2-6-31**

缺陷名称	优等品	一等品	合格品
图案偏差	≤2	≤3	≤4
越线	不允许	越线距离≤2，长度≤10，允许 2 处	越线距离≤3，长度≤20，允许 2 处

3) 同批水磨石磨光面上的石碴级配和颜色应基本一致。

(3) 尺寸偏差

1) 水磨石的规格尺寸允许偏差、平面度、角度允许极限公差应符合表 2-6-32 的规定。

水磨石的规格允许极限公差(mm) **表 2-6-32**

类别	等级	长度、宽度	厚度	平面度	角度
Q	优等品	0～−1	±1	0.6	0.6
	一等品	0～−1	+1～−2	0.8	0.8
	合格品	0～−2	+1～−3	1.0	1.0
D	优等品	0～−1	+1～−2	0.6	0.6
	一等品	0～−1	±2	0.8	0.8
	合格品	0～−2	±3	1.0	1.0
T	优等品	±1	+1～−2	1.0	0.8
	一等品	±2	±2	1.5	1.0
	合格品	±3	±3	2.0	1.5
G	优等品	±2	+1～−2	1.5	1.0
	一等品	±3	±2	2.0	1.5
	合格品	±4	±3	3.0	2.0

2) 厚度小于或等于 15mm 的单面磨光水磨石，同块水磨石的厚度极差不得大于 1mm；厚度大于 15mm 的单面磨光水磨石，同块水磨石上的厚度极差不得大于 2mm。

3）侧面不磨光的拼缝水磨石，正面与侧面的夹角不得大于90°。

(4) 出石率

磨光面的石碴分布应均匀。石碴粒径大于或等于3mm的水磨石，出石率应不小于55%。

(5) 物理力学性能

1）抛光水磨石的光泽度，优等品不得低于45.0光泽单位；一等品不得低于35.0光泽单位；合格品不得低于25.0光泽单位。

2）水磨石的吸水率不得大于8.0%。

3）水磨石的抗折强度平均值不得低于5.0MPa，且单块最小值不得低于4.0MPa。

5. 在现场加工的混凝土板块和水磨石板块的预制板块，应按国家标准《建筑地面工程施工质量验收规范》(GB 50209—2002)第5章整体面层铺设中同类面层的有关规定执行。

6. 预制板块应按规格、颜色和花纹进行分类，对有裂缝、掉角、翘曲和表面上有缺陷的板块应予剔除，其强度等级和品种不同的板块不得混杂铺设。

7. 在砂结合层(或垫层兼结合层)上铺设预制板块面层时，结合层下的基层应平整。当为基土层尚应夯填密实。板块面层铺设前，砂结合层应洒水压实、找平、拉线逐块铺设。

8. 在水泥砂浆结合层上铺设预制板块面层时，结合层下的基层应平整、坚实、湿润。面层应分段同时铺贴，并应在结合层的水泥砂浆凝结前完成。面层、结合层与下一层之间结合应牢固，防止局部空鼓。

9. 预制板块面层的铺贴，对水磨石板块应进行试铺，对好纵横缝，振实砂浆，填补空虚处后，板块四角同时落下，再用橡皮锤轻敲，并用木锤敲打结实，防止四角出现空鼓现象，还应用水平尺和直线板找平，以达到预制板块面层平整、线路顺直、接缝均匀、镶边正确。

10. 预制板块面层的板块间缝隙宽度，混凝土板块面层缝宽不宜大于6mm；水磨石板块面层缝宽不应大于2mm。

11. 预制板块面层在水泥砂浆结合层上铺贴后2d内，应先用稀水泥浆或1：1(水泥：细砂)体积比的稀水泥砂浆填缝至2/3高度，根据面层采用混凝土板块、彩色混凝土板块和水磨石板块的不同品种，再应用同色(或同颜色)水泥浆(或水泥砂浆)擦缝。并用覆盖材料保护，至少养护3d。待缝内水泥浆、水泥砂浆凝结后，应将面层清理(擦)干净，以达到面层表面洁净，图案清晰，色泽一致。

12. 板块面层铺设的预制板块面层分项工程的质量检验，应按下列规定进行：

(1) 预制板块面层检验批划分和抽查数量以及验收组织和质量检验基本上按本手册2-4-2-2基土这一节中第11条要求执行；

(2)"预制板块面层检验批质量验收记录表"的制定应符合国标《建筑地面工程施工质量验收规范》(GB 50209—2002)的规定；

(3) 预制板块面层分别采用水泥混凝土板块或水磨石板块铺设面层时，应在"预制板块面层检验批质量验收记录表"表头分别加注，以资识别，并应按各品种的预制板块面层分别填写。

预制板块面层检验批质量验收记录表

（GB 50209—2002）

030110□□

单位（子单位）工程名称						
分部（子分部）工程名称					验收部位	
施工单位					项目经理	
分包单位					分包项目经理	
施工执行标准名称及编号						
施工质量验收规范的规定					施工单位检查评定记录	监理（建设）单位验收记录
主控项目	1	板块的强度、品种、质量		设计要求		
	2	面层与下一层结合		第 6.4.4 条		
一般项目	1	预制板块表面质量		第 6.4.6 条		
	2	预制板块面层质量		第 6.4.7 条		
	3	邻接处的镶边用料尺寸		第 6.4.8 条		
	4	踢脚线质量		第 6.4.9 条		
	5	楼梯踏步和台阶板块要求		第 6.4.10 条		
	6	表面允许偏差：表面平整度	高级水磨石板面层	2mm		
			水磨石板块面层	3mm		
			水泥混凝土板块面层	4mm		
	7	表面允许偏差：缝格平直		3mm		
	8	表面允许偏差：接缝高低差	高级水磨石板面层	0.5mm		
			水磨石板块面层	1.0mm		
			水泥混凝土板块面层	1.5mm		
	9	表面允许偏差：踢脚线上口平直	高级水磨石板面层	3.0mm		
			水磨石及水泥混凝土板面层	4.0mm		
	10	表面允许偏差：板块间隙宽度	高级水磨石及水磨石板块面层	2mm		
			水泥混凝土板面层	6mm		
施工单位检查评定结果	专业工长（施工员）				施工班组长	
	项目专业质量检查员：					年 月 日
监理（建设）单位验收结论	专业监理工程师： （建设单位项目专业技术负责人）：					年 月 日

注：同"基土层检验批质量验收记录表"注 1。

说　明

030110

主控项目：

1. 预制板块的强度等级、规格、质量应符合设计要求；水磨石板块尚应符合国家现行行业标准《建筑水磨石制品》(JC 507—93)的规定。观察检查和检查产品合格证明文件及检测报告。

2. 面层与下一层应结合牢固、无空鼓。用小锤轻击检查。

注：凡单块板块料边角有局部空鼓，且每自然间(标准间)不超过总数的5%可不计。

一般项目：

1. 预制板块表面应无裂缝、掉角、翘曲等明显缺陷。观察检查。

2. 预制板块面层应平整洁净，图案清晰，色泽一致，按缝均匀，周边顺直，镶嵌正确。观察检查。

3. 面层邻接处的镶边用料尺寸应符合设计要求，边角整齐、光滑。观察和尺量检查。

4. 踢脚线表面应洁、高度一致、结合牢固、出墙厚度一致。观察和用小锤轻击及尺量检查。

5. 楼梯踏步和台阶板块的缝隙宽度一致、齿角整齐，楼层梯段相邻踏步高度差不应大于10mm，防滑条顺直。观察和尺量检查。

6. 2m靠尺和楔形塞尺检查表面平整度的允许偏差，拉5m线和用钢尺检查平直度允许偏差；用钢尺和楔形塞尺检查高低差和间隙宽度允许偏差。

2-6-2-5　料石面层

料石面层是采用天然石料，主要适用于一些工业建筑的地底地面工程。

行驶车辆或有坚硬物体磨损的地段，如汽车、电瓶车行驶的地段；以及拖运尖锐金属物体或履带式运输工具的地段，如电缆车间、钢丝绳车间、履带式拖拉机装配车间等，以上这些车间、地段要求地面面层耐压耐磨。

贮存笨重材料的仓库，如生铁块库、钢坯库、重型设备库以及有的贮木场等地段，也有采用料石面层。

耐腐蚀工段地面。因天然石材具有良好的耐腐蚀性能，因此不少化工车间采用天然石料铺设为地面面层。天然石材根据其矿物组成及致密程度，可分为耐酸和耐碱两类，其二氧化硅含量越高，则耐酸性越好，如花岗岩、石英岩、玄武岩、安山岩、文石等均为耐酸石材；而氧化钙、氧化镁含量越高，则耐碱性越好，如石灰岩、白云岩、大理岩等均为耐碱石材。有些耐酸石材如花岗岩、玄武岩等，由于材质结晶致密、孔隙率小，耐碱性能亦较好。

1. 料石面层是用天然石料铺设而成。料石面层的石料一般分为条石和块石两类，将分别铺设在结合层上而成为条石面层和块石面层两种面层。

2. 条石面层和块石面层所用的石材的规格、技术等级和厚度均应符合设计要求。

条石应采用质量均匀、强度等级不应小于MU60的岩石加工而成，其形状应接近矩形六面体，厚度宜为80～120mm。

块石应采用强度等级不小于MU30的岩石加工而成。其形状接近直棱柱体，或有规则的四边形或多边形，底面截锥体、顶面应粗琢平整，底面面积不应小于顶面面积 60%，厚度宜为 100～150mm。

3. 条石面层下结合层厚度为：采用砂结合层时宜 15～20mm；采用水泥砂浆结合层时宜 10～15mm；采用沥青胶结料时宜为 2～5mm。

块石面层一般是直接铺设在砂垫层或基土层上。块石面层下砂垫层(亦可称砂结合层)厚度，应在砂夯实后的厚度不应小于 60mm；块石面层下基土层应为均匀密实的土层，其施工质量应符合本手册 2-4-2-2 基土一节中质量验收的规定。

4. 铺设前，应对料石面层(或结合层、垫层、基土层)下的基层进行清理和处理，要求平整、密实、洁净。以利面层铺砌后，不出现表面松动和局部沉陷，使上下层结合牢固。

5. 料石面层采用的石料应洁净。在水泥砂浆结合层铺设时，石料铺砌前应洒水湿润，以利结合。

6. 条石面层铺设前，条石应按规格尺寸分类，并垂直于行走方向拉线铺砌成行，铺砌时组砌合理，不得出现十字缝，相邻两行的错缝应为条石长度的 1/3～1/2。铺砌时方向和坡度应正确，并按设计要求。

7. 铺设在砂垫层上的块石面层，其石料的大面应朝上，缝隙要相互错开，通缝不得超过两块石料。块石嵌入砂垫层的深度不应小于石料厚度的 1/3。

8. 块石面层铺砌后应先夯平，并以 15～25mm 粒径的碎石嵌缝，用碾压机碾压后再填以 5～15mm 粒径的碎石，继续碾压至石料表面不松动为止。

9. 铺设在砂结石层上的条石面层，其缝隙宽度不宜大于 5mm。石料间的缝隙，当采用水泥砂浆或沥青胶结料嵌缝时，应预先用砂填缝至 1/2 高度，再用水泥砂浆或沥青胶结料填满缝后抹平。

10. 铺设在水泥砂浆结合层上的条石面层，其缝隙宽度不应大于 5mm。石料间的缝隙应用同类水泥砂浆嵌满缝抹平。

11. 不导电的料石面层的石料，应选用辉绿岩石加工制成。嵌缝材料亦应采用辉绿岩石加工的砂填嵌密实。

耐高温的料石面层的石料，应按设计要求选用。

12. 板块面层铺设的料石面层分项工程的质量检验，应按下列规定进行：

(1) 料石面层检验批划分和抽查数量以及验收组织和质量检验基本上按本手册 2-4-2-2 基土这一节第 11 条要求执行；

(2)“料石面层检验批质量验收记录表”的制定，应符合国标《建筑地面工程施工质量验收规范》(GB 50209—2002)的规定；

(3) 料石面层分别采用条石或块石铺设面层时，应在“料石面层检验批质量验收记录表”表头分别加注，以资识别，并应按各品种的料石面层分别填写。

料石面层检验批质量验收记录表

(GB 50209—2002)　　030111□□

单位(子单位)工程名称			
分部(子分部)工程名称		验收部位	
施工单位		项目经理	
分包单位		分包项目经理	
施工执行标准名称及编号			

施工质量验收规范的规定						施工单位检查评定记录	监理(建设)单位验收记录
主控项目	1	料石质量		设计要求			
	2	面层与下一层结合		第 6.5.6 条			
一般项目	1	组砌合理		第 6.5.7 条			
	2	允许偏差	表面平整度	条石、块石	10mm		
	3		缝格平直	条石、块石	8mm		
	4		接缝高低差	条　石	2.0		
				块　石	—		
	5		板块间隙宽度	条　石	5mm		
		专业工长(施工员)				施工班组长	
施工单位检查评定结果		项目专业质量检查员：　　年　月　日					
监理(建设)单位验收结论		专业监理工程师： (建设单位项目专业技术负责人)：　　年　月　日					

注：同基土层检验批质量验收记录表注。

说　明

030111

主控项目：

1. 面层材质应符合设计要求；条石的强度等级应大于 MU60，块石的强度等级应大于 MU30。同时应符合第 6.5.2 条和第 6.5.3 条规定。观察检查和检查检测报告。

2. 面层与下一层应结合牢固、无松动。观察检查和用锤击检查。

一般项目：

1. 条石面层应组砌合理，无十字缝，铺砌方向和坡度应符合设计要求；块石面层石料缝隙应相互错开，通缝不超过两块石料。观察和用坡度尺检查。

2. 2m 靠尺和楔形塞尺检查表面平整度的允许偏差，拉 5m 线和用钢尺检查平直度允许偏差；用钢尺和楔形塞尺检查高低差和间隙宽度允许偏差。

2-6-2-6 塑料板面层

塑料属于化学建筑材料，而塑料板材用为房屋建筑物的建筑地面工程中铺设楼、地面面层，具有重量轻、材质柔软、耐磨耐腐蚀、防火、绝缘性好、隔声好、弹性好以及施工方便、使用舒适等优点。同时，它的彩色繁多，有单色、也有花色图案，可根据需要拼成各种式样的花纹，外形美观，能适应对楼面和地面材料越来越高的要求。因此较广泛应用于宾馆、饭店、图书馆、办公室、会议室、住宅以及电话总机房、电子计算机房、净化车间和有防腐蚀要求的建筑地面工程。

1. 塑料板面层是采用塑料板块材、塑料板焊接、塑料板卷材以粘贴、干铺或采取现场浇注的无缝整体塑料板在水泥类基层上铺设而成，因此对建筑地面工程的要求适应性较强，以满足楼面和地面的各种使用功能。

2. 塑料板块材、塑料板卷材可采用聚氯乙烯树脂、聚氯乙烯-聚乙烯共聚物、聚乙烯树脂、聚丙烯树脂和石棉塑料等。

现场浇注无缝整体塑料板可采用环氧树脂、不饱和聚酯涂布面层和用聚醋酸乙烯铺设成塑料面层等。

3. 塑料板面层铺设的分类

(1) 塑料板面层按外形分，有块材和卷材；按材性分，有软质、半硬质和弹性板；按使用树脂来分，有聚氯乙烯树脂塑料板、氯乙烯-醋酸乙烯塑料板和聚乙烯树脂、聚丙烯树脂塑料板。其分类见表 2-6-33。

塑料地板分类表 **表 2-6-33**

地板结构			主要组成材料		生产工艺
			树脂	助剂	
块材	软质	单层	聚氯乙烯或氯化聚乙烯	增塑剂、稳定剂、少量填料、颜料	压延或热压
	半硬质	单层	聚氯乙烯、氯乙烯-醋酸乙烯共聚物	增塑剂、稳定剂、大量填料、颜料	压延或热压
		多层复合	聚氯乙烯、氯乙烯-醋酸乙烯共聚物	增塑剂、稳定剂、填料、颜料	压延或热压
卷材	无底衬	单层	聚氯乙烯或氯化聚乙烯	增塑剂、稳定剂、少量填料、颜料	压延
		复合多层	聚氯乙烯	增塑剂、稳定剂、少量填料、颜料	压延
	有底衬	不发泡	聚氯乙烯	增塑剂、稳定剂、少量填料、颜料	压延或涂布

续表

地板结构			主要组成材料		生产工艺
			树脂	助剂	
卷材	有底衬	低发泡	聚氯乙烯	增塑剂、稳定剂、发泡剂	压延或涂布
		高发泡	聚氯乙烯	增塑剂、稳定剂、发泡剂	涂布

(2) 塑料板面层的品种有：

1) 半硬质聚氯乙烯塑料板块面层；

2) 不发泡聚氯乙烯卷材塑料板面层；

3) 有底衬的发泡聚氯乙烯卷材塑料板面层。

4. 塑料板面层采用的塑料板材的质量应符合产品的各项技术指标。

(1) 塑料板块材的板面应平整、光洁、无裂纹、色泽均匀、厚薄一致、边缘平直，板内不应有杂物和气泡。其性能指标见表 2-6-34。

塑料板块材性能指标 **表 2-6-34**

项目	单位	单层地板	同质复合地板
热膨胀系数	1/℃	$\leqslant 1.0\times10^{-4}$	$\leqslant 1.2\times10^{-4}$
加热重量损失率	%	≤0.5	≤0.5
加热长度变化率	%	≤0.20	≤0.25
吸收长度变化率	%	≤0.15	≤0.17
23℃凹陷度	mm	≤0.30	≤0.30
45℃凹陷度	mm	≤0.60	≤1.00
残余凹陷度	mm	≤0.15	≤0.15
磨耗量	g/cm²	≤0.020	≤0.015

(2) 塑料卷材应符合现行国家标准《卷材塑料板块质量标准》(GB/T 11982.2—1996)的规定。

1) 外观质量

外观质量应符合表 2-6-35 的规定。

外 观 质 量 **表 2-6-35**

缺陷名称	等级		
	优等品	一等品	合格品
裂纹、空洞、疤痕、分层	不允许		
条纹、气泡、折皱	不允许	不允许	轻微
漏印、缺膜	不允许	不允许	轻微
套印偏差、色差	不允许	不明显	不影响美观
污斑	不允许	不允许	不明显
图案变形	不允许	不允许	不明显
背面有非正常凹坑或凸起	不允许	不明显	不影响使用

2) 尺寸允许偏差

尺寸允许偏差应符合表 2-6-36 的规定。

尺寸允许偏差 **表 2-6-36**

项目	总厚度	长度	宽度
允许偏差	总厚度<3mm，不偏离规定尺寸 0.2mm 总厚度≥3mm，不偏离规定尺寸 0.3mm	不小于规定尺寸	不小于规定尺寸

3）每卷段数和最小段长

每卷段数应符合表 2-6-37 的规定。分段的卷应注明小段的长度，每卷长度至少增加不得少于两个完整的图案的长度。

4）单位面积质量允许偏差

每卷段数和最小段长 **表 2-6-37**

名称		等级		
		优等品	一等品	合格品
每卷段数		1	1	≤2
段长(m)	≥	20	20	6

单位面积质量的单项值与平均值的允许偏差为±10%，平均值与规定值的允许偏差为±10%。

5）物理性能

物理性能指标应符合表 2-6-38 规定。

物理性能指标 **表 2-6-38**

试验项目			等级		
			优等品	一等品	合格品
耐磨层厚度(mm)		≥	0.20	0.15	0.10
残余凹陷度(mm)	总厚度<3mm	≤	0.20	0.25	0.30
	总厚度≥3mm	≤	0.25	0.35	0.40
加热长度变化率(%)		≤	0.20	0.25	0.40
翘曲度(mm)		≤	2	2	2
磨耗量(g/cm^3)		≤	0.0025	0.0030	0.0040
褪色性(级)		≥	6	6	5
层间剥离力(N)		≥	50	50	25
降低冲击声①(dB)		≥	15	15	10

① 仅背涂发泡层的卷材测试该指标。

(3) 塑料板块材、塑料卷材在运输过程中，应防止日晒、雨淋、撞击和重压；在贮存时，应堆放在干燥、洁净的仓库内，并距热源 3m 以外，温度不宜超过 32℃。

5. 塑料板面层采用胶粘剂粘贴在基层上铺设而成，胶粘剂的选用应符合现行国家标准《民用建筑工程室内环境污染控制规范》(GB 50325—2001)的规定。

(1) 胶粘剂主要有：乙烯类(聚醋酸乙烯乳液)、氯丁橡胶型、聚氨酯、环氧树脂、合成橡胶溶液型、沥青类等，还有 926 多功能建筑胶。常用的塑料板胶粘剂的名称及其优缺点见表 2-6-39。

常用塑料地板胶粘剂的名称和优缺点 **表 2-6-39**

名称	主要优缺点
氯丁胶	需双面涂胶、速干、初凝力大。有刺激性挥发气体，施工现场要防毒、防燃
202 胶	速干、粘结强度大，可用于一般耐水、耐酸碱工程。使用时，双组分要混合均匀，价格较贵
JY-7 胶	需双面涂胶、速干、初粘力大，低毒、价格相对较低
水乳型氯丁胶	不燃、无味、无毒、初粘力大、耐水性好，对较潮湿的基层也能施工、价格较低
聚醋酸乙烯胶	使用方便、速干、粘结强度好、价格较低、有刺激性、须防燃、附水性较差
405 聚氨酯胶	固化后有良好的粘结力，可用于防水、耐酸碱等工程。初粘力差，粘贴时须防止位移
6101 环氧胶	有很强的粘结力，一般用于地下室、地下水位高或人流量大的场合。粘贴时要预防胺类固化剂对皮肤的刺激。价格较高

(2) 胶粘剂的选用应根据基层所铺材料和面层铺贴塑料板品种和使用要求，通过试验确定，亦可参见表 2-6-40。

塑料地板胶粘剂的选择 **表 2-6-40**

地板名称	选用胶粘剂	备注
半硬质块状塑料地板	沥青类、聚醋酸乙烯类、丙烯酸类、氯丁橡胶类胶粘剂	有耐水要求的场合时应选用环氧树脂类胶粘剂
卷材塑料地板	可选用丙烯酸类、氯丁橡胶类胶粘剂	住宅用卷材地板时也可用双面胶带固定

(3) 胶粘剂质量标准应符合现行国家标准《半硬质聚氯乙烯块状塑料地板胶粘剂》(JC/T 550—94)的规定。

1) 类型

① 按粘料分

乙酸乙烯系——以乙酸乙烯树脂为粘料，加入其他添加剂，又分乳液型和溶剂型两种。

乙烯共聚系——以乙烯和乙酸乙烯共聚物为粘料，加入其他添加剂，又分为乳液型和溶剂型两种。

合成胶乳系——以合成胶乳为粘料，加入其他添加剂。

环氧树脂系——以环氧树脂为粘料，加入其他添加剂。

② 按用途分

A 型普通用——粘贴后用于不受水影响的场合。

B 型耐水用——粘贴后用于易受水影响的场合。

2) 代号

PVC 地板胶粘剂分类代号，如表 2-6-41 所示。

PVC 地板胶粘剂分类代号 **表 2-6-41**

分类		代号
乙酸乙烯系	乳液型	VA_1
	溶剂型	VA_2
乙烯共聚系	乳液型	EC_1
	溶剂型	EC_2
合成胶乳系		SL
环氧树脂系		ER

3）技术要求

PVC 地板胶粘剂技术要求应符合表 2-6-42 的规定。

PVC 地板胶粘剂技术要求 **表 2-6-42**

试验项目			技术指标	
			一等品	合格品
外观			胶体均匀，无团块颗粒	
涂布性			容易涂布，梳齿不凌乱	
胶结强度(MPa)≥	普通用	VA_1	0.60	0.50
		VA_2	0.60	0.50
		EC_1	0.30	0.20
		EC_2	0.60	0.50
		SL	0.30	0.20
		ER	0.90	0.80
	耐水用①	168h	0.60	0.50

① 在满足普通用胶接强度下，再浸水 168h 后的指标。

（4）胶粘剂应存放在阴凉通风、干燥的室内。胶粘剂的稠度应均匀、颜色一致，无其他杂质和胶团，超过生产期三个月或保质期的产品应取样试验，合格后方可使用。

6. 塑料板面层焊接用的焊条应选用等边三角形或圆形截面，表面应平整光洁，无孔眼、节瘤、皱纹，颜色均匀一致。焊条的成分和性能应与被焊的塑料板相同。

7. 塑料板面层所用的塑料板块材和塑料板卷材的品种、规格、等级和颜色等均应按设计要求选用，并符合国家现行的标准的规定。

8. 塑料板面层施工时，室内相对湿度不大于 80%。

9. 在水泥类基层上铺贴塑料板面层时，其基层表面应平整、坚硬、干燥、密实、洁净、无油脂和其他杂质，并不得有麻面、起砂、裂缝等施工质量缺陷。

10. 塑料板块在铺贴前，应作预热和除蜡处理，否则会影响粘贴效果，造成日后面层起鼓，甚至脱落。预热处理和除蜡后的塑料板块，应平放在待铺的房间内至少 24h，以适应铺贴环境。

11. 基层处理后，涂刷一层薄而匀的底胶，以提高基层和面层的粘结强度，同时也可弥补塑料板块由于涂胶量不匀，可能会产生塑料板块起鼓翘边等施工质量缺陷。

12. 底胶干燥后，根据设计要求在基层表面进行弹线、分格、施放中心线、定位线和边线，并距墙边面留出200～300mm作为镶边，以保证板块材均匀，横竖缝顺直。

镶边用料应尺寸准确、边角整齐、拼缝严密、接缝顺直。

13. 塑料板铺贴时，涂刷的胶粘剂必须均匀，并应超出分格线约10mm，涂刷厚度控制1mm以内，塑料板背面亦应均匀涂刷胶粘剂，待胶层干燥至不粘手(约10～20min)即可铺贴，应一次就位准确，粘贴密实，不翘边、不脱胶、无溢胶，使面层与下一层粘结牢固。

14. 在铺贴软质塑料板时，当板块缝隙需要焊接，宜在铺贴48h以后方可施焊；亦可采用先焊后铺贴。接缝处均应进行坡口处理。粘接时坡口做成同向顺坡，搭接宽度不小于30mm；焊接时做成V形坡口，板越厚，坡口角越小，板薄则坡口角大。

15. 焊缝间应以斜槎连接，焊缝应平整、光洁，无焦化变色、斑点、焊瘤和起鳞等施工质量缺陷。脱焊部分应予补焊，焊缝凸起部分应予修平，其凹凸允许偏差为±0.6mm。焊缝的抗拉强度不得小于塑料板强度的75%。

16. 塑料板踢脚线铺贴时，应先将塑料条钉在墙内预留的木砖上，然后用焊枪喷烤塑料条，随即将踢脚线与塑料条粘结，应做到上口平直。

阴角踢脚线铺贴时，先将塑料板用两块对称组成的木模顶压在阴角处，然后取掉一块木模，在塑料板转折重叠处，划出剪裁线，剪裁试装合适后，再把水平面45°相交处的裁口焊好，作为阴角部件，然后进行焊接或粘结。

阳角踢脚线铺贴时，需在水平转角裁口处补焊一块软板，做成阳角部件，再行焊接或粘结。

阴阳角收边应方正，与墙边交接严密，粘结牢固。

17. 塑料板面层铺设后，其表面应洁净，图案清晰，色泽一致，接缝严密、美观。拼接处的图案、花纹应吻合，无胶痕。

18. 板块面层铺设的塑料板面层分项工程的质量检验，应按下列规定进行：

(1) 塑料板面层检验批划分和抽查数量以及验收组织和质量检验等基本上按本手册2-4-2-2基土这一节第11条要求执行；

(2)“塑料板面层检验批质量验收记录表”的制定应符合国标《建筑地面工程施工质量验收规范》(GB 50209—2002)的规定；

(3) 塑料板面层分别采用塑料板块材、塑料板焊接或塑料卷材铺贴面层时，应在“塑料板面层检验批质量验收记录表”表头分别加注，以资识别，并应按各品种的塑料板面层分别填写。

塑料板面层检验批质量验收记录表

(GB 50209—2002) 030112□□

<table>
<tr><td colspan="4">单位(子单位)工程名称</td><td colspan="3"></td></tr>
<tr><td colspan="4">分部(子分部)工程名称</td><td></td><td>验收部位</td><td></td></tr>
<tr><td colspan="2">施工单位</td><td colspan="3"></td><td>项目经理</td><td></td></tr>
<tr><td colspan="2">分包单位</td><td colspan="3"></td><td>分包项目经理</td><td></td></tr>
<tr><td colspan="4">施工执行标准名称及编号</td><td colspan="3"></td></tr>
<tr><td colspan="4">施工质量验收规范的规定</td><td colspan="2">施工单位检查评定记录</td><td>监理(建设)单位验收记录</td></tr>
<tr><td rowspan="2">主控项目</td><td>1</td><td colspan="2">塑料板块面层品种、规格、等级质量</td><td>设计要求</td><td></td><td></td></tr>
<tr><td>2</td><td colspan="2">面层与下一层粘结</td><td>第 6.6.5 条</td><td></td><td></td></tr>
<tr><td rowspan="7">一般项目</td><td>1</td><td colspan="2">面层质量</td><td>第 6.6.6 条</td><td></td><td></td></tr>
<tr><td>2</td><td colspan="2">焊接质量</td><td>第 6.6.7 条</td><td></td><td></td></tr>
<tr><td>3</td><td colspan="2">镶边用料</td><td>第 6.6.8 条</td><td></td><td></td></tr>
<tr><td>4</td><td rowspan="4">允许偏差</td><td>表面平整度</td><td>2mm</td><td></td><td></td></tr>
<tr><td>5</td><td>缝格平直</td><td>3mm</td><td></td><td></td></tr>
<tr><td>6</td><td>接缝高低差</td><td>0.5mm</td><td></td><td></td></tr>
<tr><td>7</td><td>踢脚线上口平直</td><td>2.0mm</td><td></td><td></td></tr>
<tr><td colspan="3" rowspan="2">施工单位检查评定结果</td><td colspan="2">专业工长(施工员)</td><td colspan="2">施工班组长</td></tr>
<tr><td colspan="4">项目专业质量检查员： 年 月 日</td></tr>
<tr><td colspan="3">监理(建设)单位验收结论</td><td colspan="4">专业监理工程师：
(建设单位项目专业技术负责人)： 年 月 日</td></tr>
</table>

注：同“基土层检验批质量验收记录表”注。

说　明

030112

主控项目：

1. 塑料板面层所用的塑料板块和卷材的品种、规格、颜色、等级应符合设计要求和现行国家标准的规定。观察检查和检查材质合格证明文件及检测报告。

2. 面层与下一层的粘结应牢固，粘结剂符合第 6.6.3 条规定。不翘边、不脱胶、无溢胶。观察检查和用小锤敲击及尺量检查。

注：卷材局部脱胶处面积不应大于 20cm²，且相隔间距不小于 50cm 可不计；凡单块板块料边角局部脱胶处且每自然间(标准间)不超过总数的 5%者可不计。

一般项目：

1. 塑料板面层应表面洁净，图案清晰，色泽一致，接缝严密、美观。拼缝处的图案、花纹吻合，无胶痕；与墙边交接严密，阴阳角收边方面。观察检查。

2. 板块的焊接，焊缝应平整、光洁，无焦化变色、斑点、焊瘤和起鳞等缺陷，其凹凸允许偏差为±0.6mm。焊缝的抗拉强度不得小于塑料板强度的 75%。观察检查和检查检测报告。

3. 镶边用料应尺寸准确、边角整齐、拼缝严密、接缝顺直。用钢尺和观察检查。

4. 2m 靠尺和楔形塞尺检查表面平整度的允许偏差，拉 5m 线和用钢尺检查平直度允许偏差；用钢尺和楔形塞尺检查高低差和间隙宽度允许偏差。

2-6-2-7　活动地板面层

活动地板面层又称架空地板面层或装配式地板面层。活动地板面层适用于防尘、导(防)静电要求和管线敷设较集中的专业用房，如电子计算机房、通讯枢纽、电化教室、变电所控制室、程控交换机房和卫星地面接收站以及有空调要求的会议室、高级宾馆客厅、自动化办公室等建筑地面工程。

活动地板面层是以特制的平压刨花板为基材，表面饰以三聚氰胺或氯化聚乙烯材料装饰板和底层用镀锌钢板粘结胶合组成的活动地板块，配以横梁、橡胶垫条和可供调节高度的金属支架组装为架空活动地板面层铺设在水泥类基层(或面层)上而成。活动地板面下与基层(或面层)间的空间可敷设有关管道和导线，并可结合需要开启检查、清理和迁移。

1. 活动地板板块共有三层：中间一层是 25mm 左右厚的刨花板，亦有用铝合金压型板、高致密刨花板、木质多层胶合板等；面层采用柔光高压三聚氰胺装饰板 1.5mm 厚粘贴；底层粘贴一层 1mm 厚镀锌钢板，四周侧边用塑料板封闭或用镀锌钢板包裹并以胶条封边；板块总厚度有 20mm、24mm、25mm、28mm、36mm、40mm 不等。活动地板板块包括标准地板板块和异形地板板块。板块表面颜色及图案可供选择。活动地板板块的各项技术性能与技术指标应符合国家现行的有关产品标准的规定。

(1) 活动地板块表面应平整、坚实、光滑、装饰性能好以及具有耐磨、耐污染、耐老化、防潮、阻燃和导静电等特点。

(2) 标准地板板块常用规格为 500mm×500mm 和 600mm×600mm 两种，少数采用 450mm×450mm 和 465mm×465mm。标准地板尺寸偏差：

板面：600mm×600mm 板，每边是＜0.25mm

　　　500mm×500mm 板，每边是＜0.2mm

板厚：±0.2mm

板面不平度：＜0.2mm

相邻板边不垂直度：＜0.2mm

(3) 板块面层承载力不得小于 7.5MPa；集中荷载下，板中最大挠度应控制在 2mm 以内。

(4) 板块面层的导静电性能指标是极为重要的。任何时候都应控制其系统电阻为 $1.0\times10^5\sim1.0\times10^8\Omega$；A 级板是 $1.0\times10^5\sim1.0\times10^8\Omega$，B 级板是 $1.0\times10^5\sim1.0\times10^{10}\Omega$。

(5) 异形地板板块有旋流风口地板块、可调风口地板块、大通风量地板块和专线口地板块四种，见图 2-6-2。

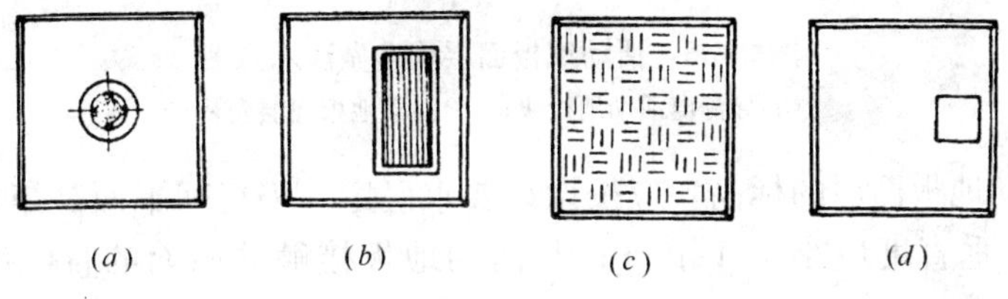

图 2-6-2 异形地板块

(a)旋流风口地板；(b)可调风口地板；(c)大通风量地板；(d)走线口地板

旋流风口地板块：通风量 37.5～50m^3/h

可调风口地板块：通风面积 250cm^2

大通风量地板块：通风面积 1080cm^2

2. 支承部分是由标准钢支柱和框架组成。钢支柱采用管材制作，框架采用轻型槽钢制成。支承结构有高架(1000mm)和低架(200、300 或 350mm)两种。作为活动地板面层配件应包括支架组件和横梁组件。

3. 活动地板面层与建筑地面基层(或面层)之间的空间可按使用要求进行设计，以容纳大量的电缆和空调管线。所有构件(配件)均可预制、运输、安装、拆卸、施工较方便。活动地板面层构造做法见图 2-6-3。

4. 活动地板面层施工时，应待室内各项工程完工以及超过地板块承载力的设备进入房间预定位置和相邻房间内部也全部完成后，方可进行活动地板的安装。不得交叉施工，亦不可在室内加工活动地板块和活动地板的附件。

5. 为使活动地板面层与通过的走道或房间的建筑地面面层连接好，其邻接面层的标高应根据所选用的金属支架型号，相应的要低于该活动地板面层的标高，否则应在入门处设置踏步或斜坡。

6. 活动地板面层的金属支架支承在水泥类基层(面层)上，混凝土应为整浇的，不应采用预制空心板。对于小型计算机系统房间，其混凝土强度等级不应小于 C30；对于中型计算机系统的房间，其混凝土强度等级不应小于 C50；或按设计要求。

7. 活动地板面层下基层(面层)表面应平整、光洁、干燥、不起灰。安装前清扫干净，并根据需要，在其表面涂刷 1～2 遍清化或防尘化，涂刷后不允许有脱皮现象。

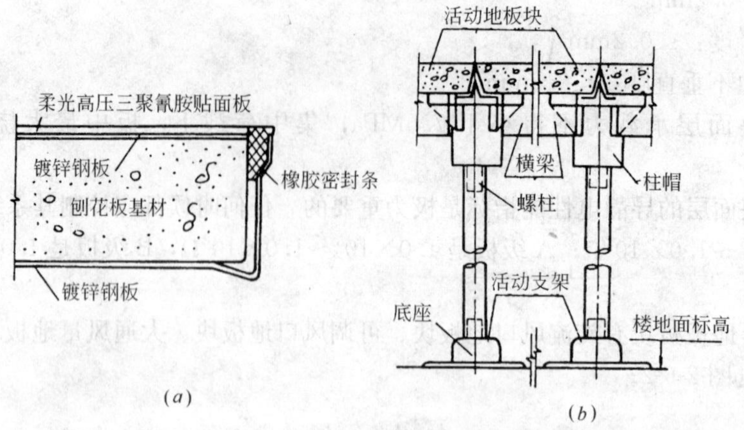

图 2-6-3　活动地板面层构造做法示意图
(a)导静电活动地板块；(b)活动地板面层安装

8. 铺设活动地板面层的标高，应按设计要求确定。当房间平面是矩形时，其相邻墙体应相互垂直，垂直度应小于 1/1000；与活动地板接触的墙面的直线度值每米不应大于 2mm。

9. 安装前，应做好活动地板块的数量计算的准备工作。

10. 在铺设活动地板面层前，应在室内四周的墙面划出标高控制位置，并按选定的铺设方向和先后顺序设置基准点，在基层表面上按板块尺寸弹线形成方格网，标出地板块的安装位置和高度，并标明设备预留部位。

11. 先将活动地板各部件组装好，以基准线为准，顺序在方格网交叉点安放支架和横梁，固定支架的底座，连接支架和框架，见图 2-6-4。在安装过程中要经常抄平，转动支座螺杆，用水平尺调整每个支座面的高度至全室等高，并尽量使每个支架受力均匀。

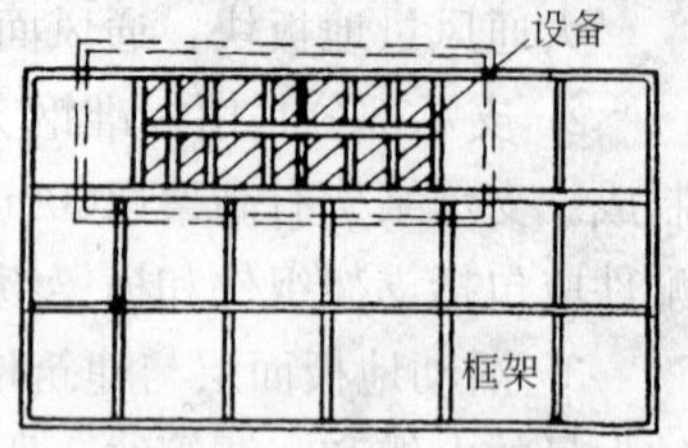

图 2-6-4　活动地板面层安装

12. 在所有的支座柱和横梁构成的框架成为一体后，应用水平仪抄平，其高度应符合设计要求。将环氧树脂注入支架底座与水泥类基层之间的空隙内，使之连接牢固，亦可用膨胀螺栓或射钉连接固定。

13. 在横梁上铺放缓冲胶条时，应采用乳液与横梁粘合。当铺设活动地板块时，从一角或相邻的两个边依次向另外两个边铺装活动地板，为了铺平，可调换转动活动地板块位置，以保证四角接触搁置处平整、严密，但不得采取加垫的方法。

14. 当铺设的活动地板不符合模数时，其不足部分可根据实际尺寸将活动地板块切割后镶补，并配装相应的可调支撑和横梁。支撑方法有三种，见图 2-6-5(a)、(b)、(c)。在房间靠墙面(一边、二边或四周将根据需支持的情况而定)采用钉木带或角钢时，木带或角钢在墙面的定位高度应与支撑调整后的标高相同，以保证活动地板面层的铺设平整，并在木带或角钢与板块接触部分加橡皮胶垫条，将胶条粘贴在木带或角钢上。直接用支撑安装时，宜将支撑上托的四个定位销打掉三个，保留靠(沿)墙面一个，使靠(沿)墙边的板块超出支撑能紧贴墙面。

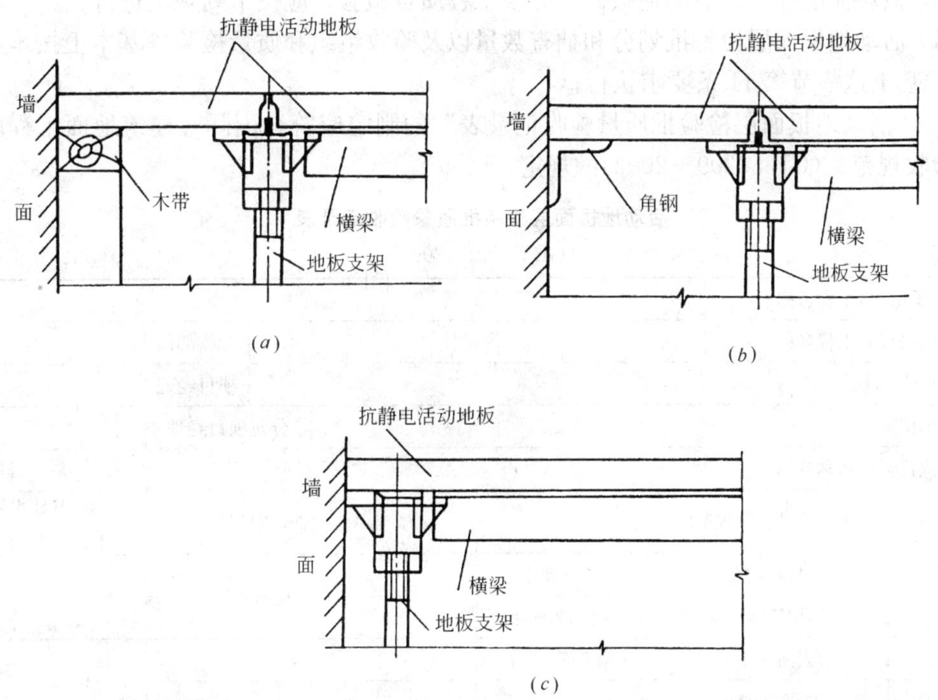

图 2-6-5 活动地板面层镶补的支撑方法

(a)四周墙面钉木带；(b)四周墙面钉角钢；(c)墙边直接用支架安装

15. 对活动地板块切割或打孔时，可用锯或钻加工，但加工后的边角应打磨平整，采用清化或环氧树脂胶加滑石粉按比例调成腻子封边，或用防潮腻子封边，亦可采用铝型材镶嵌，切割边处理后方可安装，以防止板块吸水、吸潮，造成局部膨胀变形。

16. 在与墙边的接缝处，应根据缝的宽窄分别采用木条或泡沫塑料镶嵌。

17. 安装机柜时，应根据机柜支撑情况处理，如属于柜架支撑可随意码放；如是四点支撑，则应使支撑点尽量靠近活动地板的框架。如机柜重量超过活动地板块额定承载力时，宜在活动地板面层下部增设金属支撑架，以利安全使用。

18. 活动地板面层下需要装的线槽和空调管道，应在铺设前先放在建筑地面上，以利下步施工。

19. 活动地板面层在门口处或预留洞口处应符合设置构造要求。门、洞口四周侧边应用耐磨硬质板材封闭或用镀锌钢板包裹，胶条封边也应符合耐磨要求，以免损坏边口。

20. 通风口处，应选用异形活动地板块铺装。

21. 活动地板块的安装和开启，应使用吸板器或橡胶皮碗，并做到轻拿轻放。不得采用铁器硬撬。

22. 在全部设备就位和地下管、电缆安装完毕后，还应抄平一次，调整至符合设计要求，最后将活动地板面层全面进行清理。

23. 活动地板面层表面应洁净、色泽一致，板块排列整齐、接缝均匀、周边顺直、无裂纹、掉角和缺楞等缺陷。

行走时应无声响、摆动。

24. 板块面层铺设的活动地板面层分项工程质量检验，应按下列规定进行：

(1) 活动地板面层检验批划分和抽查数量以及验收组织和质量检验等基本上按本手册 2-4-2-2 基土这一节第 11 条要求执行；

(2)“活动地板面层检验批质量验收记录表”的制定应符合国际《建筑地面工程施工质量验收规范》(GB 50209—2002)的规定。

活动地板面层检验批质量验收记录表

(GB 50209—2002)　　030113□□□

单位(子单位)工程名称						
分部(子分部)工程名称					验收部位	
施工单位					项目经理	
分包单位					分包项目经理	
施工执行标准名称及编号						
施工质量验收规范的规定					施工单位检查评定记录	监理(建设)单位验收记录
主控项目	1	材料质量		设计要求		
	2	面层质量要求		第 6.7.9 条		
一般项目	1	面层表面质量		第 6.7.10 条		
	2	允许偏差	表面平整度	2.0mm		
	3		缝格平直	2.5mm		
	4		接缝高低差	0.4mm		
	5		板块间隙宽度	0.3mm		
施工单位检查评定结果	专业工长(施工员)				施工班组长	
	项目专业质量检查员：　　年　月　日					
监理(建设)单位验收结论	专业监理工程师： (建设单位项目专业技术负责人)：　　年　月　日					

注：同“基土层检验批质量验收记录表”注。

说　明

030113

主控项目：

1. 面层材质必须符合设计要求，且应具有耐磨、防潮、阻燃、耐污染、耐老化和导静电等特点。同时应符合第 6.7.3 条规定。观察检查和检查产品合格证明文件及检测报告。

2. 活动地板面层应无裂纹、掉角和缺楞等缺陷。行走无声响、无摆动。观察和脚踩检查。

一般项目：

1. 活动地板面层应排列整齐、表面洁净、色泽一致、接缝均匀、调边顺直。观察检查。

2. 2m 靠尺和楔形塞尺检查表面平整度的允许偏差，拉 5m 线和用钢尺检查平直度允许偏差；用钢尺和楔形塞尺检查高低差和间隙宽度允许偏差。

2-6-2-8 地毯面层

地毯是建筑地面工程中面层装饰的一种高级装饰品。地毯不仅具有隔热、保温、吸声和富有良好的弹性等特点，而且在铺设后可使室内显示高贵、华丽、美观和悦目等环境的舒适感；新型地毯还能满足使用中的特殊要求，如能防霉、防蛀、防静电等各种功能要求。

根据工作、文化、生活和生产等不同环境以及满足使用功能要求来选用地毯材质的类型。广泛用于现代建筑和居民住宅的建筑地面工程。

1. 地毯面层是采用方块地毯或卷材地毯在水泥类面层(或基层)上铺设而成。

地毯面层铺设分为满铺和局部铺贴两种；其铺设方法有固定式或活动式(不固定式)两种铺贴，而固定式亦可采用粘贴固定式铺设。

2. 地毯按现行国家标准的标准附录“地毯产品分类体系表”分为手工地毯和机制地毯两大类；按现行国家标准的提示附录“地毯产品一般分类”中，地毯产品根据构成毯面的原材料名称的不同分为羊毛地毯、真丝地毯、化纤地毯、纯麻地毯、纯棉地毯、羊毛混纺地毯和天然色羊毛地毯等主要品种。

(1) 按地毯材质分，主要有纯羊毛地毯、混纺地毯、塑料地毯和植物纤维地毯(地毯)等几大类，其性能与用途见表 2-6-43。

地毯按材质分类表 **表 2-6-43**

<table>
<tr><th>序号</th><th>名称</th><th colspan="2">性能特点</th><th>适用场所</th></tr>
<tr><td rowspan="2">1</td><td rowspan="2">纯毛地毯</td><td>手织</td><td>图案优美，色彩鲜艳，质地厚实，经久耐用，柔软舒适，富丽堂皇
其重量约 1.6～2.6kg/m²</td><td>宾馆、会堂、舞台及其他公共建筑物的楼地面</td></tr>
<tr><td>机织</td><td>纯羊毛无纺织地毯，新品种，具有质地优良、物美价廉、消音抑尘、使用方便等特点</td><td>宾馆、体育馆、剧院及其他公共建筑等处</td></tr>
<tr><td>2</td><td>混纺地毯</td><td colspan="2">品种很多。常以毛纤维和各种合成纤维混纺。如加 20%的尼龙纤维，耐磨性可提高 5 倍</td><td></td></tr>
<tr><td>3</td><td>合成纤维地毯</td><td colspan="2">也叫化纤地毯。品种极多，如十分漂亮的长毛多元醇酯地毯、防污的聚丙烯地毡等。触感象羊毛，耐磨而富弹性</td><td>可在宾馆、饭店等公共建筑中代替羊毛地毯使用</td></tr>
<tr><td>4</td><td>塑料地毯</td><td colspan="2">用聚氯乙烯树脂、增塑剂等多种辅助材料，经均匀混炼、塑制而成的一种新型轻质地毯，材料柔软、鲜艳、耐用、自熄、不燃，污染后可用水洗刷</td><td>宾馆、商场、舞台、浴室、高层建筑等公共场所</td></tr>
<tr><td>5</td><td>植物纤维地毯</td><td colspan="2">如用凉麻纤维等，可做门毡、地毡</td><td></td></tr>
</table>

(2) 按地毯编织方法分，主要有手工打结(簇绒)地毯、机织地毯、针刺地毯、簇绒地毯、粘合地毯和无纺绒地毯等。

（3）手工打结羊毛地毯质量应符合现行国家标准《手工打结羊毛地毯》（GB/T 15050—94）：

1）产品分类

手工打结羊毛地毯按绒簇结类型分为8字扣、马蹄扣、双结扣；按地毯组织结构不同分为抽绞地毯和拉绞地毯。

2）技术要求

① 内在质量技术指标

内在质量技术指标应符合表2-6-44的规定。

内在质量技术指标　　表2-6-44

序　号	项　目	技术指标
1	栽绒道数允差	±5%
	经头密度允差	±5%
2	绒头长度允差	±1mm
3	幅宽1.8m及以下宽度长度允差	±2.0%
	幅宽1.8m以上宽度长度允差	±1.5%
4	耐光色牢度（氙弧）	≥4级
	耐干摩擦色牢度注	≥3～4级
5	绒头纱羊毛含量	≥95%
6	耐燃性（水平法、片剂）	损毁长度≤75mm（八块中至少七块合格）

注：只限化学水洗地毯，植物染料染色地毯除外。

② 外观质量

a. 图案应符合设计要求，主边、主地颜色基本符合标样。

b. 毯面基本平顺光洁，纹样清晰美观。

c. 方形地毯边平直，毯形宽、长度尺寸偏差不大于1.5%。圆形毯圆度尺寸偏差不大于1.5%。

d. 毯背基本平整。

e. 底子、底穗技术指标应符合表2-6-45的规定。

底子、底穗技术指标　　表2-6-45

幅度尺寸（m）	底子高度（cm）	底穗长度（cm）
1.80及以下	3.5±1.0	8.0±1.0
1.80以上	4.0±1.0	9.0±1.0

f. 特殊技术要求根据用户需要另订协议。

外观质量细则：

a. 颜色基本符合标样：无明显截色、错色、洗花、印色、串色。色头正，洗后脱色（色差）不超过半个色阶。按全国地毯标准化中心统一发行中国地毯毛纱色样本考核。

b. 毯面基本平顺光洁；毯面活坯一致，绒头松散丰满，有光泽。无明显浮毛❶、起毛❷、沟岗、长毛、刀花、显道、半截头、污渍。

注：测量绒头长度量卡由国家地毯质量监督检验中心监制提供。

c. 纹样清晰美观：纹样无明显走形，剪口清晰，深宽度一致，片口坡度适宜。

d. 毯边平直：剪边齐、不溜边、无荷叶边。撩边松紧粗细基本一致，不露边经，不呲边。

e. 毯背基本平整：不显绞口，无凸经、跳纬，无明显沟岗、凸泡及整修痕。无污渍、无破损。

(4) 机织地毯质量应符合现行国家标准《机织地毯》(GB/T 14252—93)：

1) 产品分类

机织地毯按组织结构不同分为：威尔顿地毯(代号 W)、阿克明斯特地毯(代号 A)和布鲁塞尔地毯(代号 P)三类。

2) 技术要求

① 内在质量技术指标

内在质量技术指标应符合表 2-6-46 的规定。

内在质量技术指标 **表 2-6-46**

序号	测试项目	单位	技术指标
1	动态负载下的厚度减少	%	≤35
2	绒簇拔出力	N	≥5
3	耐光色牢度(氙弧)	级	≥4
4	耐摩擦色牢度(干摩擦)	级	≥3(羊毛地毯允许降 0.5 级)
5	耐燃性(水平法、片剂)	mm	≤75(八块中至少七块合格)
6	单位面积绒头质量下限偏差	%	−5.0

动态负载下的厚度减少只限绒头厚度在 10mm 以内的地毯，超过 10mm 时该项指标由供需双方协议另定。

绒簇拔出力的技术指标对于采用化学水洗工艺生产的机织地毯可由供需双方协议另定。

② 外观质量评等规定

外观质量评等规定见表 2-6-47。

外观质量评等规定 **表 2-6-47**

序号	疵点项目	优等品	一等品	合格品
1	破损(破洞、破边、撕裂)	无	无	无
2	渗胶过量	无	不明显	不明显
3	错色、错花	不明显		

❶ 浮毛(脱毛)为地毯在制造过程中未固定的短纤维在使用初期浮出毯面的外观，可以用刷毯或吸尘的方法除去。

❷ 起毛为超出毯面的用刷毯或吸尘方法不可去除的纤维。

续表

序　号	疵 点 项 目	优 等 品	一 等 品	合 格 品
4	色差	不明显	不明显	较明显
5	修补痕迹	不明显	不明显	较明显
6	绒面不平	不明显	不明显	较明显
7	污渍(油、色、胶、脏渍等)	无	不明显	不明显
8	缺经、纬，缺绒簇	不 明 显		
9	锁边、加穗缺陷	无	不明显	不明显
10	尺寸下限偏差(%)	−0.5	−1.0	−1.5

③ 分等规定

a. 机织地毯的品等由内在质量和外观质量结合评定，分为优等品、一等品和合格品三个等级，低于合格品者为等外品。

b. 内在质量评等以批为单位(原料品种和工艺参数相同者为一批)。全部达到表H.2.2.1要求为合格，其中有一项达不到技术指标者为等外品。

c. 外观质量的评等以块(卷)为单位，分为优等品、一等品和合格品。以10项疵点中最低的一项品等评定外观质量品等。

d. 产品的最终品等是在内在质量全部合格的条件下，以外观质量的品等确定为该产品的品等。

(5) 针刺地毯质量应符合现行国家标准《针刺地毯》(GB/T 15051—94)：

1) 产品分类

针刺地毯按耐燃性能(水平法、片剂)分为：普通针刺地毯(不耐燃，P)和耐燃针刺地毯(N)两类。

每类按毯面结构特征不同分为条纹、花纹、绒面、毡面四个品种。

2) 技术要求

① 内在质量技术指标

内在质量技术指标应符合表2-6-48的规定(只限于纤维含量500g/m² 及以上的产品，若低于该限量，供需双方另订协议)。

内在质量技术指标　　**表 2-6-48**

序　号	测 试 项 目	单 位	技 术 指 标		
			优 等 品	一 等 品	合 格 品
1	动态负载下的厚度减少率①	%	条纹≤35	≤40	≤45
			绒面≤40	≤45	≤50
			毡面≤20	≤25	≤30
2	外观变化(四足)	级	>3	>2～3	2
3	单位面积质量下限偏差	%	−8		

续表

序　号	测 试 项 目	单　位	技 术 指 标		
			优等品	一等品	合格品
4	耐光色牢度(氙弧)	级	≥5	≥5	≥4
5	耐干摩擦色牢度	级	>3～4	>3～4	>3
6	耐燃性(水平法，片剂)	mm	损毁长度≤75(八块中至少七块合格)		

① 花纹型地毯的厚度或结构，具有分别测试的区域，则考核此项，否则不作测试。

② 外观质量

外观质量应符合表 2-6-49 的规定。

外观质量规定　　表 2-6-49

序　号	疵 点 项 目	优 等 品	一 等 品	合 格 品
1	破损	不允许		
2	污渍	不允许	不明显	不明显
3	条纹、花纹不清晰	不明显	较明显	较明显
4	透胶	不允许	不明显	不明显
5	涂胶不匀	不明显	较明显	较明显
6	毯边不良	不允许	不明显	不明显
7	折痕	不允许	不明显	较明显
8	烤焦	不允许	不允许	不明显
9	幅宽尺寸下限偏差	不小于规定尺寸	－1.0%	－1.5%

③ 分等规定

a. 耐燃型针刺地毯按内在质量技术指标和外观质量分为优等品、一等品、合格品三个品等。低于合格品者为等外品，普通型针刺地毯为合格品或优于合格品时，都评为合格品。

b. 内在质量评等以批为单位(原材料、工艺参数、品种规范相同者为一批)；外观质量评等以卷为单位。

c. 产品的品等由内在质量和外观质量结合评定，最终是以内在质量和外观质量中最低的一项品等定该批产品的等级。

(6) 簇绒地毯质量应符合现行国家标准《簇绒地毯》(GB 11746—89)：

1) 产品分类

簇绒地毯按照绒簇组织结构特点分为：平割线、平圈绒、高低圈绒、割绒圈线组合四种。

2) 技术要求

簇绒地毯的技术要求，分为内在质量要求和外观质量要求两个方面。内在质量包括动态负载下厚度减少等九项性能指标；外观质量包括破损等九项疵点。

① 内在质量指标规定

内在质量指标规定见表 2-6-50。

内在质量指标 表 2-6-50

序号	测试项目	单位	技术指标	
			平割绒	平圈绒
1	动态负载下厚度减少①	mm	≤3.5	≤2.2
2	中等静负载后厚度减少	mm	≤3	≤2
3	绒簇拔出力	N	≥12	≥20
4	绒头质量	g/m^2	≥375	≥250
5	耐光色牢度：氙弧	级	≥4	
6	耐摩擦色牢度：干摩擦	级	纵向、横向：≥3～4	
7	耐燃性：水平法	mm	损毁最大距离②≤75，至少7块合格	
8	尺寸偏差	%	宽度	在幅宽的±0.5内
			长度	卷装：卷长度不小于公称尺寸
				长方形：在长度的±0.5内
9	背衬剥离力	N	纵向、横向：≥25	

① 只限绒头厚度7mm以内的地毯，超过此值由供需双方另订协议。

② 损毁最大距离指试样中心至损毁边缘的最大距离。

② 外观质量评等规定

外观质量评等规定见表 2-6-51。

外观质量评等规定 表 2-6-51

序号	疵点名称	优等品	一等品	合格品
1	破损(破洞、撕裂、割伤)	不允许		
2	污渍(油污、色渍、胶渍)	无	不明显	不明显
3	毯面折皱	不允许		
4	修补痕迹	不明显	不明显	较明显
5	脱衬(背衬粘结不良)	无	不明显	不明显
6	纵、横向条痕	不明显	不明显	较明显
7	色条	不明显	较明显	较明显
8	毯边不平齐	无	不明显	较明显
9	渗胶过量	无	不明显	较明显

③ 分等规定

簇绒地毯产品的品等由内在质量和外观质量结合评定。

内在质量评定，全部达到技术指标为合格，其中有一项达不到技术指标者即为不合格品，不再进行外观质量评定。

外观质量评定，分为优等品、一等品、合格品。评等以九项疵点中最低的一项品等评定。

簇绒地毯最终等级是在内在质量各项指标全部达标情况下，以外观质量所定的品等作为该产品的品等。

3. 橡胶海绵地毯衬垫质量应符合现行国家标准《橡胶海绵地毯衬垫》(HB/T 2015—91)。

(1) 结构、分类与规格尺寸

1) 结构

衬垫的结构形式很多，主要有平板型和非平板型。

2) 分类

按衬垫性能可分为A类和B类。

A类：用于家庭的卧室、居室和客厅等。

B类：用于公共场合，如会议厅、宾馆走廊等。

3) 规格尺寸

衬垫的具体规格尺寸应由供需双方协议规定。厚度应大于3mm(非平板型衬垫厚度包括花纹高度)。宽度偏差不超过±20mm。

(2) 技术要求

1) 衬垫的物理机械性能

① A类应符合表2-6-52的规定。

② B类应符合表2-6-53的规定。

③ 非平板型衬垫不做密度检验。

A类衬垫的物理机械性能　　表2-6-52

性能项目			指标	
			一等品	合格品
每平方米衬垫质量(kg/m²)		≥	1.3	1.3
密度(kg/m³)		≥	270	270
压缩应力(kPa)		≥	21	21
压缩永久变形(%)		≤	15	20
热空气老化	135±2℃×24h		弯曲后不折断	—
	100±1℃×24h		—	弯曲后不折断
拉伸强度(MPa)		≥	5.5×10^{-2}	5.5×10^{-2}

B类衬垫的物理机械性能　　表2-6-53

性能项目		指标	
		一等品	合格品
每平方米衬垫质量(kg/m²)	≥	1.6	1.6
密度(kg/m³)	≥	320	320

续表

性能项目		指标	
		一等品	合格品
压缩应力(kPa)	≥	31	31
压缩永久变形(%)	≤	15	20
热空气老化	135±2℃×24h	弯曲后不折断	—
	100±1℃×24h	—	弯曲后不折断
拉伸强度(MPa)	≥	5.5×10^{-2}	5.5×10^{-2}

2）各等级衬垫的表面质量

表面质量应符合表 2-6-54 的规定。

衬垫表面质量　　表 2-6-54

缺陷名称	标准	缺陷名称	标准
欠硫	不允许	接头	对接平整，不允许脱层开缝
扁泡	每处面积不大于 $100cm^2$，每 $3m^2$ 允许有两处	边缘不齐	每 5m 长度内，每侧不得偏离边缘基准线 ±10mm

3）衬垫的颜色、结构由供需双方商定。

4. 铺设地毯面层的下一层，应做好基层的处理和清理工作。当水泥类基层(或面层)时，除具有一定的强度外，其表面应平整、光洁、干燥、无麻面、无凹坑、无裂缝，表面平整度允许偏差应符合《建筑地面工程施工质量验收规范》(GB 50209—2002)中整体面层铺设的要求。表面如有油污，应用丙酮或松节油擦净。当在木、竹面层上铺设地毯面层时，应清除面层的钉头和其他突出物，以免损坏地毯产品。

5. 铺设前，应做好裁剪地毯的准备工作。大面积地毯铺设应用裁边机裁割，小面积地毯铺设宜用手握裁刀或手推裁刀从地毯背面裁切。圈绒地毯应从环毛的中间切开，割绒地毯为使切口绒毛整齐，应将裁好的地毯卷起编上号。

6. 基层处理后，应将海锦地毯衬垫(或衬垫)满铺，并要求平整。

7. 地毯面层采用固定式铺设，应按下列要求进行：

(1) 固定式地毯铺设采用的金属卡条(倒刺板)、金属压条、专用双面胶带、钢钉等铺用材料应按设计要求选用。

(2) 采用金属卡条(倒刺板)固定地毯时，应沿房间四周靠墙边 10mm 处将卡条固定于基层上，并固定牢。

在门口(门槛)处，为不使地毯被踢起和使地毯边缘受损，应用金属压条等固定。

金属卡条和金属压条可用钢钉(水泥钉)、木螺丝、射钉固定在基层上。

(3) 地毯面层的接缝缝合应在地毯背面，一般采用线接缝缝合或以胶带粘贴接缝予以缝合。地毯拼缝处不应露出海绵底衬，并应粘贴(或绒接)缝合牢固、严密平整、图案吻合。

(4) 地毯铺贴时，采用张紧器将地毯在纵、横方向逐段推移伸展，地毯张拉应适宜，以保证地毯在使用过程中平直而不致隆起。用张紧器张紧后，地毯四周边应挂在金属卡条或金属压条上。

(5) 当采用粘贴固定式铺设，应将地毯用胶粘剂粘结在基层上固定，一般不满铺海绵衬垫。凡用胶粘剂粘贴固定式铺设，地毯要具有较密实的基底层(面)，如橡胶、塑胶、泡沫胶底层等。地毯与基层的粘贴应牢固，地毯表面应平服。

(6) 地毯面层铺设后，应用裁剪刀裁去多余部分，并用扁铲将四周边缘塞入金属卡条和踢脚线之间的缝中。最后用吸尘器吸去灰尘，清扫干净，毯面无污染和损伤。

地毯面层不应有起鼓、起皱、翘边、卷边、显拼缝、露绒和无毛边等施工质量缺陷。地毯绒面毛应顺光一致。

8. 地毯面层采用活动式铺设，应按下列要求进行：

(1) 地毯拼接成整块后直接铺设在洁净的基层(面层)上，不与基层面粘贴。

(2) 当采用卷材地毯时，其裁割地毯和接缝缝合均按固定式铺设要求。铺设地毯四周边应沿踢脚线塞入其下并压平。

(3) 当采用方块(小方块)地毯铺设时，块与块之间应挤紧服贴，不应卷起。

(4) 与不同类型的建筑地面连接处，应选用适合的收口条或按设计要求收口。对同一标高的建筑地面连接处宜采用铜条或不锈钢条衔接收口；相邻建筑地面有标高差时，应用"∠"形铝合金收口条衔接收口。

地毯面层与不同类型面层连接处和墙边、柱子周围以及衔接收口处均应顺直、压紧。

(5) 地毯铺设后，应做好面层的清理工作使毯面干净，无污染和损伤。

9. 楼梯段地毯铺设，应按下列要求进行：

(1) 先将金属卡条(倒刺板)钉牢在踏步板和挡脚板的阴角两边，两条金属卡条顶角之间应留出地毯可塞入的间隙，一般为 15mm，钉应倾向阴角面。

(2) 海绵衬垫(或衬垫)铺设应超出踏步板转角不应小于 50mm，并将角包住。

(3) 地毯下料长度，除量出每级踏步的宽度和高度之和外，应预留一定的长度；地毯的宽度应以裁去地毯边缘后的尺寸与楼梯宽度相同。

(4) 地毯铺设应由下而上，逐级进行。每梯段顶级铺设地毯应用金属压条固定于平台上；每级阴角处应用扁铲将地毯绷紧后，压入两条金属卡条(倒刺板)之间的间隙内；加长部分可叠钉在最下一级踏步的竖板上。

(5) 防滑条应铺钉在每级踏步板的阳角边缘，用不锈钢膨胀螺钉固定，钉距为 150～300mm。

10. 板块面层铺设的地毯面层分项工程质量检验，应按下列规定进行：

(1) 地毯面层检验批划分和抽查数量以及验收组织和质量检验等基本上按本手册 2-4-2-2基土这一节第 11 条要求进行。

(2)"地毯面层检验批质量验收记录表"的制定应符合国标《建筑地面工程施工质量验收规范》(GB 50209—2002)的规定。

(3) 地毯面层分别采用方块地毯或卷材地毯铺设面层时，应在"地毯面层检验批质量验收记录表"表头分别加注，以资识别，并应按各品种的地毯面层分别填写。

地毯面层检验批质量验收记录表

(GB 50209—2002)

030114□□

<table>
<tr><td colspan="3">单位(子单位)工程名称</td><td colspan="3"></td></tr>
<tr><td colspan="3">分部(子分部)工程名称</td><td colspan="2"></td><td>验收部位</td></tr>
<tr><td colspan="3">施工单位</td><td colspan="2"></td><td>项目经理</td></tr>
<tr><td colspan="3">分包单位</td><td colspan="2"></td><td>分包项目经理</td></tr>
<tr><td colspan="3">施工执行标准名称及编号</td><td colspan="3"></td></tr>
<tr><td colspan="4">施工质量验收规范的规定</td><td>施工单位检查评定记录</td><td>监理(建设)单位验收记录</td></tr>
<tr><td rowspan="2">主控项目</td><td>1</td><td>地毯、胶料及辅料材质</td><td>设计要求</td><td></td><td></td></tr>
<tr><td>2</td><td>地毯铺设质量</td><td>第6.8.8条</td><td></td><td></td></tr>
<tr><td rowspan="2">一般项目</td><td>1</td><td>地毯表面质量</td><td>第6.8.9条</td><td></td><td></td></tr>
<tr><td>2</td><td>地毯细部连接</td><td>第6.8.10条</td><td></td><td></td></tr>
<tr><td colspan="2" rowspan="2">施工单位检查评定结果</td><td colspan="2">专业工长(施工员)</td><td>施工班组长</td><td></td></tr>
<tr><td colspan="4">项目专业质量检查员：　　　　年　月　日</td></tr>
<tr><td colspan="2">监理(建设)单位验收结论</td><td colspan="4">专业监理工程师：
(建设单位项目专业技术负责人)：　　　　年　月　日</td></tr>
</table>

注：同“基土层检验批质量验收记录表”注1。

说　明

030114

主控项目：

1. 地毯的品种、规格、颜色、花色、胶料和辅料及其材质必须符合设计要求和国家现行地毯产品标准的规定。观察检查和检查产品合格证明文件。

2. 地毯表面应平服、拼缝处粘贴牢固、严密平整、图案吻合。观察检查。

一般项目：

1. 地毯表面不应起鼓、起皱、翘边、卷边、显拼缝、露线和无毛边，绒面毛顺光一致，毯面干净，无污染和损伤。观察检查。

2. 地毯同其他面层连接处、收口处和墙边、柱子周围应顺直、压紧。观察检查。

2-7 木、竹面层铺设

2-7-1 规范版本

7 木、竹面层铺设

7.1 一 般 规 定

7.1.1 本章适用于实木地板面层、实木复合地板面层、中密度(强化)复合地板面层、竹地板面层等(包括免刨免漆类)分项工程的施工质量检验。

7.1.2 木、竹地板面层下的木搁栅、垫木、毛地板等采用木材的树种、选材标准和铺设时木材含水率以及防腐、防蛀处理等，均应符合现行国家标准《木结构工程施工质量验收规范》GB 50206 的有关规定。所选用的材料，进场时应对其断面尺寸、含水率等主要技术指标进行抽检，抽检数量应符合产品标准的规定。

7.1.3 与厕浴间、厨房等潮湿场所相邻木、竹面层连接处应做防水(防潮)处理。

7.1.4 木、竹面层铺设在水泥类基层上，其基层表面应坚硬、平整、洁净、干燥、不起砂。

7.1.5 建筑地面工程的木、竹面层搁栅下架空结构层(或构造层)的质量检验，应符合相应国家现行标准的规定。

7.1.6 木、竹面层的通风构造层包括室内通风沟、室外通风窗等，均应符合设计要求。

7.1.7 木、竹面层的允许偏差，应符合表 7.1.7 的规定。

木、竹面层的允许偏差和检验方法(mm) 表 7.1.7

项次	项 目	允许偏差				检验方法
		实木地板面层			实木复合地板、中密度(强化)复合地板面层、竹地板面层	
		松木地板	硬木地板	拼花地板		
1	板面缝隙宽度	1.0	0.5	0.2	0.5	用钢尺检查
2	表面平整度	3.0	2.0	2.0	2.0	用 2m 靠尺和楔形塞尺检查
3	踢脚线上口平齐	3.0	3.0	3.0	3.0	拉 5m 通线，不足 5m 拉通线和用钢尺检查
4	板面拼缝平直	3.0	3.0	3.0	3.0	
5	相邻板材高差	0.5	0.5	0.5	0.5	用钢尺和楔形塞尺检查
6	踢脚线与面层的接缝	1.0				楔形塞尺检查

7.2 实 木 地 板 面 层

7.2.1 实木地板面层采用条材和块材实木地板或采用拼花实木地板，以空铺或实铺方式在基层上铺设。

7.2.2 实木地板面层可采用双层面层和单层面层铺设，其厚度应符合设计要求。实木地板面层的条材和块材应采用具有商品检验合格证的产品，其产品类别、型号、适用树种、检验规则以及技术条件等均应符合现行国家标准《实木地板块》GB/T 15036.1～6 的规定。

7.2.3　铺设实木地板面层时，其木搁栅的截面尺寸、间距和稳固方法等均应符合设计要求。木搁栅固定时，不得损坏基层和预埋管线。木搁栅应垫实钉牢，与墙之间应留出 30mm 的缝隙，表面应平直。

7.2.4　毛地板铺设时，木材髓心应向上，其板间缝隙不应大于 3mm，与墙之间应留 8～12mm 空隙，表面应刨平。

7.2.5　实木地板面层铺设时，面板与墙之间应留 8～12mm 缝隙。

7.2.6　采用实木制作的踢脚线，背面应抽槽并做防腐处理。

Ⅰ　主　控　项　目

7.2.7　实木地板面层所采用的材质和铺设时的木材含水率必须符合设计要求。木搁栅、垫木和毛地板等必须做防腐、防蛀处理。

检验方法：观察检查和检查材质合格证明文件及检测报告。

7.2.8　木搁栅安装应牢固、平直。

检验方法：观察、脚踩检查。

7.2.9　面层铺设应牢固；粘结无空鼓。

检验方法：观察、脚踩或用小锤轻击检查。

Ⅱ　一　般　项　目

7.2.10　实木地板面层应刨平、磨光，无明显刨痕和毛刺等现象；图案清晰、颜色均匀一致。

检验方法：观察、手摸和脚踩检查。

7.2.11　面层缝隙应严密；接头位置应错开、表面洁净。

检验方法：观察检查。

7.2.12　拼花地板接缝应对齐，粘、钉严密；缝隙宽度均匀一致；表面洁净，胶粘无溢胶。

检验方法：观察检查。

7.2.13　踢脚线表面应光滑，接缝严密，高度一致。

检验方法：观察和钢尺检查。

7.2.14　实木地板面层的允许偏差应符合本规范表 7.1.7 的规定。

检验方法：应按本规范表 7.1.7 中的检验方法检验。

7.3　实木复合地板面层

7.3.1　实木复合地板面层采用条材和块材实木复合地板或采用拼花实木复合地板，以空铺或实铺方式在基层上铺设。

7.3.2　实木复合地板面层的条材和块材应采用具有商品检验合格证的产品，其技术等级及质量要求均应符合国家现行标准的规定。

7.3.3　铺设实木复合地板面层时，其木搁栅的截面尺寸、间距和稳固方法等均应符合设计要求。木搁栅固定时，不得损坏基层和预埋管线。木搁栅应垫实钉牢，与墙之间应留出 30mm 缝隙，表面应平直。

7.3.4　毛地板铺设时，按本规范第 7.2.4 条规定执行。

7.3.5 实木复合地板面层可采用整贴和点贴法施工。粘贴材料应采用具有耐老化、防水和防菌、无毒等性能的材料，或按设计要求选用。

7.3.6 实木复合地板面层下衬垫的材质和厚度应符合设计要求。

7.3.7 实木复合地板面层铺设时，相邻板材接头位置应错开不小于 300mm 距离；与墙之间应留不小于 10mm 空隙。

7.3.8 大面积铺设实木复合地板面层时，应分段铺设，分段缝的处理应符合设计要求。

Ⅰ 主 控 项 目

7.3.9 实木复合地板面层所采用的条材和块材，其技术等级及质量要求应符合设计要求。木搁栅、垫木和毛地板等必须做防腐、防蛀处理。

检验方法：观察检查和检查材质合格证明文件及检测报告。

7.3.10 木搁栅安装应牢固、平直。

检验方法：观察、脚踩检查。

7.3.11 面层铺设应牢固；粘贴无空鼓。

检验方法：观察、脚踩或用小锤轻击检查。

Ⅱ 一 般 项 目

7.3.12 实木复合地板面层图案和颜色应符合设计要求，图案清晰，颜色一致，板面无翘曲。

检验方法：观察、用 2m 靠尺和楔形塞尺检查。

7.3.13 面层的接头应错开、缝隙严密、表面洁净。

检验方法：观察检查。

7.3.14 踢脚线表面光滑，接缝严密，高度一致。

检验方法：观察和钢尺检查。

7.3.15 实木复合地板面层的允许偏差应符合本规范表 7.1.7 的规定。

检验方法：应按本规范表 7.1.7 中的检验方法检验。

7.4 中密度(强化)复合地板面层

7.4.1 中密度(强化)复合地板面层的材料以及面层下的板或衬垫等材质应符合设计要求，并采用具有商品检验合格证的产品，其技术等级及质量要求均应符合国家现行标准的规定。

7.4.2 中密度(强化)复合地板面层铺设时，相邻条板端头应错开不小于 300mm 距离；衬垫层及面层与墙之间应留不小于 10mm 空隙。

Ⅰ 主 控 项 目

7.4.3 中密度(强化)复合地板面层所采用的材料，其技术等级及质量要求应符合设计要求。木搁栅、垫木和毛地板等应做防腐、防蛀处理。

检验方法：观察检查和检查材质合格证明文件及检测报告。

7.4.4 木搁栅安装应牢固、平直。

检验方法：观察、脚踩检查。

7.4.5 面层铺设应牢固。

检验方法：观察、脚踩检查。

Ⅱ　一　般　项　目

7.4.6　中密度(强化)复合地板面层图案和颜色应符合设计要求，图案清晰，颜色一致，板面无翘曲。

检验方法：观察、用2m靠尺和楔形塞尺检查。

7.4.7　面层的接头应错开、缝隙严密、表面洁净。

检验方法：观察检查。

7.4.8　踢脚线表面应光滑，接缝严密，高度一致。

检验方法：观察和钢尺检查。

7.4.9　中密度(强化)复合木地板面层的允许偏差应符合本规范表7.1.7的规定。

检验方法：应按本规范表7.1.7中的检验方法检验。

7.5　竹地板面层

7.5.1　竹地板面层的铺设应按本规范第7.2节的规定执行。

7.5.2　竹子具有纤维硬、密度大、水分少、不易变形等优点。竹地板应经严格选材、硫化、防腐、防蛀处理，并采用具有商品检验合格证的产品，其技术等级及质量要求均应符合国家现行行业标准《竹地板》LY/T 1573的规定。

Ⅰ　主　控　项　目

7.5.3　竹地板面层所采用的材料，其技术等级和质量要求应符合设计要求。木搁栅、毛地板和垫木等应做防腐、防蛀处理。

检验方法：观察检查和检查材质合格证明文件及检测报告。

7.5.4　木搁栅安装应牢固、平直。

检验方法：观察、脚踩检查。

7.5.5　面层铺设应牢固；粘贴无空鼓。

检验方法：观察、脚踩或用小锤轻击检查。

Ⅱ　一　般　项　目

7.5.6　竹地板面层品种与规格应符合设计要求，板面无翘曲。

检验方法：观察、用2m靠尺和楔形塞尺检查。

7.5.7　面层缝隙应均匀、接头位置错开，表面洁净。

检验方法：观察检查。

7.5.8　踢脚线表面应光滑，接缝均匀，高度一致。

检验方法：观察和用钢尺检查。

7.5.9　竹地板面层的允许偏差应符合本规范表7.1.7的规定。

检验方法：应按本规范表7.1.7中的检验方法检验。

2-7-2　应用指南

国家标准《建筑地面工程施工质量验收规范》(GB 50209—2002)第七章木、竹面层铺设是建筑地面工程验收中四个重要部位之一。这一章内容主要列出了属于建筑地面工程构成两大基本构造层之一的基层(包括各构造层)上面层的三大类型即木竹面层的施工质量检验标准的有关规定及其过程控制的条文，也是本专业工程一个极其重要的组成部分。本章设置按一般规定以及实木地板面层、实木复合地板面层、中密度(强化)复合地板面层、竹地板面层等5节。

木质类面层按建筑地面面层的广泛分类也是属于板块材面层的铺设范围，由于其材料是用木质类铺设成单层木板面层、双层木板面层、薄型木板面层和拼花木板面层与其他石材类、陶瓷类、塑料板块用材料有别，加之增列了竹面层。故新规范设置了木竹面层铺设一章。鉴于木材的运用与开发，按木材品类分别设立了实木、实木复合和中密度(强化)复合地板三节，而不采用木地板面层的厚度和其使用功能要求来命名分节。

2-7-2-1　一般规定

本节一般规定中列出了适用木竹面层的各分项工程进行施工质量检验的范围和质量标准、允许偏差以及木竹面层共性方面的规定，以保证面层(木竹类型的面层)铺设的施工质量的验收。

1. 木竹面层铺设适用于实木地板面层、实木复合地板面层、中密度(强化)复合地板面层和竹地板面层(包括免刨免漆)等面层分项工程的施工质量检验。

2. 木竹面层的铺设宜在室内装饰工程基本完成后进行，对面层下的基层表面应做好清理和处理工作。如达不到上述要求，应采取相应的技术措施，以保证面层铺设的施工质量。

3. 木、竹地板面层下木基层，即木搁栅、垫木、毛地板等所采用木材的树种、选材标准和铺设时木材含水率以及防腐、防蛀处理等，均应符合现行国家标准《木结构工程施工质量验收规范》(GB 50206—2002)的有关规定。所选用的材料。进场时应对其断面尺寸、含水率等主要技术指标应进行抽检，抽检数量应按符合产品标准的规定。

木材含水率应符合现行国家标准《我国各省(区)、直辖市木材平衡含水率值》(GB/T 6491—1999)的规定。见表2-7-1。

我国各省(区)、直辖市木材平衡含水率值(根据1951～1970年气象资料查定)　**表2-7-1**

省市名称	平衡含水率(%)			省市名称	平衡含水率(%)		
	最　大	最　小	平　均		最　大	最　小	平　均
黑龙江	14.9	12.5	13.6	湖　北	16.8	12.9	15.0
吉　林	14.5	11.3	13.1	湖　南	17.0	15.0	16.0
辽　宁	14.5	10.1	12.2	广　东	17.8	14.6	15.9
新　疆	13.0	7.5	10.0	海南(海口)	19.8	16.0	17.6
青　海	13.5	7.2	10.2	广　西	16.8	14.0	15.5
甘　肃	13.9	8.2	11.1	四　川	17.3	9.2	14.3
宁　夏	12.2	9.7	10.6	贵　州	18.4	14.4	16.3
陕　西	15.9	10.6	12.8	云　南	18.3	9.4	14.3
内蒙古	14.7	7.7	11.1	西　藏	13.4	8.6	10.6
山　西	13.5	9.9	11.4	北　京	11.4	10.8	11.1
河　北	13.0	10.1	11.5	天　津	13.0	12.1	12.6
山　东	14.8	10.1	12.9	上　海	17.3	13.6	15.6
江　苏	17.0	13.5	15.3	重　庆	18.2	13.6	15.8
安　徽	16.5	13.3	14.9	台湾(台北)	18.0	14.7	16.4
浙　江	17.0	14.4	16.0	香　港	暂缺	暂缺	暂缺
江　西	17.0	14.2	15.6	澳　门	暂缺	暂缺	暂缺
福　建	17.4	13.7	15.7	全　国			13.4
河　南	15.2	11.3	13.2				

4．木、竹面层不宜用于长期或经常潮湿处，并应避免与水长期接触，以防止木基层腐蚀和面层变形、开裂、翘曲等质量问题。对多层建筑的底层地面铺设木、竹面层时，对面层下的基层(包括墙体)应采取防潮措施。

5．与厕浴间、厨房等有潮湿的房间相邻的铺设木竹面层连接处应设置防水(防潮)处理。

6．木竹面层的通风构造层的设置，包括室内通风沟、室外通风窗以及较大面积通风构造高度等均应符合设计要求。

7．木竹面层铺设在水泥类基层(面层)上，其基层(面层)表面应坚硬、平整、不起砂、干燥、洁净。

8．建筑地面工程的木、竹面层搁栅下架空结构层(或构造层)的质量检验，主要是搁栅下的砖、石地垅墙、墩的砌筑，应符合现行国家标准《砌体工程施工质量验收规范》(GB 50203—2002)的有关规定。如是其他的结构层，尚应符合相应的现行国家标准的有关规定。

9．木、竹面层的表面平整度、板面缝隙宽度、板面拼缝平直、相邻板材高差和踢脚线上口平齐、踢脚线与面层的接缝等均应符合设计要求和施工质量验收规范的允许偏差限值，方可认为合格。

10．木竹面层铺设应在施工工艺过程中进行施工质量控制。其过程控制可参见木竹面层分项工程施工工艺流程示意图(图 2-7-1)。

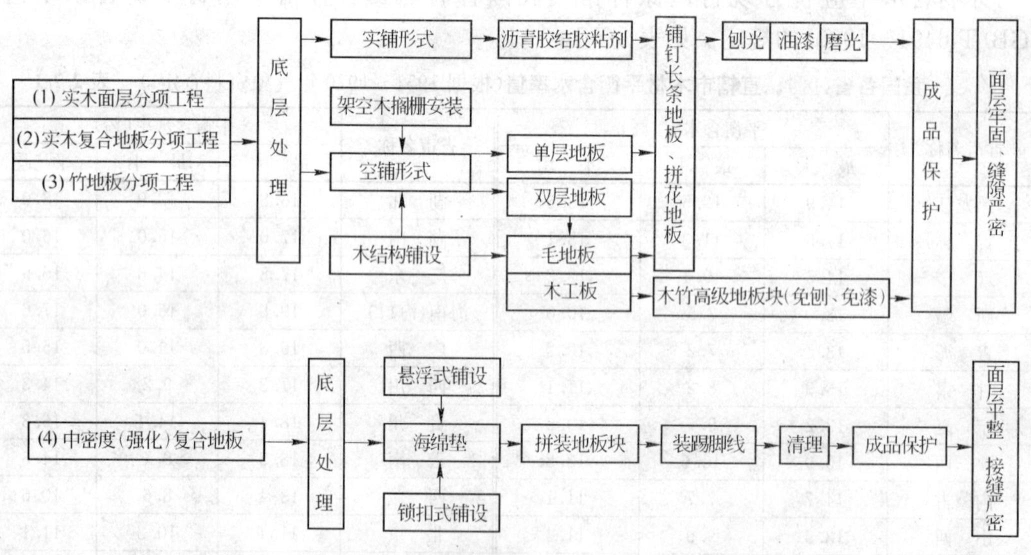

图 2-7-1　木竹面层分项工程施工工艺流程示意图(1)～(4)

2-7-2-2　实木地板面层

实木地板面层具有弹性好、导热系数小、干燥、易清洁和不起尘等材料性能，是一种较理想的建筑地面材料，主要满足于有较高清洁和弹性等使用要求的公共活动地段(场所)。这类面层适用于办公室、托儿所、会议室、高洁度实验室以及中、高档旅馆和住宅。当采用硬木地板面层(即拼花硬木板面层)时，则属于较高级的面层装饰工程，其面层材质坚固、耐磨、洁净美观，但工程造价较贵，施工操作和施工质量要求较高，适用于室内体育训练、比赛、练习用房和舞厅、舞池、咖啡厅、酒吧等公共建筑；以及有特殊要求的硬木楼、地面工程，如计量室、精密机床车间等；还适用于高级民用建筑。

1. 实木地板面层是用条材和块材实木板材或用拼花实木板材，以空铺或实铺方式在基层(楼层结构层)上铺设而成。

2. 实木地板面层可采用双层面层或单层面层铺设。

(1) 单层实木地板面层是在木搁栅上直接钉企口板。企口木板应采用不易腐朽、不易变形开裂的木材制成顶面刨平、侧面带有企口的木板，其宽度不应大于120mm，厚度应符合设计要求；

(2) 双层实木地板面层是在木搁栅上先钉一层毛地板(或木工板)，再钉一层企口木板。木搁栅有空铺和实铺两种形式，空铺形式是将木搁栅置于承重墙体的垫木上(或底层地面的砖、石地垅墙、墩结构层)，其上铺钉木板面层，木搁栅之间加设剪刀撑，木板面层在木板下面留有一定高度的空间，以利通风换气，使木板和搁栅保持干燥而不致于腐烂。为节约木材，亦有用钢筋混凝土构件代替木搁栅；实铺形式是将木板面层铺钉在固定于水泥类基层(面层)上的木龙骨，木龙骨之间常用炉渣等隔声材料填充，并加设横向木撑，其木材部分均需涂防腐油；

毛地板材质同企口木板，但可采用纯棱料，其宽度不宜大于120mm。厚度应符合设计要求；

(3) 拼花实木地板面层是用加工的拼花木板材铺钉在毛地板(或木工板)上或以沥青胶结料(或以胶粘剂)铺贴在水泥类基层(面层)上而成。拼花实木地板的铺设图案以及板块的长度、宽度和厚度均应符合设计要求。

拼花木板多采用质地优良、不易腐朽的硬杂木材制成。由于多用短狭条相拼，故不易变形、开裂，一般选用水曲柳、核桃木、柞木等树种。拼花木板的常用规格为：长250～300mm、宽30～50mm、厚18～23mm。其接缝可采用企口接缝、截口接缝或平头接缝形式。

当拼花木板为预制成板块时，应采用防水和防菌的胶拼接。接缝处应对齐，胶合应紧密，缝隙不应大于0.2mm，外形尺寸应准确，表面应平整。预制成板块的拼花木板铺设在毛地板(水泥类基层)上，应以企口互相联结。

3. 实木地板面层的条材和块材应采用具有商品检验合格证的产品，其产品分类、外观质量、物理力学性能等应符合现行国家标准《实木地板》(GB/T 15036.1—2001)的规定。

(1) 分类

实木地板有：榫接地板、平接地板、镶嵌地板(铝丝榫接镶嵌地板、胶纸或胶网平接地板)三类。

(2) 分等

根据产品的外观质量、物理力学性能分为优等品、一等品和合格品。

(3) 外观质量要求

实木地板的外观质量要求见表2-7-2中规定。

实木地板外观质量要求　　　　**表 2-7-2**

名　称	表　面			背　面
	优等品	一等品	合格品	
活　节	直径≤5mm 长度≤500mm，≤2个 长度>500mm，≤4个	5mm<直径≤15mm 长度≤500mm，≤2个 长度>500mm，≤4个	直径≤20mm个数不限	尺寸与个数不限
死　节	不许有	直径≤2mm 长度≤500mm，≤1个 长度>500mm，≤3个	直径≤4mm，≤5个	直径≤20mm，个数不限
蛀　孔	不许有	直径≤0.5mm，≤5个	直径≤2mm，≤5个	直径≤15mm，个数不限
树脂囊	不许有	不许有	长度≤5mm， 宽度≤1mm，≤2条	不　限
髓　斑	不许有	不　限	不　限	不　限
腐　朽	不许有			初腐且面积≤20%，不剥落，也不能捻成粉末
缺　棱	不许有			长度≤板长的30% 宽度≤板宽的20%
裂　纹	不许有	不许有	宽≤0.1mm 长≤15mm，≤2条	宽≤0.3mm 长≤50mm，条数不限
加工波纹	不许有	不许有	不明显	不　限
漆膜划痕	不许有	轻　微	轻　微	—
漆膜鼓泡	不许有			—
漏　漆	不许有			—
漆膜上针孔	不许有	直径≤0.5mm，≤3个	直径≤0.5mm，≤3个	—
漆膜皱皮	不许有	<板面积5%	<板面积5%	—
漆膜粒子	长≤500mm，≤2个 长>500mm，≤4个	长≤500mm，≤4个 长>500mm，≤8个	长≤500mm，≤4个 长>500mm，≤8个	—

注：1. 凡在外观质量检验环境条件下，不能清晰地观察到的缺陷即为不明显。
　　2. 倒角上的漆膜粒子不计。

（4）加工精度

1）尺寸及偏差见表 2-7-3 的规定。

实木地板的主要尺寸及偏差　　　　**表 2-7-3**

名　称	偏　差
长　度	长度≤500mm时，公称长度与每个测量值之差绝对值≤0.5 长度>500mm时，公称长度与每个测量值之差绝对值≤1.0
宽　度	公称宽度与平均宽度之差绝对值≤0.3，宽度最大值与最小值之差≤0.3
厚　度	公称厚度与平均厚度之差绝对值≤0.3，厚度最大值与最小值之差≤0.4

注：1. 实木地板长度和宽度是指不包括榫舌的长度和宽度。
　　2. 镶嵌地板只检量方形单元的外形尺寸。
　　3. 榫接地板的榫舌宽度应≥4.0mm，槽最大高度与榫最大厚度之差应为0～0.4mm。

2）形状位置偏差见表 2-7-4 的规定。

形状位置偏差 表 2-7-4

名称		偏差
翘曲度	横弯	长度≤500mm 时，允许≤0.02%；长度>500mm 时，允许≤0.03%
	翘弯	宽度方向：凸翘曲度≤0.2%，凹翘曲度≤0.15%
	顺弯	长度方向：≤0.3%
拼装离缝		平均值≤0.3mm；最大值≤0.4mm
拼装高度差		平均值≤0.25mm；最大值≤0.3mm

（5）物理力学性能指标见表 2-7-5 的规定。

物理力学性能指标 表 2-7-5

名称	单位	优等品	一等品	合格品
含水率	%	7≤含水率≤我国各地区的平衡含水率		
漆板表面耐磨	g/100r	≤0.08，且漆膜未磨透	≤0.10，且漆膜未磨透	≤0.15，且漆膜未磨透
漆膜附着力	—	0～1	2	3
漆膜硬度	—	≥H		

注：含水率是指地板在未拆封和使用前的含水率。我国各地区的平衡含水率见表 2-7-1。

（6）包装、标志、运输和贮存

1）包装

产品入库时应按树种、规格、批号、等级、数量用聚乙烯吹塑薄膜密封后装入硬纸板箱内或装入包装袋内，同时装入产品质量检验合格证，外用聚乙烯或聚丙烯塑料打扎带捆扎。对包装有特殊要求时，可由供需双方商定。

2）标志

产品包装箱或包装袋外表应印有或贴有清晰且不易脱落的标志，用中文注明生产厂名、厂址、执行标准号、产品名称、规格、木材名称、等级、数量(m^2)和批次号等标志。

3）运输和贮存

产品在运输和贮存过程中应平整堆放，防止污损、潮湿、雨淋，防晒、防水、防火、防虫蛀。

4. 木地板采用胶粘剂铺贴时，胶粘剂材料的选用除应符合现行国家标准《民用建筑工程室内环境污染控制规范》(GB 50325—2001)外，尚应符合现行国家标准《木地板胶粘剂》(JC/T 636—1996)的规定。

（1）类型

聚乙烯醇系——以聚乙烯醇改性物为粘料，加入添加剂。

乙酸乙烯系——以乙酸乙烯树脂为粘料，加入添加剂。

乙烯共聚系——以乙酸乙烯和以乙烯共聚物为粘料，加入添加剂。

丙烯酸系——以丙烯酸树脂为粘料，加入添加剂。

（2）代号

木地板胶粘剂代号如表 2-7-6 所示。

木地板胶粘剂代号　　表 2-7-6

胶粘剂类型	聚乙烯醇系	乙酸乙烯系	乙烯共聚系	丙烯酸系
代　号	PV	VA	EC	AC

(3) 技术要求

木地板胶粘剂的质量应符合表 2-7-7 的规定。

木地板胶粘剂的质量要求　　表 2-7-7

试验项目	技术指标
涂布性	容易涂布、胶层均匀
拉伸劈裂胶接强度，23±2℃，96h，再浸水 24h，(N/cm^2)　≥	200

5. 控制木板含水率是确保实木地板面层施工质量的一个关键性的技术措施。木材须经风干或烘干，含水率宜分别为：毛地板不大于 18%；长条木地板不大于 12%；拼花木地板不大于 10%；且应符合当地木材平衡含水率值的规定。

6. 选用木板应为同一批材料树种，花纹及色泽力求一致。地板条应先经检查挑选，将有节疤、劈裂、腐朽、弯曲等弊病及加工不合要求的剔除；长条地板要事先做好接头企口榫或铁皮接头假榫；拼花木板应预拼、找方、钻孔。

7. 铺设实木地板面层时，其木搁栅(木龙骨)的截面尺寸、间距和稳固方法等均应符合设计要求。

空铺式木搁栅的两端应垫实钉牢；当采用地垄墙、墩时，尚应与搁栅固定牢固。木搁栅与墙间应留出不应大于 30mm 的空隙，其表面应平直，用 2m 直尺检查时，尺与搁栅的空隙不应大于 3mm。

实铺式木龙骨固定时，不得损坏基层结构和预埋管线。

8. 铺设双层木板面层的下层毛地板，应按下列要求进行：

(1) 铺设前，必须清除毛地板下空间内的刨花等杂物；

(2) 毛地板铺钉时，应与木搁栅成 30°或 45°角斜向钉牢，并使木材髓心向上。其板间缝隙不应大于 3mm。毛地板与墙之间应留出 10～15mm 的空隙。每块毛地板与其下的每根木搁栅上各用两枚钉固定；

(3) 为防止在使用中发生音响和潮气浸蚀，可在毛地板上干铺一层沥青油纸(或油毡)或按设计要求；

(4) 毛地板铺钉完后，应将表面刨平，经检查合格后方可铺钉双层木板面层的上层面层板。

9. 铺设实木地板面层，应按下列要求进行：

(1) 单层木板面层铺设时，每块长条木板应钉牢在每根木搁栅(木龙骨)上，钉的长度应为板厚度的 2～2.5 倍，并从板侧面斜向钉入板中，钉头不应露出；

(2) 单层木板面层或双层木板面层上层采用企口板铺设时，应与木搁栅(木龙骨)成垂直方可钉牢固，板端接头位置应间隔错开，其端接头应有规律在一条直线上。板与板之间拼缝仅允许个别地方有缝隙，但缝隙宽度不应大于 1mm；如用硬木企口板不得大于

0.5mm。企口板与墙之间应留 8～12mm 空隙，并用木踢脚线封盖。每块企口板应钉牢在其下的木搁栅(木龙骨)上或毛地板上，钉的长度应为企口板厚度的 2～2.5 倍，从侧面斜向钉入，钉帽应砸扁；

(3) 实木地板面层表面不平处应进行刨光，刨削方向应顺木纹，不应有明显刨痕和毛刺等现象。磨光后方可装钉木踢脚线。

10. 铺设实木拼花地板面层，应按下列要求进行：

(1) 拼花木板面层的图案，可采用正方格形、斜方格形或人字形等式样铺设，或按设计要求。四周应留直条的镶边；

(2) 铺设拼花木板面层前，应进行弹线、分格、定位，并距墙四周面留出 200～300mm 作为镶边，或按设计图纸要求；

(3) 在毛地板(木工板)上铺钉拼花木板，应拼合紧密，接缝应对齐，缝隙宽度均匀一致，钉帽应砸扁；

(4) 用沥青玛琋脂铺贴拼花木板时，其基层表面应平整、洁净、干燥，并预先涂刷一层冷底子油，然后用沥青玛琋脂涂刷于基层面，要求涂刷均匀，厚度一般为 2mm，在拼花木板背面必涂刷一层薄而匀的沥青玛琋脂，随涂随铺贴，应一次就位准确；铺贴牢固无空鼓；

(5) 用胶粘剂铺贴拼花木板时，板的厚度不应小于 10mm。铺贴时，在基层和拼花木板背面分别涂刷胶粘剂。其厚度：基层表面控制在 1mm 左右，板背面控制在 0.5mm 左右，一般待 5min 即可铺贴，并应注意在铺贴好的木板面层加压，使之粘结牢固，防止翘曲空鼓；

(6) 用沥青玛琋脂或胶粘剂铺贴拼花木板面层时，其两邻两块的高差不应超过 +1.5mm、−1mm，过高或过低的应予重行铺贴，溢出板面的沥青玛琋脂和胶粘剂应随时刮去；

(7) 拼花木板面层的缝隙不应大于 0.3mm。面层与墙之间的空隙，用木踢脚线封盖。

11. 木踢脚线规格一般为 150mm 高×20～25mm 厚，背面开槽，以防翘曲。木踢脚线背面应作防腐处理。木踢脚线应用钉钉牢在预留墙内防腐的木砖上，钉帽砸扁冲入板内。木踢脚线沿长度以作 45°斜角相接，接缝严密。木踢脚线与木板面层交角处(封角处)应钉设木压条。木踢脚线应与墙面紧贴，钉设牢固，上口平直，高度一致，表面光滑。

12. 木地板除免刨免漆类外，实木地板面层的涂油和上蜡工序应待室内装饰工程完成后进行。

13. 木竹面层铺设的实木地板面层分项工程的质量检验，应按下列规定进行：

(1) 实木地板面层检验批划分和抽查数量以及验收组织和质量检验基本上按本手册 2-4-2-2基土这一节中第 11 条要求执行；

(2)“实木地板面层检验批质量验收记录表”的制定应符合国标《建筑地面工程施工质量验收规范》(GB 50209—2002)的规定；

(3) 实木地板面层分别采用拼花地板、硬木地板或朽木地板铺设面层时，应在“实木地板面层检验批质量验收记录表”表头分别加注，以资识别，并应按各品种的实木地板面层分别填写。

实木地板面层检验批质量验收记录表

(GB 50209—2002)　　030115□□

<table>
<tr><td colspan="5">单位(子单位)工程名称</td><td colspan="3"></td></tr>
<tr><td colspan="5">分部(子分部)工程名称</td><td colspan="2"></td><td>验收部位</td></tr>
<tr><td colspan="2">施工单位</td><td colspan="4"></td><td>项目经理</td><td></td></tr>
<tr><td colspan="2">分包单位</td><td colspan="4"></td><td>分包项目经理</td><td></td></tr>
<tr><td colspan="5">施工执行标准名称及编号</td><td colspan="3"></td></tr>
<tr><td colspan="6">施工质量验收规范的规定</td><td>施工单位检查评定记录</td><td>监理(建设)单位验收记录</td></tr>
<tr><td rowspan="3">主控项目</td><td>1</td><td colspan="3">材料质量</td><td>设计要求</td><td></td><td rowspan="17"></td></tr>
<tr><td>2</td><td colspan="3">木栅栏安装</td><td>牢固平直</td><td></td></tr>
<tr><td>3</td><td colspan="3">面层铺设</td><td>第 7.2.9 条</td><td></td></tr>
<tr><td rowspan="14">一般项目</td><td>1</td><td colspan="3">面层质量</td><td>第 7.2.10 条</td><td></td></tr>
<tr><td>2</td><td colspan="3">面层缝隙</td><td>条 7.2.5 条
第 7.2.11 条</td><td></td></tr>
<tr><td>3</td><td colspan="3">拼花地板</td><td>第 7.2.12 条</td><td></td></tr>
<tr><td>4</td><td colspan="3">踢脚线</td><td>第 7.2.13 条</td><td></td></tr>
<tr><td rowspan="3">5</td><td rowspan="10">表面允许偏差</td><td rowspan="3">板面缝隙宽度</td><td>拼花地板</td><td>0.2mm</td><td></td></tr>
<tr><td>硬木地板</td><td>0.5mm</td><td></td></tr>
<tr><td>松木地板</td><td>1.0mm</td><td></td></tr>
<tr><td rowspan="2">6</td><td rowspan="2">表面平整度</td><td>拼花、硬木地板</td><td>2.0mm</td><td></td></tr>
<tr><td>松木地板</td><td>3.0mm</td><td></td></tr>
<tr><td>7</td><td colspan="2">踢脚线上口平齐</td><td>3.0mm</td><td></td></tr>
<tr><td>8</td><td colspan="2">板面拼缝平直</td><td>3.0mm</td><td></td></tr>
<tr><td>9</td><td colspan="2">相邻板材高差</td><td>0.5mm</td><td></td></tr>
<tr><td>10</td><td colspan="2">踢脚线与面层接缝</td><td>1.0mm</td><td></td></tr>
<tr><td colspan="3" rowspan="2">施工单位检查评定结果</td><td colspan="3">专业工长(施工员)</td><td>施工班组长</td><td></td></tr>
<tr><td colspan="5">项目专业质量检查员：　　　　年　月　日</td></tr>
<tr><td colspan="3">监理(建设)单位验收结论</td><td colspan="5">专业监理工程师：
(建设单位项目专业技术负责人)：　　　　年　月　日</td></tr>
</table>

注：同“基土层检验批质量验收记录表”注 1。

说　明

030115

主控项目：

1. 实木地板面层所采用的材质和铺设时的木材含水率必须符合设计要求。木搁栅、垫木和毛地板等必须做防腐、防蛀处理。同时应符合第 7.1.2 条规定。观察检查和检查产品合格证明书文件及检测报告。

2. 木搁栅安装应牢固、平直。同时应符合第 7.1.3 条、第 7.1.4 条、第 7.2.3 条、第 7.2.4 条规定。观察、脚踩检查。

3. 面层铺设应牢固；粘结无空鼓。观察、脚踩检查。

一般项目：

1. 实木地板面层应刨平、磨光，无明显刨痕和毛刺等现象；图案清晰、颜色均匀一致。观察、手摸和脚踩检查。

2. 层缝隙应严密；接头位置应错开、表面洁净。同时应符合第 7.2.5 条规定。观察检查。

3. 拼花地板接缝应对齐，粘、钉严密；缝隙宽度均匀一致；表面洁净；胶粘无溢胶。观察检查。

4. 踢脚线表面应光滑，接缝严密，高度一致。观察和尺量检查。

5. 用钢尺检查缝隙宽度允许偏差；2m 靠尺和楔形塞尺检查表面平整度的允许偏差，拉 5m 通线用钢尺检查平齐和平直度允许偏差；用钢尺和楔形塞尺检查相邻板材高差允许偏差；用楔形塞尺检查接缝允许偏差。

2-7-2-3 实木复合地板面层

实木复合地板是以面层采用优质木材配以符合国家标准的绿色环保产品的芯板板材为原料，经运用技术配方科学的结构层加工而成。这种面层与实木地板面层一样，具有弹性好、舒适、导热系数小、干燥、易清洁等材料性能，并达到豪华、典型、美观大方的装饰效果和使用功能，亦是一种较理想的建筑地面材料，适用范围与实木地板面层同。

实木复合地板选用研制高科技产品，以能克服各类实木地板收缩膨胀率高的缺陷，具有防水防潮的特点。

1. 实木复合地板面层采用条材和块材实木复合地板或采用拼花实木复合地板，以空铺或实铺方式在基层(楼层结构层)上铺设而成。

2. 实木复合地板面层的条材和块材应采用具有商品检验合格证的产品，其分类、技术要求等应符合现行国家标准《实木复合地板》(GB/T 18103—2000)的规定。

(1) 定义

实木复合地板，是以实木拼板或单板为面层、实木条为芯层、单板为底层制成的企口地板和以单板为面层、胶合板为基材制成的企口地板。以面层树种来确定地板树种名称。

(2) 分类

1) 按面层材料分

① 实木拼板作为面层的实木复合地板；

② 单板作为面层的实木复合地板。

2) 按结构分

① 三层结构实木复合地板；

② 以胶合板为基材的实木复合地板。

3) 按表面有无涂饰分

① 涂饰实木复合地板；

② 未涂饰实木复合地板。

4) 按甲醛释放量分

① A类实木复合地板(甲醛释放量≤9mg/100g);

② B类实木复合地板(甲醛释放量>9～40mg/100g)。

(3) 技术要求

1) 分等

根据产品的外观质量、理化性能分为优等品、一等品和合格品。

2) 实木复合地板各层的技术要求

① 三层结构实木复合地板

a. 面层

面层常用树种:水曲柳、桦木、山毛榉、栎木、榉木、枫木、楸木、樱桃木等;

同一块地板表层树种应一致;

面层由板条组成,板条常见规格:宽度为 50、60、70(mm);厚度为 3.5、4.0(mm);

外观质量应符合表 J.2.3.3。

b. 芯层

芯层常用树种:杨木、松木、泡桐、杉木、栎木等;

芯层由板条组成,板条常用厚度为 8、9(mm);

同一块地板芯层用相同树种或材性相近的数种;

芯板条之间的缝隙不能大于 5mm。

c. 底层

底层单板树种通常为:杨木、松木、桦木等;

底层单板常见厚度规格为 2.0mm;

底层单板的外观质量应符合表 J.2.3.3。

② 以胶合板为基材的实木复合地板

a. 面层

面层通常为装饰单板;

树种通常为:水曲柳、桦木、山毛榉、栎木、榉木、枫木、楸木、樱桃木等;

常见厚度规格为:0.3、1.0、1.2(mm);

面层的外观质量应符合表 J.2.3.3。

b. 基材

胶合板不低于 GB/T 9846.1～9846.12 和 GB/T 13009 中二等品的技术要求。

基材要进行严格挑选和必要的加工,不能留有影响饰面质量的缺陷。

3) 外观质量要求

各等级外观质量要求见表 2-7-8。

实木复合地板的外观质量要求　　　表 2-7-8

名　称	项　目	表面			背面
		优　等	一　等	合　格	
死　节	最大单个长径(mm)	不允许	2	4	50
孔洞(含虫孔)	最大单个长径(mm)	不允许	不允许	2,须修补	15

续表

名称		项目	表面			背面
			优等	一等	合格	
浅色夹皮		最大单个长度(mm)	不允许	20	30	不限
		最大单个宽度(mm)	不允许	2	4	不限
深色夹皮		最大单个长度(mm)	不允许	不允许	15	不限
		最大单个宽度(mm)	不允许	不允许	2	不限
树脂囊和树脂道		最大单个长度(mm)	不允许	不允许	5，且最大单个宽度小于1	不限
腐朽		—	不允许	不允许	不允许	①
变色		不超过板面积(%)	不允许	5，板面色泽要协调	20，板面色泽要大致协调	不限
裂缝		—	不允许			不限
拼接离缝	横拼	最大单个宽度(mm)	0.1	0.2	0.5	不限
		最大单个长度不超过板长(%)	5	10	20	不限
	纵拼	最大单个宽度(mm)	0.1	0.2	0.5	不限
叠层		—	不允许			不限
鼓泡、分层		—	不允许			不允许
凹陷、压痕、鼓包		—	不允许	不明显	不明显	不限
补条、补片		—	不允许			不限
毛刺沟痕		—	不允许			不限
透胶、板面污染		不超过板面积(%)	不允许	不允许	1	不限
砂透		—	不允许			不限
波纹		—	不允许	不允许	不明显	—
刀痕、划痕		—	不允许			不限
边、角缺损		—	不允许			②
漆膜鼓泡		$\phi \leqslant 0.5$mm	不允许	每块板不超过3个	每块板不超过3个	—
针孔		$\phi \leqslant 0.5$mm	不允许	每块板不超过3个	每块板不超过3个	—
皱皮		不超过板面积(%)	不允许	不允许	5	—
粒子		—	不允许	不允许	不明显	—
漏漆		—	不允许			—

① 允许有初腐，但不剥落，也不能捻成粉末。

② 长边缺损不超过板长的30%，且宽不超过5mm；短边缺损不超过板宽的20%，且宽不超过5mm。

注：凡在外观质量检验环境条件下，不能清晰的观察到的缺陷即为不明显。

4) 规格尺寸和尺寸偏差

① 幅面尺寸

a. 三层结构实木复合地板的幅面尺寸见表2-7-9。

三层结构实木复合地板的幅面尺寸 **表2-7-9**

长度	宽度		
2100	180	189	205
2200	180	189	205

b. 以胶合板为基材的实木复合地板的幅面尺寸见表 2-7-10。

以胶合板为基材的实木复合地板的幅面尺寸　　表 2-7-10

长　度	宽　度			
2200	—	189	225	—
1818	180	—	225	303

c. 经供需双方协议可生产其他幅面尺寸的产品。

② 厚度

a. 三层结构实木复合地板的厚度为 14、15(mm)。

b. 以胶合板为基材的实木复合地板的厚度为 8、12、15(mm)。

c. 经供需双方协议可生产其他厚度的实木复合地板。

③ 实木复合地板的尺寸偏差应符合表 2-7-11。

实木复合地板的尺寸偏差　　表 2-7-11

项　目	要　求
厚度偏差	公称厚度 t_h 与平均厚度 t_a 之差绝对值≤0.5mm；厚度最大值 t_{max} 与最小植 t_{min} 之差≤0.5mm
面层净长偏差	公称长度 l_n≤1500mm 时，l_n 与每个测量值 l_m 之差绝对值≤1.0mm；公称长度 l_n＞1500mm 时，l_n 与每个测量值 l_n 之差绝对值≤2.0mm
面层净宽偏差	公称宽度 W_n 与平均宽度 W_a 之差绝对值≤0.1mm；宽度最大值 W_{max} 与最小值 W_{min} 之差≤0.2mm
直　角　度	q_{max}≤0.2mm
边缘不直度	S_{max}≤0.3mm/m
翘　曲　度	宽度方向凸翘曲度 f_w≤0.20%；宽度方向凹翘曲度 f_w≤0.15% 长度方向凸翘曲度 f_l≤1.00%；长度方向凹翘曲度 f_l≤0.50%
拼装离缝	拼装离缝平均值 o_a≤0.15mm；拼装离缝最大值 o_{max}≤0.20mm
拼装高度差	拼装高度差平均值 h_a≤0.10mm；拼装高度差最大值 h_{max}≤0.15mm

5）理化性能指标

① 浸渍剥离

a. 实木复合地板的浸渍剥离见表 2-7-12。

实木复合地板的理化性能指标　　表 2-7-12

检验项目	单　位	优　等　品	一　等　品	合格品
浸渍剥离	—	每一边的任一胶层开胶的累计长度不超过该胶层长度的 1/3(3mm 以下不计)		
静曲强度	MPa	≥30		
弹性模量	MPa	≥4000		
含水率	%	5～14		
漆膜附着力	—	割痕及割痕交叉处允许有少量断续剥落		
表面耐磨	g/100r	≤0.08，且漆膜未磨透	≤0.08，且漆膜未磨透	≤0.15，且漆膜未磨透
表面耐污染	—	无污染痕迹		
甲醛释放量	mg/100g	A类：≤9；B类：＞9～40		

b. 浸渍剥离检验按有关规定进行。

c. 合格试件数大于等于 5 块时，判为合格，否则判为不合格。

② 静曲强度和弹性模量

a. 实木复合地板的静曲强度和弹性模量见表 J.2.3.5。

b. 静曲强度和弹性模量检验按有关规定进行。

c. 六个试件静曲强度的算术平均值达到标准规定值，且最小值不小于标准规定值的80%，判为合格，否则判为不合格。

d. 六个试件弹性模量的算术平均值达到标准规定值，判为合格，否则判为不合格。

③ 含水率

a. 实木复合地板的含水率见表 J.2.3.5。

b. 含水率检验按有关规定进行。

c. 三个试件含水率的算术平均值达到标准规定值，判为合格，否则判为不合格。

④ 漆膜附着力

a. 实木复合地板的漆膜附着力见表 J.2.3.5。

b. 漆膜附着力检验按有关规定进行。

c. 试件漆膜附着力符合表 J.2.3.5 要求，判为合格，否则判为不合格。

⑤ 表面耐磨

a. 实木复合地板的表面耐磨见表 J.2.3.5。

b. 表面耐磨检验按有关规定进行。

c. 试件表面耐磨磨耗值达到标准规定值，且表面漆膜未磨透，判为合格，否则判为不合格。

⑥ 表面耐污染

a. 实木复合地板的表面耐污染见表 J.2.3.5。

b. 表面耐污染检验按有关规定进行。

c. 试件表面耐污染达到标准规定值，判为合格，否则判为不合格。

⑦ 甲醛释放量

a. 实木复合地板的甲醛释放量见表 J.2.3.5。

b. 甲醛释放量检验按有关规定进行。

c. 两个试件甲醛释放量的算术平均值达到标准规定值，判为合格，否则判为不合格。

3. 实木复合地板面层空铺或实铺方式的木搁栅（木龙骨）和毛地板铺设，应按本章2-7-2-2实木地板面层中第 7 条、第 8 条的要求进行。

4. 实木复合地板面层可采用整贴法或点贴法直接在水泥类基层（面层）上铺贴。粘贴材料应采用具有耐老化，防水和防菌、无毒等性能的材料，或按设计要求选用。

5. 实木复合地板面层下铺设的防潮隔声衬垫的材质和厚度应符合设计要求，两幅拼缝之间结合处不得露出基层（面层）面。

6. 实木复合地板面层采用的条材或块材铺设时，其纵向端接头的位置应协调，相邻两行的端接头应错开不应小于 300mm；木板材与墙之间应留不小于 10mm 空隙。

7. 面层铺设时，应将条材（块材）板边沿多余的油漆处理干净，以保证铺好后两条板缝接合处平整严密。

8. 大面积铺设实木复合地板面层(长度大于10m时，应分段铺设，分段缝的处理应按设计要求)。

9. 木踢脚线施工，应按本章2-7-2-2实木地板面层中第11条的要求进行。

10. 木竹面层铺设的实木复合地板面层分项工程的质量检验，应按下列规定进行：

(1) 实木复合地板面层检验批划分和抽查数量以及验收组织和质量检验基本上按本册2-4-2-2基土这一节中第11条要求执行；

(2)“实木复合地板面层检验批质量验收记录表”的制定应符合国标《建筑地面工程施工质量验收规范》(GB 50209—2002)的规定。

实木复合地板面层检验批质量验收记录表

(GB 50209—2002)　　030116□□

单位(子单位)工程名称						
分部(子分部)工程名称					验收部位	
施工单位					项目经理	
分包单位					分包项目经理	
施工执行标准名称及编号						
施工质量验收规范的规定					施工单位检查评定记录	监理(建设)单位验收记录
主控项目	1		材料质量	设计要求		
	2		木搁栅安装	第7.3.10条		
	3		面层铺设质量	第7.3.11条		
一般项目	1		面层外观质量	第7.3.12条		
	2		面层接头	第7.3.13条		
	3		踢脚线	第7.3.14条		
	4	面层允许偏差	板面缝隙宽度	0.5mm		
	5		表面平整度	2.0mm		
	6		踢脚线上口平齐	3.0mm		
	7		板面拼缝平直	3.0mm		
	8		相邻板材高差	0.5mm		
	9		踢脚线与面层接缝	1.0mm		
施工单位检查评定结果	专业工长(施工员)				施工班组长	
	项目专业质量检查员：　　　　年　月　日					
监理(建设)单位验收结论	专业监理工程师： (建设单位项目专业技术负责人)：　　　　年　月　日					

注：同“基土层检验批质量验收记录表”注。

说 明

030116

主控项目：

1. 实木复合地板面层所采用的条材和块材，其技术等级及质量要求应符合设计要求。木搁栅、垫木和毛地板等必须做防腐、防蛀处理。同时应符合第 7.1.2 条和第 7.3.2 条规定。观察检查和检查产品合格证明文件及检测报告。

2. 木搁栅安装应牢固、平直。同时应符合第 7.3.3 条规定。观察、脚踩检查。

3. 面层铺设应牢固；粘贴无空鼓。观察、脚踩检查。

一般项目：

1. 实木复合地板面层图案和颜色应符合设计要求，图案清晰，颜色一致，板面无翘曲。观察、用 2m 靠尺和楔形塞尺检查。

2. 面层的接头应错开、缝隙严密、表面洁净。观察检查。

3. 踢脚线表面光滑，接缝严密，高度一致。观察和尺量检查。

4. 用钢尺检查缝隙宽度允许偏差；2m 靠尺和楔形塞尺检查表面平整度的允许偏差，拉 5m 通线用钢尺检查平齐和平直度允许偏差；用钢尺和楔形塞尺检查相邻板材高差允许偏差；用楔形塞尺检查接缝允许偏差。

2-7-2-4 中密度(强化)复合地板面层

中密度(强化)复合地板是以一层或多层专用纸浸渍热固体性氨基树脂，铺装在中密度纤维板的人造板基材表面，背面加平衡层，正面加耐磨层经热压而成的木质地板材。这种面层板与实木地板面层一样，具有弹性好、舒适、导热系数小、干燥、易清洁等材料性能，并能达到面层表面艺术感极强的浮雕图案的装饰效果和表面耐磨的使用功能，亦是一种较理想的建筑地面材料，其适用范围与实木地板面层同。在幼儿园、高健康环保标准的家居装修、五星级酒店、甲级写字楼、银行营业大厅、高级餐厅和名店等场所更为适用。

中密度(强化)复合地板条(块)材是采用伸缩率低、吸水率低、抗拉强度高的树种做密度板的基材，并使复合地板各复层之间对称平衡，可自行调节消除环境温度、湿度变化和干燥或潮湿引起的内应力，以达到耐磨层、装饰层、高密度板层及防水平衡层的自身膨胀系数很接近，从而避免了实木地板经常出现的弹性变形、振动脱胶及抗承重能力低的缺点。

1. 中密度(强化)复合地板面层是用条材和块材中密度(强化)复合地板材以悬浮或锁扣方式在基层(或楼层结构层)上铺设(拼装)而成。

2. 中密度(强化)复合地板材应采用具有商品检验合格证的产品，其分类、技术要求、检验和检验方法等应符合现行国家标准《浸渍纸层压木质地板》(GB/T 18102—2000)的规定。

(1) 定义

浸渍纸层压木质地板，是以一层或多层专用纸浸渍热固性氨基树脂，铺装在刨花板、中密度纤维板、高密度纤维板等人造板基材表面，背面加平衡层，正面加耐磨层，经热压而成的地板；其商品名为强化木地板。

(2) 分类

1）按地板基材分：

① 以刨花板为基材的浸渍纸层压木质地板；

② 以中密度纤维板为基材的浸渍纸层压木质地板；

③ 以高密度纤维板为基材的浸渍纸层压木质地板。

2）按装饰层分：

① 单层浸渍纸层压木质地板；

② 多层浸渍纸层压木质地板；

③ 热固性树脂装饰层压板层压木质地板。

3）按表面图案分：

① 浮雕浸渍纸层压木质地板；

② 光面浸渍纸层压木质地板。

4）按用途分：

① 公共场所用浸渍纸层压木质地板(耐磨转数≥9000 转)；

② 家庭用浸渍纸层压木质地板(耐磨转数≥6000 转)。

5）按甲醛释放量分：

① A 类浸渍纸层压木质地板(甲醛释放量：≤9mg/100g)；

② B 类浸渍纸层压木质地板(甲醛释放量：>9～40mg/100g)。

(3) 技术要求

1）分等

根据产品的外观质量、理化性能分为优等品、一等品和合格品。

2）外观质量

各等级外观质量要求见表 2-7-13。

浸渍纸层压木质地板各等级外观质量要求　　表 2-7-13

<table>
<tr><th rowspan="2">缺陷名称</th><th colspan="3">正面</th><th rowspan="2">背面</th></tr>
<tr><th>优等品</th><th>一等品</th><th>合格品</th></tr>
<tr><td>干、湿花</td><td>不允许</td><td>不允许</td><td>总面积不超过板面的 3%</td><td>允许</td></tr>
<tr><td>表面划痕</td><td colspan="3">不允许</td><td>不允许漏出基材</td></tr>
<tr><td>表面压痕</td><td colspan="3">不允许</td><td>不允许</td></tr>
<tr><td>透底</td><td colspan="3">不允许</td><td>不允许</td></tr>
<tr><td>光泽不均</td><td>不允许</td><td>不允许</td><td>总面积不超过板面的 3%</td><td>允许</td></tr>
<tr><td>污斑</td><td>不允许</td><td>≤3mm²，允许 1 个/块</td><td>≤10mm²，允许 1 个/块</td><td>允许</td></tr>
<tr><td>鼓泡</td><td colspan="3">不允许</td><td>≤10mm²，允许 1 个/块</td></tr>
<tr><td>鼓包</td><td colspan="3">不允许</td><td>≤10mm²，允许 1 个/块</td></tr>
<tr><td>纸张撕裂</td><td colspan="3">不允许</td><td>≤100mm，允许 1 个/块</td></tr>
<tr><td>局部缺纸</td><td colspan="3">不允许</td><td>≤20mm²，允许 1 个/块</td></tr>
<tr><td>崩边</td><td colspan="3">不允许</td><td>允许</td></tr>
</table>

续表

缺陷名称	正面			背面
	优等品	一等品	合格品	
表面龟裂	不允许			不允许
分层	不允许			不允许
榫舌及边角缺损	不允许			不允许

3）规格尺寸及偏差

① 浸渍纸层压木质地板的幅面尺寸应符合表 2-7-14 的规定。

浸渍纸层压木质地板幅面尺寸(mm)　　**表 2-7-14**

宽度	长度								
182	—	1200	—	—	—	—	—	—	—
185	1180	—	—	—	—	—	—	—	—
190	—	1200	—	—	—	—	—	—	—
191	—	—	—	1210	—	—	—	—	—
192	—	—	1208	—	—	—	1290	—	—
194	—	—	—	—	—	—	—	1380	—
195	—	—	—	—	1280	1285	—	—	—
200	—	1200	—	—	—	—	—	—	—
225	—	—	—	—	—	—	—	—	1820

② 浸渍纸层压木质地板的厚度为 6、7、8、(8.1、8.2、8.3)、9(mm)。

③ 浸渍纸层压木质地板的榫舌宽度应≥3mm。

④ 经供需双方协议可以生产其他规格的浸渍纸层压木质地板。

⑤ 浸渍纸层压木质地板的尺寸偏差应符合表 2-7-15 的规定。

浸渍纸层压木质地板尺寸偏差　　**表 2-7-15**

项目	要求
厚度偏差	公称厚度 t_n 与平均厚度 t_a 之差绝对值≤0.5mm；厚度最大值 t_{max} 与最小值 t_{min} 之差≤0.5mm
面层净长偏差	公称长度 l_n≤1500mm 时，l_n 与每个测量值 l_m 之差绝对值≤1.0mm；公称长度 l_n＞1500mm 时，l_n 与每个测量值 l_m 之差绝对值≤2.0mm
面层净宽偏差	公称宽度 W_n 与平均宽度 W_a 之差绝对值≤0.1mm；宽度最大值 W_{max} 与最小值 W_{min} 之差≤0.2mm
直角度	q_{max}≤0.2mm
边缘不直度	S_{max}≤0.3mm/m

续表

项　目	要　求
翘曲度	宽度方向凸翘曲度 f_w≤0.20%；宽度方向凹翘曲度 f_w≤0.15% 长度方向凸翘曲度 f_l≤1.00%；长度方向凹翘曲度 f_l≤0.50%
拼装离缝	拼装离缝平均值 o_a≤0.15mm；拼装离缝最大值 o_{max}≤0.20mm
拼装高度差	拼装高度差平均值 h_a≤0.10mm；拼装高度差最大值 h_{max}≤0.15mm

4）理化性能

浸渍纸层压木质地板的理化性能应符合表 2-7-16 的规定。

浸渍纸层压木质地板理化性能表　　表 2-7-16

检验项目	单　位	优等品	一等品	合格品
静曲强度	MPa	≥40.0	≥40.0	≥30.0
内结合强度	MPa		≥1.0	
含水率	%		3.0～10.0	
密　度	g/cm^3		≥0.80	
吸水厚度膨胀率	%	≤2.5	≤4.5	≤10.0
表面胶合强度	MPa		≥1.0	
表面耐冷热循环	—		无龟裂、无鼓泡	
表面耐划痕	—	≥3.5N表面无整圈连续划痕	≥3.0N表面无整圈连续划痕	≥2.0N表面无整圈连续划痕
尺寸稳定性	mm		≤0.5	
表面耐磨	转		家庭用：≥6000；公共场所用：≥9000	
表面耐香烟灼烧	—		无黑斑、裂纹和鼓泡	
表面耐干热	—		无龟裂、无鼓泡	
表面耐污染腐蚀	—		无污染、无腐蚀	
表面耐龟裂	—	0级	1级	1级
表面耐水蒸气	—		无突起、变色和龟裂	
抗冲击	mm	≤9	≤12	≤12
甲醛释放量	mg/100g		A类：≤9；B类：>9～40	

3. 中密度(强化)复合地板面层的构造做法是：采用悬浮式铺设应选用普通型或加厚型强化复合木地板按顺序用胶水逐块粘接拼装成整体(整块)木地板面层；采用锁扣式铺设应用锁扣型强化复合木地板以其阴阳企口(木榫结构)及特殊的处理使每块地板间密缝接合部分紧紧相扣成整体(整块)木地板面，无需用胶水逐块拼装，牢固耐用，防潮性能更佳，拆装较容易、方便，反复铺设可达三次之多。以上均整体拼装后直接铺设在基层(楼层结构层)上，无需任何铺钉、粘贴。

4. 中密度(强化)复合地板面层厚度应符合设计要求。

普通型强化复合木地板厚度为 6～9mm；为解决安装后的地板拼缝因基层面不平整(不平度＞2mm/m)或因胶水粘接力不够，导致地板“走缝”的问题，加厚型和锁扣型(板)强化复合木地板厚度为 12mm，以增加木地板强度，减少了人走动时的中空感和变形度小，并不易引起木地板拼缝脱胶。

5. 强化复合木地板拼缝应采用防水胶水，杜绝甲醛释放量的危害。

6. 为达最佳防潮隔声效果，中密度(强化)复合地板应铺设在聚乙烯膜地垫上，而不适合直接铺在水泥类基层(面层)面。

7. 基层(楼层结构层)的表面平整度应控制在每平方米为 2mm，达不到时必须二次找平，否则强化复合木地板厚度在 8mm 及其以下时，铺设后面层将出现架空，使用后不利于木板面层的整体伸缩，容易导致木板拼接因胶水松脱而出现裂缝。当基层表面平整度超出 2mm 而不平整时，强化复合木地板厚度应选用 8mm 以上，宜用加厚型。

8. 铺设前，房间门套底部应留足伸缩缝，门口接合处地下无水管、电管以及离地面高 120mm 的墙内无电管。如不符合上述要求，应做出相关处理。

9. 铺设时，应按下列程序进行：

(1) 基层表面保持洁净、干燥后，应满铺地垫，其接口处宜采用不小于 200mm 宽的重叠面，并用防水胶带纸封好；

(2) 铺设第一块板材的凹企口应朝墙面，板材与墙壁间插入木(塑)楔，使其间有 8mm 左右的伸缩缝。为保证工程质量，木(塑)楔应在整体地板拼装 12h 后取出，同样最后一块板材也应保持有 8mm 的伸缩缝隙；

(3) 为确保地板面层整齐美观，宜用细绳由两边墙面拉直，构成直角，并在墙边用合适的木(塑)楔对每块板材加以调整；

(4) 将胶水均匀连续地涂在两边的凹企口内，以确保每块板材之间紧密贴结贴牢。

(5) 拼装第二行时，应首先使用第一行锯剩下的那一块板材，为保证整体地板的稳固性，锯剩下的板材其长度不得小于 200mm；

(6) 用锤子和硬木块轻敲已拼装好的板材，使其粘紧密实。挤压时拼装处溢出的多余胶水应立即擦掉，保护木地板面层的洁净；

(7) 铺设中密度(强化)复合地板面层的面积达 $70m^2$ 或房间长度达 8m 时，宜在每 8m 宽间隔处设置铝合金条，以防止整体木地板面受热变形；

(8) 整体木地板面拼装后，用木踢脚线封盖木地板面层；

(9) 中密度(强化)复合地板面层完成后，应保持室内通风，夏季 24h，冬季 48h 后方可正式使用；

(10) 注意防止雨水或邻接有用水房间的水进入室内，以免浸泡木地板面层。邻接处宜放置胶质增垫。

10. 木竹面层铺设的中密度(强化)复合地板面层分项工程的质量检验，应按下列规定进行：

(1) 中密度(强化)复合地板面层检验批划分和抽查数量以及验收组织和质量检验基本上按本手册 2-4-2-2 基土这一节中第 11 条要求执行；

(2)“中密度(强化)复合地板面层检验批质量验收记录表”的制定应符合国标《建筑地面工程施工质量验收规范》(GB 50209—2002)的规定。

中密度(强化)复合地板面层检验批质量验收记录表

(GB 50209—2002)　　030117□□

<table>
<tr><td colspan="4">单位(子单位)工程名称</td><td colspan="4"></td></tr>
<tr><td colspan="4">分部(子分部)工程名称</td><td></td><td>验收部位</td><td colspan="2"></td></tr>
<tr><td colspan="4">施工单位</td><td></td><td>项目经理</td><td colspan="2"></td></tr>
<tr><td colspan="4">分包单位</td><td></td><td>分包项目经理</td><td colspan="2"></td></tr>
<tr><td colspan="4">施工执行标准名称及编号</td><td colspan="4"></td></tr>
<tr><td colspan="4">施工质量验收规范的规定</td><td colspan="3">施工单位检查评定记录</td><td>监理(建设)单位验收记录</td></tr>
<tr><td rowspan="3">主控项目</td><td>1</td><td colspan="2">材料质量</td><td>设计要求</td><td colspan="2"></td><td rowspan="3"></td></tr>
<tr><td>2</td><td colspan="2">木搁栅安装</td><td>第7.4.4条</td><td colspan="2"></td></tr>
<tr><td>3</td><td colspan="2">面层铺设</td><td>第7.4.5条</td><td colspan="2"></td></tr>
<tr><td rowspan="9">一般项目</td><td>1</td><td colspan="2">面层外观质量</td><td>第7.4.6条</td><td colspan="2"></td><td rowspan="9"></td></tr>
<tr><td>2</td><td colspan="2">面层接头</td><td>第7.4.7条</td><td colspan="2"></td></tr>
<tr><td>3</td><td colspan="2">踢脚线</td><td>第7.4.8条</td><td colspan="2"></td></tr>
<tr><td>4</td><td rowspan="6">面层允许偏差</td><td>板面隙宽度</td><td>0.5mm</td><td colspan="2"></td></tr>
<tr><td>5</td><td>表面平整度</td><td>2.0mm</td><td colspan="2"></td></tr>
<tr><td>6</td><td>踢脚线上口平齐</td><td>3.0mm</td><td colspan="2"></td></tr>
<tr><td>7</td><td>板面拼缝平直</td><td>3.0mm</td><td colspan="2"></td></tr>
<tr><td>8</td><td>相邻板材高差</td><td>0.5mm</td><td colspan="2"></td></tr>
<tr><td>9</td><td>踢脚线与面层接缝</td><td>1.0mm</td><td colspan="2"></td></tr>
<tr><td colspan="4" rowspan="2">施工单位检查评定结果</td><td>专业工长(施工员)</td><td></td><td>施工班组长</td><td></td></tr>
<tr><td colspan="4">项目专业质量检查员：　　年　月　日</td></tr>
<tr><td colspan="4">监理(建设)单位验收结论</td><td colspan="4">专业监理工程师：
(建设单位项目专业技术负责人)：　　年　月　日</td></tr>
</table>

注：同“基土层检验批质量验收记录表”注。

说　明

030117

主控项目：

1. 中密度(强化)复合地板面层所采用的材料，其技术等级及质量要求应符合设计要求。木搁栅、垫木和毛地板等应做防腐、防蛀处理。同时应符合第7.1.2条和第7.4.1条的规定。观察检查和检查材质合格证明文件及检测报告。

2. 木搁栅安装应牢固、平直。观察、脚踩检查。

3. 面层铺设应牢固。观察、脚踩检查。

一般项目：

1. 中密度(强化)复合地板面层图案和颜色应符合设计要求，图案清晰，颜色一致，板面无翘曲。观察、检查。

2. 面层的接头应错开、缝隙严密、表面洁净。同时应符合第7.4.2条规定。观察检查。

3. 踢脚线表面应光滑，接缝严密，高度一致。观察和尺量检查。

4. 用钢尺检查缝隙宽度允许偏差；2m靠尺和楔形塞尺检查表面平整度的允许偏差，拉5m通线用钢尺检查平齐和平直度允许偏差；用钢尺和楔形塞尺检查相邻板材高差允许偏差；用楔形塞尺检查接缝允许偏差。

2-7-2-5 竹地板面层

竹材具有纤维硬、密度大、水分少、不易变形等优点。竹地板经过严格选材，硫化，防腐、防蛀处理，并通过刨光、拼板、作榫、固化涂装等特定工艺热压而成。

竹地板面层既保持竹材的天然属性，美观高雅，又具有比木质地板耐磨、不会生虫、永不变形、富有弹性的性能，更健康、更环保，是一种有高档装饰效果和满足使用功能的建筑地面工程材料。广泛适用于家庭居室、办公写字楼以及交易场所、候机厅、体育馆、娱乐场等公共建筑的楼面与地面工程。

1. 竹地板面层是用竹条材和竹块材或用拼花竹地板，以空铺或实铺方式在基层(楼层结构层)上铺设而成。

2. 竹地板面层应选用不腐朽、不开裂的天然竹材，经加工制成侧、端面带有凸凹榫(槽)的竹板材。品种有：碳化竹地板、本色竹地板和保健竹地板等。常用规格为(mm)：

909×90.9×18、600×90.9×15、909×90.9×15、1820×90.9×15(长度×宽度×厚度)，亦有定制的特殊规格以满足建筑地面工程的需要。

3. 竹地板面层的竹板材应具有商品检验合格证的产品，其分等、外观质量要求、理化性能指标等应符合现行国家标准《竹地板》(LY/T 1573—2000)的规定。

(1) 定义

竹地板是指把竹材加工成竹片后，再用胶粘剂胶合、加工成的长条企口地板。

(2) 分等

产品分为优等品、一等品、合格品三个等级。

(3) 规格尺寸及允许偏差

竹地板规格及允许偏差，见表2-7-17，经供需双方协议可生产其他规格产品。

竹地板规格尺寸及允许偏差 **表2-7-17**

项　目	单　位	规 格 尺 寸	允 许 偏 差
地板条表层长度 l	mm	450，610，760，900，915	$\Delta l_{ave} \leqslant 0.5$
地板条表层宽度 w	mm	75，90，100	$\Delta w_{ave} \leqslant 0.15$，$w_{max}-w_{min} \leqslant 0.3$
地板条厚度 t	mm	9，12，15，18	$\Delta t_{ave} \leqslant 0.5$，$t_{max}-t_{min} \leqslant 0.5$
地板条直角度 q	mm	—	$q_{max} \leqslant 0.2$

续表

项　目	单 位	规 格 尺 寸	允 许 偏 差
地板条直线度 s	mm/m	—	$s_{max}\leqslant 0.3$
地板条翘曲度 f	%	—	$f_{l,max}\leqslant 1$，$f_{w,max}\leqslant 0.2$
地板条拼装高差 h	mm	—	$h_{ave}\leqslant 0.2$，$h_{max}\leqslant 0.3$
地板条拼装离缝 o	mm	—	$o_{ave}\leqslant 0.15$，$o_{max}\leqslant 0.2$

(4) 外观质量要求

竹地板外观质量要求，见表 2-7-18。

竹地板背面、侧面如有虫孔、裂纹等应用腻子修补。

竹地板外观质量要求　表 2-7-18

项　目		优等品	一 等 品	合 格 品
未刨部分和刨痕	表、侧面	不许有	不许有	轻　微
	背　面	允　许		
榫舌残缺	残缺长度	不许有	≤全长的 10%	≤全长的 20%
	残缺宽度	不许有	≤2mm	≤2mm
腐　朽		不 许 有		
色　差		不明显	轻　微	允　许
裂　纹		不许有	允许一条，宽度≤0.2mm，长度≤板长的 10%	允许一条，宽度≤0.2mm，长度≤板长的 20%
虫　孔		不 许 有		
波　纹		不许有	不 许 有	不 明 显
缺　棱		不 许 有		
拼接离缝		不许有	不 许 有	允许一长，宽度≤0.2mm，长度≤板长的 30%
污　染		不许有	不 许 有	≤板面积的 5%(累计)
霉　变		不许有	不 明 显	轻　微
鼓泡($\phi\leqslant 0.5$mm)		不许有	每块板不超过 3 个	每块板不超过 5 个
针孔($\phi\leqslant 0.5$mm)		不许有	每块板不超过 3 个	每块板不超过 5 个
皱　皮		不许有	不 许 有	≤板面积的 5%
漏　漆		不许有	不 许 有	≤板面积的 5%
粒　子		不许有	不 许 有	轻　微

注：1. 不明显——正常视力在自然光下，距地板 0.4m，肉眼观察不明显。
2. 轻微——正常视力在自然光下，距地板 0.4m，肉眼观察不显著。
3. 鼓泡、针孔、皱皮、漏漆、粒子为涂饰竹地板检测项目。

(5) 理化性能指标

理化性能指标应符合表 2-7-19 的规定。

竹地板理化性能指标 **表 2-7-19**

项目		单位	指标值
含水率		%	6.0～14.0
静曲强度	厚度≤15mm	MPa	≥98.0
	厚度>15mm		≥90.0
浸渍剥离试验		mm	任一胶层的累计剥离长度≤25
硬度		MPa	≥55.0
表面漆膜耐磨性	磨耗转数	r	磨 100 转后表面留有漆膜
	磨耗值	g/100r	≤0.08
表面漆膜耐污染性		—	无污染痕迹
表面漆膜附着力		—	割痕及割痕交叉处允许有少量断续剥落
表面漆膜光泽度		%	≥85(有光)
甲醛释放量		mg/100g	A 类<9，B 类 9～40
表面抗冲击性能(落球高度)		mm	≥1000，压痕直径≤10，无裂纹

4. 竹地板面层空铺或实铺方式的木搁栅(木龙骨)和毛地板(木工板、多层板、中纤板等)的铺设，应按本章 2-7-2-2 实木地板面层中第 7 条、第 8 条的要求进行。

5. 在水泥类基层(面层)上铺设竹地板面层时，应按下列要求进行：

(1) 放线确定木龙骨间距，一般为 250mm。可用 3～4cm 钢钉将刨平的木龙骨钉(锚固)在基层上并找平；

(2)每块竹地板材宜横跨 5 根木龙骨。采用双层铺设，应在木龙骨上满铺木工板(多层板、中纤板等)，后铺钉竹地板材；

(3) 铺设竹地板面层前，应在木龙骨间撒布生花椒粒等防虫配料，每平方米面积撒放量控制在 0.5kg；

(4) 铺设前，应在每块竹地板材侧面用手电钻钻眼；铺设时，先在木龙骨与竹地板铺设处涂少量地板胶，后用 38mm 左右的螺旋钉钉在木龙骨位置实施拼装。拼装(钉)时竹条材不宜太紧，面层铺设应牢固，缝隙应均匀；

(5) 竹地板面层四周应留有 10～15mm 空隙，然后再安装踢脚线；

(6) 竹条材纵向端接头的位置应协调，相邻两行的端接头错开应在 300mm 左右，以显示整体效果。

6. 木竹面层铺设的竹地板面层分项工程的质量检验，应按下列规定进行；

(1) 竹地板面层检验批划分和抽查数量以及验收组织和质量检验基本上按本手册 2-4-2-2基土这一节中第 11 条要求执行；

(2)“竹地板面层检验批质量验收记录表”的制定应符合国标《建筑地面工程施工质量验收规范》(GB 50209—2002)的规定。

竹地板面层检验批质量验收记录表

(GB 50209—2002)　　030118□□

<table>
<tr><td colspan="3">单位(子单位)工程名称</td><td colspan="4"></td></tr>
<tr><td colspan="3">分部(子分部)工程名称</td><td colspan="2"></td><td>验收部位</td><td></td></tr>
<tr><td colspan="2">施工单位</td><td colspan="3"></td><td>项目经理</td><td></td></tr>
<tr><td colspan="2">分包单位</td><td colspan="3"></td><td>分包项目经理</td><td></td></tr>
<tr><td colspan="3">施工执行标准名称及编号</td><td colspan="4"></td></tr>
<tr><td colspan="5">施工质量验收规范的规定</td><td>施工单位检查评定记录</td><td>监理(建设)单位验收记录</td></tr>
<tr><td rowspan="3">主控项目</td><td>1</td><td colspan="2">材料质量</td><td>设计要求</td><td></td><td rowspan="12"></td></tr>
<tr><td>2</td><td colspan="2">木搁栅安装</td><td>第7.5.4条</td><td></td></tr>
<tr><td>3</td><td colspan="2">面层铺设</td><td>第7.5.5条</td><td></td></tr>
<tr><td rowspan="9">一般项目</td><td>1</td><td colspan="2">面层品种规格</td><td>第7.5.6条</td><td></td></tr>
<tr><td>2</td><td colspan="2">面层缝隙接头</td><td>第7.5.7条</td><td></td></tr>
<tr><td>3</td><td colspan="2">踢脚线</td><td>第7.5.8条</td><td></td></tr>
<tr><td>4</td><td rowspan="6">面层允许偏差</td><td>板面缝隙宽度</td><td>0.5mm</td><td></td></tr>
<tr><td>5</td><td>表面平整度</td><td>2.0mm</td><td></td></tr>
<tr><td>6</td><td>踢脚线上口平齐</td><td>3.0mm</td><td></td></tr>
<tr><td>7</td><td>板面拼缝平直</td><td>3.0mm</td><td></td></tr>
<tr><td>8</td><td>相邻板材高差</td><td>0.5mm</td><td></td></tr>
<tr><td>9</td><td>踢脚线与面层接缝</td><td>1.0mm</td><td></td></tr>
<tr><td colspan="3" rowspan="2">施工单位检查评定结果</td><td colspan="2">专业工长(施工员)</td><td colspan="2">施工班组长</td></tr>
<tr><td colspan="4">项目专业质量检查员：　　　　年　月　日</td></tr>
<tr><td colspan="3">监理(建设)单位验收结论</td><td colspan="4">专业监理工程师：
(建设单位项目专业技术负责人)：　　　　年　月　日</td></tr>
</table>

注：同“基土层检验批质量验收记录表”注。

说　明

030118

主控项目：

1. 竹地板面层所采用的材料，其中技术等级和质量要求应符合设计要求。木搁栅、毛地板和垫木等应做防腐、防蛀处理。同时应符合第7.1.2条和第7.5.2条的规定。

观察检查和检查产品合格证明文件及检测报告。

2. 木搁栅安装应牢固、平直。

观察、脚踩检查。

3. 面层铺设应牢固；粘贴无空鼓。

观察、脚踩检查。

一般项目：

1. 竹地板面层品种与规格应符合设计要求，板面无翘曲。

观察检查。

2. 面层缝隙应均匀、接头位置错开，表面洁净。

观察检查。

3. 踢脚线表面光滑，接缝均匀，高度一致。

观察和用尺量检查。

4. 用钢尺检查缝隙宽度允许偏差；2m 靠尺和楔形塞尺检查表面平整度的允许偏差，拉 5m 通线用钢尺检查平齐和平直度允许偏差；用钢尺和楔形塞尺检查相邻板材高差允许偏差；用楔形塞尺检查接缝允许偏差。

2-8 分部(子分部)工程验收

2-8-1 规范版本

8 分部(子分部)工程验收

8.0.1 建筑地面工程施工质量中各类面层子分部工程的面层铺设与其相应的基层铺设的分项工程施工质量检验应全部合格。

8.0.2 建筑地面工程子分部工程质量验收应检查下列工程质量文件和记录。

1 建筑地面工程设计图纸和变更文件等；

2 原材料的出厂检验报告和质量合格保证文件、材料进场检(试)验报告(含抽样报告)；

3 各层的强度等级、密实度等试验报告和测定记录；

4 各类建筑地面工程施工质量控制文件；

5 各构造层的隐蔽验收及其他有关验收文件。

8.0.3 建筑地面工程子分部工程质量验收应检查下列安全和功能项目：

1 有防水要求的建筑地面子分部工程的分项工程施工质量的蓄水检验记录，并抽查复验认定；

2 建筑地面板块面层铺设子分部工程和木、竹面层铺设子分部工程采用的天然石材、胶粘剂、沥青胶结料和涂料等材料证明资料。

8.0.4 建筑地面工程子分部工程观感质量综合评价应检查下列项目：

1 变形缝的位置和宽度以及填缝质量应符合规定；

2 室内建筑地面工程按各子分部工程经抽查分别作出评价；

3 楼梯、踏步等工程项目经抽查分别作出评价。

2-8-2　应用指南

建筑地面工程施工质量验收将是全面、系统、完整的核定建筑工程中建筑地面(楼面与地面)工程是否符合现行国家标准《建筑地面工程施工质量验收规范》(GB 50209—2002)的规定，并应满足现行国家标准《建筑工程施工质量验收统一标准》(GB 50300—2001)中必须检查达到控制资料的要求，这就是强化验收的一个重要标志。

建筑地面工程施工质量验收网络图见图 2-8-1。

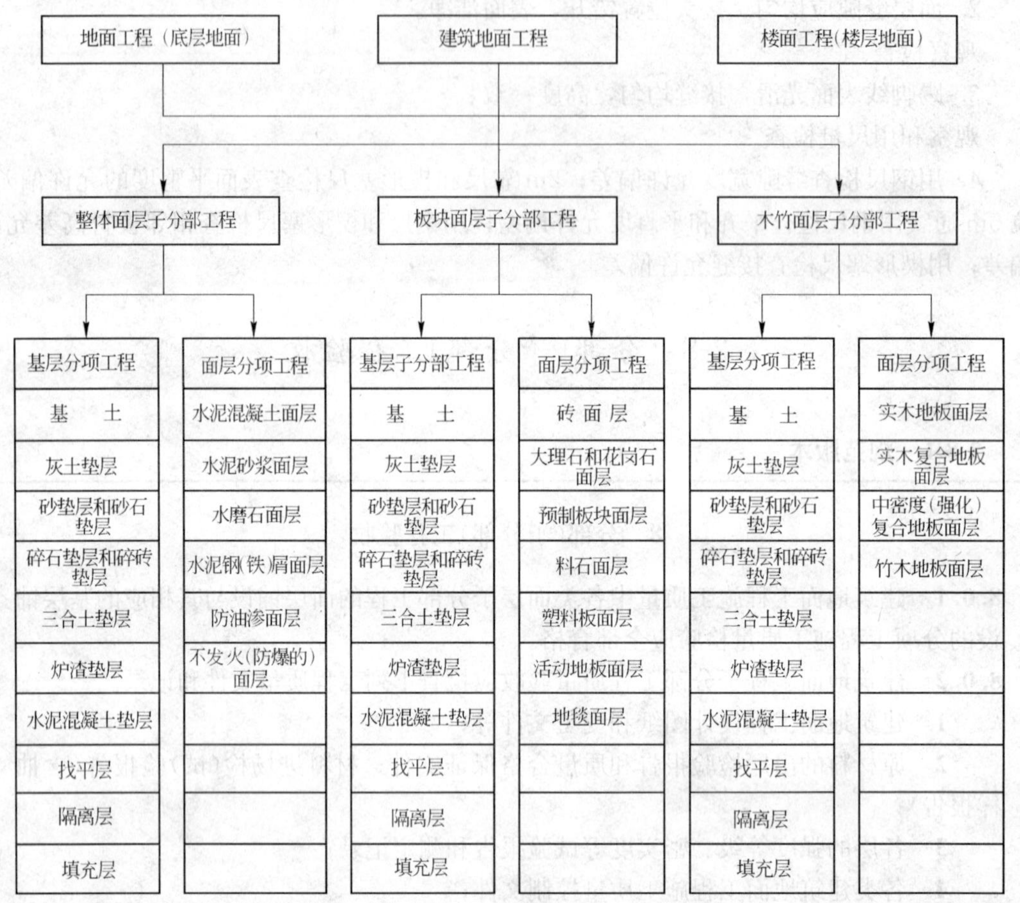

图 2-8-1　建筑地面工程施工质量验收网络图

为了保证房屋建筑单位(子单位)工程中九大分部之一属于装饰装修分部工程的建筑地面子分部工程全部合格，应在施工过程中对于基层铺设和三大类面层铺设的各分项工程质量标准达到"验收规范"的检验项目(主控项目和一般项目)的基础上综合评定。

1. 建筑地面工程可按一个子分部工程进行验收，也可分为整体面层、板块面层和木竹面层三个相应的子分部工程验收。

2. 建筑地面工程施工质量中各类面层相应的子分部工程的面层铺设与其面层下对应的基层铺设的各分项工程施工质量检验应是全部合格。各子分部工程与分项工程相应表见表 2-8-1。

建筑地面工程各相应子分部工程与分项工程相关表 **表 2-8-1**

子分部工程(按类别划分) / 分项工程		01 建筑地面		
		01(Ⅰ)	02(Ⅱ)	01(Ⅲ)
序号	名称(按材料划分)	整体面层	板块面层	木竹面层
1	基层(基土层)工程(Ⅰ) 030101	•	•	•
2	基层(灰土垫层)工程(Ⅱ) 030101	•	•	•
3	基层(砂垫层和砂石垫层)工程(Ⅲ) 030101	•	•	•
4	基层(碎石垫层和碎砖垫层)工程(Ⅳ) 030101	•	•	•
5	基层(三合土垫层)工程(Ⅴ) 030101	•	•	•
6	基层(炉渣垫层)工程(Ⅵ) 030101	•	•	•
7	基层(水泥混凝土垫层)工程(Ⅶ) 030101	•	•	•
8	基层(找平层)工程(Ⅷ) 030101	•	•	•
9	基层(隔离层)工程(Ⅸ) 030101	•	•	•
10	基层(填充层)工程(Ⅹ) 030101	•	•	•
11	水泥混凝土面层工程 030102	•		
12	水泥砂浆面层工程 030103	•		
13	水磨石面层工程 030104	•		
14	水泥钢(铁)屑面层工程 030105	•		
15	防油渗面层工程 030106	•		
16	不发火(防爆的)面层工程 030107	•		
17	砖面层工程 030108		•	
18	大理石面层和花岗石面层工程 030109		•	
19	预制板面层工程 030110		•	
20	料石面层工程 030111		•	
21	塑料板面层工程 030112		•	
22	活动地板面层工程 030113		•	
23	地毯面层工程 030114		•	
24	实木地板面层工程 030115			•
25	实木复合地板面层工程 030116			•
26	中密度(强化)复合地板面层工程 030117			•
27	竹地板面层工程 030118			•

3. 建筑地面子分部工程质量验收应检查下列工程质量文件和记录：

(1) 建筑地面工程设计图纸和工程变更文件等；

(2) 原材料的出厂检验报告和质量合格保证文件、材料进场检(试)验以及复验(包括抽样)报告；

(3) 水泥砂浆、水泥混凝土配合比试验报告；

(4) 按检验批各层的强度等级、密实度等试验报告和测定记录；

(5) 各类建筑地面工程施工质量控制文件，即施工中执行的标准名称和编号以及保证工程质量的有关技术措施等；

(6) 建筑地面工程各构造层之间隐蔽工程记录或验收及其他有关的验收文件；

(7) 各检验批质量验收记录；

(8) 楼梯、踏步项目检查记录。

4. 为了符合现行国家标准《建筑工程施工质量验收统一标准》的要求，对建筑地面工程各相应子分部工程质量验收应检查下列有关安全和功能项目：

(1) 有防水要求(如厕浴间等)的建筑地面工程子分部工程的分项工程施工质量的泼水、蓄水检验记录，并应抽查作复验认定其无渗漏，以确保使用功能；

(2) 对建筑地面板块面层和木竹面层子分部工程采用的天然石材、胶粘剂、沥青胶结料和涂料等建筑材料的无毒、无害、无污染证明资料，其氡、甲醛、氨、苯和总挥发性有机化合物(TVOC)等均应符合现行国家标准《民用建筑工程室内环境污染控制规范》(GB 50325—2001)的规定指标，以确保人身安全。

5. 对建筑地面三个相应的子分部工程的施工质量作出综合评价，以观感方法，在施工现场共同认定。主要检查下列项目：

(1) 变形缝的位置及其宽度以及填缝质量应符合规范的规定；

(2) 室内建筑地面工程按各子分部工程经抽查后分别作出评价；

(3) 楼梯、踏步等项目经抽查后分别作出评价；

(4) 上述三项目经抽查质量状况后分别填写在国标《建筑工程施工质量统一标准》(GB 50300—2001)附录G单位(子单位)工程质量竣工验收记录表G.0.1-4单位(子单位)工程观感质量检查记录表内序号2、6、7。

6. "建筑地面(相应的整体面层、板块面层、木竹面层)子分部工程验收记录"表的制定，应符合"验收规范"的规定。

建筑地面(相应的整体面层、板块面层、木竹面层)**子分部工程验收记录**

<table>
<tr><td>工程名称</td><td colspan="2"></td><td>结构类型</td><td></td><td>层数</td><td></td></tr>
<tr><td>施工单位</td><td colspan="2"></td><td>技术部门负责人</td><td></td><td>质量技术负责人</td><td></td></tr>
<tr><td>分包单位</td><td colspan="2"></td><td>分包单位负责人</td><td></td><td>分包单位负责人</td><td></td></tr>
<tr><td>序号</td><td>分项工程名称</td><td>检验批数</td><td colspan="2">施工单位检查评定</td><td colspan="2">验 收 意 见</td></tr>
<tr><td>1</td><td></td><td></td><td colspan="2"></td><td colspan="2" rowspan="10"></td></tr>
<tr><td>2</td><td></td><td></td><td colspan="2"></td></tr>
<tr><td>3</td><td></td><td></td><td colspan="2"></td></tr>
<tr><td>4</td><td></td><td></td><td colspan="2"></td></tr>
<tr><td>5</td><td></td><td></td><td colspan="2"></td></tr>
<tr><td>6</td><td></td><td></td><td colspan="2"></td></tr>
<tr><td></td><td></td><td></td><td colspan="2"></td></tr>
<tr><td colspan="2">质量控制资料</td><td></td><td colspan="2"></td></tr>
<tr><td colspan="2">安全和功能检验(检测)报告</td><td></td><td colspan="2"></td></tr>
<tr><td colspan="2">观感质量验收</td><td></td><td colspan="2"></td></tr>
<tr><td rowspan="4">验收单位</td><td>分包单位</td><td colspan="3">项目经理</td><td colspan="2">年 月 日</td></tr>
<tr><td>施工单位</td><td colspan="3">项目经理</td><td colspan="2">年 月 日</td></tr>
<tr><td>设计单位</td><td colspan="3">项目负责人</td><td colspan="2">年 月 日</td></tr>
<tr><td>监理(建筑)单位</td><td colspan="3">总监理工程师
(建设单位项目专业负责人)</td><td colspan="2">年 月 日</td></tr>
</table>

说 明

1. 表名：建筑地面相应的三个类型面层铺设子分部工程填写时，应分别划去其中二个类型面层作为子分部工程名称。

2. 表头部分的工程名称填写工程全称，与检验批、分项工程、单位工程验收表的工程名称一致。

结构类型填写按设计文件提供的结构类型。层数应分别注明地下和地上的层数。

施工单位填写单位全称，与检验批、分项工程、单位工程验收表填写的名称一致。

技术部门负责人及质量部门负责人填写项目的技术及质量负责人。

分包单位的填写，有分包单位时才填，没有时就不填写。分包单位名称要写全称，与合同或图章上的名称一致。分包单位负责人及分包单位技术负责人，填写本项目的项目负责人及项目技术负责人。

3. 分项工程

按分项工程和第一个检验批施工先后顺序，将分项工程名称填写上，在第二格栏内分别填写各分项工程实际的检验批质量，即分项工程验收表上的检验批数量，并将各分项工程评定表按顺序附在后面。

施工单位的检查评定栏，填写施工单位自行检查评定结果。核查各分项工程是否都通过验收，有关有龄期要求试件的合格评定是否达到要求；自检符合要求的可打“√”标注，否则打“×”标注。有“×”的项目不能交给监理单位或建设单位验收，应进行返修达到合格后再提交验收。监理单位或建设单位应由总监理工程师或建设单位项目专业技术负责人组织审查，在符合要求后，在验收意见栏内签注“同意验收”意见。

4. 质量控制资料

按本章 8.0.3 条要求的质量控制资料，逐项进行核查。能基本反映工程质量情况，达到保证使用功能要求，即可通过验收。全部项目都通过，即可在施工单位检查评定栏打“√”标注检查合格。并送监理单位或建设单位验收，监理单位总监理工程师组织审查，在符合要求后，在验收意见栏内签注“同意验收”意见。

5. 安全和功能检验(检测)报告

按本章 8.0.4 条要求逐一检查每个施工试验记录和检测报告，核查每个检测项目的检测方法、程序是否符合有关标准的规定；检测结果是否达到规范要求。检测报告的审批程序签字是否完整。在每个报告上标注“审查通过”标识。每个检测项目都通过审查，即可在施工单位检查评定栏内打“√”标注检查合格。由项目经理送监理单位或建设单位验收，监理单位总监理工程师或建设单位项目专业负责人组织审查，在符合要求后，在验收意见栏内签注“同意验收”意见。

6. 观感质量验收

按本章 8.0.5 条要求检查观感质量。由施工单位项目经理组织进行现场检查，要求有代表性的房间和部位都要检查。经检查合格后，将施工单位填写的内容填写好后，由项目经理签字后交监理单位或建设单位验收。监理单位由总监理工程师或建设单位项目专业负责人组织验收，在听取参加检查人员意见的基础上，以总监理工程师或建设单位项目专业负责人为主导共同确定质量评价：好、一般或差。由施工单位的项目经理和总监理工程师或建设单位专业负责人共同签认。如观感质量评定为“差”的项目，能修理的尽量修理，如果确难修理时，只要不影响结构安全和使用功能的，可采用协商解决的方法进行验收，并在验收表上注明，然后将验收评价结论填写在子分部工程观感质量验收意见栏内。

7. 地面工程子分部验收，按表所列参与工程建设责任单位的有关人员应亲自签名。

施工单位总承包单位必须签认，由项目经理亲自签认，有分包单位的分包单位也必须签认其分包的部分工程，由分包项目经理亲自签认。

有特殊要求的地面工程，如建设单位邀请设计参加验收时，由设计单位项目负责人亲自签认。

监理单位作为验收方，由总监理工程师亲自签认。如果按规定不委托监理单位的工程，可由建设单位项目专业负责人亲自签认验收。

参 考 文 献

1 吴松勤主编. 建筑工程施工质量验收规范应用讲座(验收表格). 北京：中国建筑工业出版，2003

2 卫明主编. 建筑工程强制性条文实施指南. 北京：中国建筑工业出版社，2002

3 《建筑施工手册》(第四版)编写组. 建筑施工手册. 第四版. (第3卷). 建筑地面工程. 北京：中国建筑工业出版社，2003

4 熊杰民，陆文英主编. 建筑地面设计与施工手册. 北京：中国建筑工业出版社，1999

5 中华人民共和国国家标准. 建筑地面工程施工质量验收规范(GB 50209—2002). 北京：中国计划出版社，2002

6 中华人民共和国国家标准. 建筑工程施工质量验收统一标准(GB 50300—2001). 北京：中国建筑工业出版社，2001

7 中华人民共和国国家标准. 建筑地面设计规范(GB 50037—96). 北京：中国计划出版社，1996

8 中华人民共和国国家标准. 民用建筑工程室内环境污染控制规范(50325—2001). 北京：中国计划出版社，2001

9 中华人民共和国国家标准. 建筑材料放射性核素限量(GB 6566—2001). 北京：中国标准出版社，2001

10 中华人民共和国国家标准原建筑材料放射卫生防护标准(GB 6566—2000). 北京：中国标准出版社，2000